Claudio Barna

La terra con Dio

MNAMON

Il Medio Oriente sembra il contrasto. Tra deserto e terra coltivata, tra possibilità e negazione. Tra tutto e niente. La scintillante struttura del Ben Gurion si erge tra cerchi vetrate e discese. L'aeroporto di Israele, un paese in guerra. Non si direbbe, dicono molti. Passano spesso in pellegrinaggio senza sentire le notizie, immersi nell'emozione dei luoghi. Si affollano all'aeroporto assetati, di una sete che è leggera, insinuante e insistente. Necessaria. Chiamarla Dio non è troppo, forse. Sono comunque lì, in attesa. La prima di una lunga serie di file. A qualcuno non sfugge la metafora, mentre sono in piedi nel bilico. E sentono la loro vita come una coda, in attesa dell'incontro finale. Gli altri passeggeri, attorno, esistono semplicemente e osservano chi ha una sola meta. Ora veramente l'io si specchia nelle vetrate dell'aeroporto alla ricerca di un volto, appannato, come sempre, nel vetro: non lo si può riconoscere eppure si sa che esiste. Ma l'attesa ha una conclusione, inevitabilmente. Davanti al passaporto un volto, una ragazza dai tratti delicati che cerca di essere severa. E' un soldato. Esamina più volte il volto della persona e il documento. I suoi occhi sono brace ardente, alla ricerca disperata di indovinare chi sia davanti. L'uomo in attesa storna il pensiero che gli sembrava reale, e cerca di convincersi che la guardia vuole solo, almeno per un momento, oh un solo momento, guardare degli occhi, stanca di tanto lavoro. Sente che la sua vanità vorrebbe giustificare un momento di umanità in un posto dove solo l'acciaio e il cemento regnano, e vorrebbero trasformare in se stessi gli addetti, in una metamorfosi collettiva. La sicurezza genera il terrore. Si può solo stare calmi il più possibile. Quanto è stupida la vanità. All'uomo in un momento di ricordo sarebbe parsa così, stupida, perché quell'illusione era comunque un varco per un terrorista. Poi, spossato, l'uomo si sarebbe detto che non si può più sapere dove sia la realtà, e che non ne avrebbe nemmeno potuto parlare coi compagni di viaggio, perché è stupido voler sapere cosa pensa un altro, anche se lo si fa quando si è a sua disposizione. E i ricordi somigliano alle nuvole, leggeri e quasi inconsistenti, possono tuttavia generare tempeste. Chi è immune da errori? Questi restano nella mente, e a volte il peso è intollerabile.

Poi lo schiocco, il risveglio. Il timbro era stato apposto. Sulla pagina numero 7, segno di perfezione, pensa l'uomo. La guardia aveva augurato "Bye bye", il sorriso dell'uomo e la soglia varcata. Un nuovo improvviso controllo. Viene estratto dal passaporto un foglietto messo dalla guardia. Poi la luce. Una luce intensa, abbagliante. Un lungo e largo corridoio in discesa, di pietra rosa. E' la luce ora che disegna, comunicando energia al corpo. L'uomo rivede i compagni di viaggio, la solitudine dell'attesa scompare. E' uno dei risultati della luce. Nel momento della prova si è soli, ma quando è superata la luce irrompe, e gli altri riappaiono. I ricordi sfumano, sino a svanire. Esiste solo il presente, il comune presente. E quanto tornano i ricordi è per una confidenza, che alleggerisce il tutto. Perché rivelare e comunicare agli altri solleva il problema? Perché è nella solitudine che si sente la vicinanza del male e ne facciamo resistenza.

L'uomo. Uomini, donne. Un gruppo rivela l'ambiguità del pronome noi. Giustamente non ha la stessa radice di "io". Un noi non è un io plurale, se non in inganni come nello sciovinismo. Un noi è un assieme di "io" diversi e irriducibili. E' un puro mezzo senza una specifica identità psicologica come l'"io" e il "tu", i pronomi del dialogo, necessari perché l'io non precipiti. Il "tu" è una cintura di sicurezza. L'uomo camminava con loro, col passato sulle spalle, ma tutto se stesso nel volto. E' curioso come solo l'altro possa vederci come realmente siamo, che il nostro volto sia sempre deformato da uno specchio. L'altro avverte l'essenza dell'io, che è normalmente migliore di quella che avvertiamo noi. Sporgersi sull'abisso dell'io può diventare uno specchio deformante.

Noi andiamo. C'è un che di rassicurante nel constatarlo. Come in una foresta si cammina con la presenza rassicurante di esseri vivi. Nel deserto, invece, si avvicinano gli scorpioni.

Si va tranquilli, parlando spesso anche di cose banali, ma cullandosi delle rispettive voci. Spesso le voci rivelano molto di una persona. Sono delle vibrazioni che ci mettono in contatto con le risonanze interne di una persona. Poi si giunge a una grande rotonda, con negozi di ogni tipo. Si aspetta il contatto del gruppo. Si è in balia dell'attesa. L'attesa dell'incerto è la via per il panico. Non si sa dove andare. Non si sa dove stare. Si spalanca il labirinto. Dopo quali ostacoli si giunge all'uscita? L'unica soluzione è il filo d'Arianna, ma né l'uomo né i suoi compagni di viaggio l'avevano. Tutto diventa confusione, e questa sarà la costante del soggiorno in Medio Oriente. Confusione di rumori, di voci, di odori, di traffico, di linee, di spazi. Dove sarà, chi sarà l'uomo atteso? Chi si è trovato in questa situazione, sa che il vero nome dell'atteso è Arianna, con il suo filo. In ogni labirinto si nasconde un Minotauro, ma dentro di noi. Si fa strada e richiede vittime. Ci divora man mano che ci addentriamo nel labirinto. Perché lo sentiamo più vicino. Il mito si attua sempre nel quotidiano, anche se, agendo nel profondo, non ce ne accorgiamo. Il quotidiano è appiattimento. Ma il mito resiste anche schiacciato.

L'uomo si riunisce col suo compagno di viaggio, Alessandro. La stranezza dei nomi. Ormai diventati puri suoni, senza più nessun significato. All'inizio erano dei soprannomi. Così è meglio fare ancora adesso, pensa l'uomo. Da allora li identifica così. Nota per prima una bella ragazza, Ilare. Viaggia col padre. Poi si avvicina un uomo di mezza età, elegante, di Milano, di origini mantovane, quindi Anima Cortese Mantovana. Un suo amico piccolo e dalla voce debole, Leprechaun. Un altro maschio, Gigante, con l'anziana madre. Un'altra coppia: un anziano zoppo con bastone, Eroe, e la sua compagna. Poi una donna, Sperduta. Una coppia di cittadini romeni, Placido e Bacco. Due donne, Tranquilla con sua madre. Una donna dalla voce flebile, Vivace. Una coppia affiatata, Signora e Signore. Un sacerdote. Poi due amiche, una piccola mora, Energia, e una bionda slanciata, Dono. Eccetera. Con l'accompagnatore, giunto nel frattempo, ventidue.

L'uomo scorre mentalmente questo elenco come l'elenco di *dramatis personae* prima del pezzo di teatro. Perché se il teatro rappresenta la vita, anche viceversa, pensa l'uomo. Ventidue. Ventidue personaggi in equilibrio sulla difficile asticella del mondo, nel cerchio del Ben Gurion che dà adito all'uscite. Che figura magica, il cerchio, e che simbologia per abbracciare un gruppo. Ma non c'è tempo per soffermarsi, fuori il sole, e l'odore, quell'odore di Medio Oriente che è sabbia e spezie. L'autobus attende impaziente, assieme a un pranzo composto da due panini, una banana, e acqua. L'uomo afferra il telefonino e chiama sua madre: "Sono in Eretz Israel" L'uomo si abbandona seduto all'aria condizionata per darsi alla Cabala. E' il luogo adatto, Israele, pensa, mentre scorre la novità del paesaggio. ventidue: due volte dieci e ancora due. Il numero della coppia, due, moltiplicato per il numero perfetto, dieci, più ancora un'altra coppia, due, a suggello, in un cerchio, quello di Malkut, il regno. In effetti tutti i personaggi viaggiano in coppia, o sposi o amiche, o amici, o genitore- generato, o due sacerdoti. E il cerchio non può che essere la terra dell'assoluto, la Terra Santa, veramente il riassunto dell'universo, di Malkut. Quel rutilante fantasticare passato torna col numero. Per caso. O era un dono? L'uomo preferisce la seconda ipotesi, per superare in un unicum due mondi, come si sarebbe accorto alla fine del viaggio. Unire il mondo del principio del reale, il sogno condiviso della rivelazione del mondo, e il sogno individuale, che nei momenti diurni appare come delirio. Una sintesi che l'avrebbe condotto alla porta finale della conoscenza di se stesso. L'antica sentenza greca, conosci te stesso, si sarebbe incarnata.

Scorrono filari di palme e giardini fuori dal finestrino. Per la teoria della relatività se io mi muovo rispetto al mondo fermo anche il mondo si muove attorno a me fermo. Così sembra all'uomo che tutto si muova attorno ai ventidue dell'autobus, e forse è proprio così, o lo sarebbe stato per gli otto giorni di viaggio.

Il sole è abbagliante, alla prima tappa, Cesarea. Il luogo di Cornelio, il primo estraneo che volle ascoltare la nuova parola. Esplode la potenza. Rovine e rovine a perdita d'occhio. Il teatro restaurato è preceduto da alcune statue in marmo. All'entrata una copia della lapide in cui si parla di Pilato. La prova che sia esistito. La testimonianza archeologica è veramente un inizio sulla sicurezza. C'è del vero. Nella cavea resta sospesa ancora l'antica parola, la forma primigenia del dialogo, l'unione tra il moto, l'azione drammatica, e lo stare, la lirica del coro. E la passività attiva dello spettatore. Intanto i ventidue si scrutano a distanza, imparando a conoscere i gesti l'uno dell'altro. Cominciano a prepararsi per l'abisso di informazioni che si sarebbero scambiati in breve tempo. Scaricare informazioni in scariche elettriche e in sostanze chimiche. Tutto il corpo risente della presenza dell'altro, non solo l'anima e la mente. La macchina corporea si esalta e i muscoli hanno la forza di luce dei rubini.

Ma Cesarea si estende continua. Dopo il teatro il circo. Sulla sabbia Sperduta chiede una fotografia. L'uomo la accontenta. Alcuni dicono che una fotografia catturi l'anima. Certamente cattura l'anima di chi fotografa. La fotografia è impadronirsi dell'esterno. Poi una corsa per raggiungere gli altri. Le emozioni e le informazioni cominceranno a stabilirsi tra i ventidue, secondo il principio dei vasi comunicanti. Poi rovine di ville, mosaici. Il mosaico è come una pittura da camminare. Di pietra, resiste al tempo, resiste ai piedi. E camminare su una pittura è come volare in un'altra dimensione. Mondi paralleli si uniscono: quello del principio di realtà, su cui si cammina, quello proprio dell'artista, quello del mondo raffigurato nel mosaico. In più si galleggia, attraverso le scarpe, in un mondo di duemila anni fa. Eppure mancano parti fondamentali della domus, come le pareti dipinte. Affreschi a significare che il mondo dell'arte ci avvolge come la natura avvolge all'esterno. L'uomo si sostituisce alla natura. Signore e Signora dialogano con l'uomo sull'antichità del luogo. Intanto, Bacco comincia ad interessarsi di Ilare. Un primo contatto viene stabilito, è come una scintilla che accenda un motore, si può viaggiare poi. Il mare: gli occhi azzurri si specchiano nel mare, quelli marroni nella terra. Cesarea, capitale della Giudea romana, accoglie i ventidue provenienti dall'occidente. Regala loro il primo benvenuto, il sapore della terra e del mare, la leggerezza del cielo e lo stimolo del sorriso reciproco. Poi si arriva alle fabbriche dei crociati. Sul mare si staglia la linea di un minareto. Verso l'interno i resti della basilica crociata, imponenti. Una civiltà si è sovrapposta sull'altra, e il tempo, che divora perfino se stesso, ha distrutto. Alla fine, l'entrata alle mura. Imponenti. Dei crociati i ventidue avevano udito solo parlar male, ma questa è la prima sorpresa per ricredersi. Le linee si intrecciano in forza e sicurezza, eppure con un peso misurato. Un'anziana dei ventidue perde gli occhiali. L'uomo si ferma a pensare, avendoli sul naso. Mezzo indispensabile per vedere, eppure, per il vetro, appiattiscono i colori e la realtà. Ritrovati si parte. Rotta su Haifa. Si entra nella città sul mare in pendenza, da cui si vede il Libano. L'autobus si inerpica per curve strette e sinuose. Alla fine si arriva alla chiesa di Stella Maris. Si scende alla grotta di Elia il profeta. L'atmosfera è suggestiva, e tutto parla della grandezza dell'uomo a cui la tradizione ha voluto assegnare questa grotta. L'uomo immagina Elia gigantesco, che accompagna gli ebrei ancora oggi. Fanno bene a lasciargli una sedia vuota. Assunto in cielo sulla merkavà, il carro di fuoco, non è mai morto. Ha raggiunto il sogno di ogni mortale. Un sogno più alto è irraggiungibile. Si immagina Jezabel, alta slanciata, con capelli e occhi corvini e pelle olivastra, che attenta a Elia il grande. Ma non gli riesce a identificarsi con la grandezza di Elia. E' troppo al di là. Mentre pensa queste cose si avvicina il padre di Ilare, e gli chiede spiegazioni. Non capisce bene. Si rivela un uomo curioso e devoto. Sopraggiungerà Ilare. Sembra una ragazzina, ma si rivelerà più vecchia di quel che dimostra. Il prete guida chiama. E' l'ora della messa. Viene detta al Carmelo. Si allunga l'ombra fin qui di santa Teresa D'Avila e di san Giovanni della Croce. Elia vigila. Sua è la vittoria sui sacerdoti di Baal. Oggi, chi è scelto da Dio e chi è di Baal? Chi è scelto da Dio ha Jezabel che li odia, pensa l'uomo. Quelli di Baal hanno l'appoggio del potere. Perché Baal indica appunto il potere.

I pensieri e i ricordi. L'uomo si ricorda di Saffo che pregava Afrodite di non avere guai o disgusti in amore. L'aveva incontrata a sedici anni, al liceo classico. Da allora l'ha tenuta nel cuore. Ma che peso d'orrore può anche essere il passato. Nel viaggio alla ricerca di Dio l'uomo avrebbe riconosciuto se stesso. Per sfuggire allo scherno del passato bisogna recarsi nel deserto, qui corazzati dalla sofferenza si vince il demonio e si può tornare in società.

Il Kyrie echeggia nel monastero, parole e canti si fondono nel procedere alle lodi di Dio. Giustamente, dopo, il Gloria. Dopo aver chiesto perdono a Dio non ci può essere che l'apparire della sua gloria. Immensa, sfolgorante. E' davvero opportuno dire il gloria dopo il pentimento. Poi le letture. Dio rivelato. E la parola del sacerdote che illustra, guida, irrita e si contraddice, anche. L'omelia è la parte più debole del rito. Poi la mensa divina. Ma viene anche il momento atteso del Padre Nostro. Quando si ringrazia per il Pane. E nella messa quotidiana sarebbe stato un crescendo di ringraziamento, per gli straordinari doni che stavano apparendo.

Una purificazione continua gli leva d'attorno i ricordi del male. Giorno dopo giorno l'uomo rinasce, come se l'aria fosse una sorgente. Ma quell'aria è così lì. E gli suggerisce di non aver paura di come si è o di come si è stati. Si è, e questo è tutto, ed è bello. E' bello comunque vivere.

La scarpata con la funivia aveva attratto due che non erano venuti a messa, e ora si trovano col gruppo dei ventidue. Sono Ilare e il padre. La grande pendenza su Haifa consente una vista ottima. Saliti sull'autobus ci si allontana per la città, passando davanti al tempio Baha'j. Viene presentata come un sincretismo con il libero amore. Gli ecclesiastici ne sono scandalizzati, mentre Bacco grida che è molto interessante. Si accende un dibattito sul rigore del cattolicesimo. Perché escludere, e schernire? Ma amare sempre può essere un atteggiamento pericoloso, pensa l'uomo, può indurre a cedere, prima di tutto in se stessi; ma perché cercare di giustificare? Amare è sempre un bene. Del resto, Tolstoj e Toynbee apprezzavano il bahaismo, Dovrebbe essere almeno un indizio. E' invece un indizio della caratteristica dei rapporti fra religioni in Medio Oriente. Israele si considera Occidente, e ha ragione, ma basta fare un passo per andare in una realtà diversa. L'Israele occidentale è un'isola. L'autobus sfreccia tra case e case. Si costruisce molto in Israele. I ventidue commentano ancora il Bahaismo, guardano le foto del giardino persiano nella macchina fotografica. Il sogno di unificare le religioni. Inevitabilmente si è accusati di sincretismo. Ma è inevitabile. E' successo anche nel cristianesimo. Influenzato dalla cultura classica, prima. Poi, il rimprovero dei protestanti ai cattolici di idolatria, e così via. L'uomo confida ad Alessandro che si chiede cosa ne pensi Dio, ma è impossibile saperlo, rintronati come siamo da mille voci che pretendono di parlare a nome suo. Sono in mezzo, dietro ci sono Energia, serena, e Dono, numinosa, e in fondo all'autobus Gigante e sue madre .Al primo sedile invece Ilare con suo padre. A tratti, preghiere. L'atmosfera diventa mistica, affilando i tratti del volto dei ventidue, e facendo apparire loro un sorriso ineffabile sul volto. L'autobus è come una barca, per i ventidue. Non si può scendere, e bisogna navigare. L'ascesi. Un modo continuo di salire, tra gli esercizi di concentrazione, i riti, e l'infinita commozione dei luoghi. Pellegrini. Nei pellegrinaggi anche le pietre parlano e pregano. Ma nei momenti mistici regna il respiro. Si ascolta il respiro l'uno dell'altra, ed è un bene, perché è dal respiro che prende nome lo spirito, e lo Spirito santo. Disciplina.

I muscoli sono immobili, come per lo yoga. Il respiro si regolarizza. La mente si concentra.

L'autobus sfreccia verso la Galilea. Appaiono foreste e mandorli in fiore. E' maggio. I mandorli sono selvatici. Conifere vicino a conifere. Il paesaggio è l'interprete dell'anima. Non più luoghi elevati dall'uomo, campi e giardini, ma foresta, qualcosa di estraneo, ma anche di familiare. Chissà come lo trovano Ilare e Eroe in prima fila, dove sembra scorrere quasi sotto i piedi. L'uomo guarda dal finestrino, e tenta di identificarsi con quel paesaggio. Alessandro dorme, smaltendo così la fatica assorbita del viaggio. Improvvisamente, un ingorgo. Nella corsia di emergenza passa un autocarro con un carro armato. E' il duro richiamo alla realtà propria del paese. L'uomo crede che le realtà siano molteplici, universi paralleli e comunicanti, a seconda. Il sogno è una di queste, personale. Quella diurna è condivisa. Ma rimane sempre, accanto, un'altra realtà, silente e personale, che osserva. Pericoloso giudicare la realtà unica, come fa certo materialismo. L'uomo si ricorda della ragazza di Alessandro, marxista, che gli confidò che era turbata dai sogni che aveva durante il sonno, perché non reali. Eppure tutto è un sogno, in questa vita, in attesa del risveglio, pensò l'uomo quando sentì i turbamenti della ragazza. E, alla fine del viaggio, penserà che è bello che sia condiviso in parte da altri.

La verità, a differenza delle realtà, è unica. Possiamo usare il singolare. Perché quando la sentiamo emergere diciamo istintivamente "è vero", anche solo dentro di noi. L'uomo ci avrebbe pensato qualche tempo dopo il ritorno, commentando la riuscita del viaggio come "una grande fortuna". La fortuna non esiste, aveva imparato da pellegrino, ma la pronoia, la provvidenza, a cui abbandonarsi con fiducia. Fata volentes ducunt, nolentes trahunt, il fato guida chi si lascia condurre, trascina chi non vuole, dicono i suoi saggi, ed è vero: lasciandosi portare si giunge al sé. Giudicherà l'uso della parola fortuna solo un mezzo retorico. Foreste, al finestrino. Sogno antico dell'umanità. Costruita la città, ne resta il sogno. E questo è la foresta, da raggiungere se possibile. Qui i forti odori e il sapore perfino dell'aria. Qui il risveglio dei sensi. Qui la realizzazione dell'idillio. Queste e altre nostalgie prendono i cuori dei ventidue mentre attraversano la Galilea. C'è qualcosa nell'aria, lo si sente anche all'interno dell'autobus, come per osmosi. Come un invito degli alberi agli umani ad unirsi in una foresta. Guardate, sembrano dire, guardate come siamo noi, fermi in un posto e per questo costantemente vicini l'uno all'altro. Lo immaginate diverso il paradiso, quando sarete assieme, eppure avrete il vostro posto?

Ormai non solo le parole corrono, ma gli sguardi si incrociano più profondi. Le voci cominciano ad avere un corpo. Intanto il richiamo alla preghiera della guida fa restare nello stato sospeso di chi ha qualcosa su cui soffermarsi dopo aver visto e sentito. Quindi, più che interruzioni del dialogo, le preghiere sono un invito scandito alla meditazione.

A lato della strada, si capisce il perché della sosta. Soldati e soldati, maschi e femmine. Viene spiegato che la ferma militare in Israele dura tre anni, e che la sera i militari possono tornare a casa. A causa della limitata estensione del territorio, pensa l'uomo. E' impressionante considerare l'età di un soldato. Appena si affaccia alla vita, ha questo triste obbligo. Dov'è obbligatorio, è un vero rito di passaggio. I diciottenni scagliati nell'orrore. E il pensiero corre all'Europa, al fronte se maschi, nei campi e nelle fabbriche a sostituirli se donne. Per generazioni e generazioni; dopo che l'orrore era diventato totale, si riunirono. Così l'uomo e Alessandro sono i primi della loro stirpe a non essere andati in guerra. Eppure qui è una delle realtà.

Arrivo a Nazareth, al quartiere cristiano, che è arabo. Quello ebraico è in cima alla collina. Un'impressione di confusione e di non molta pulizia assale i ventidue. Poi è il momento di scendere, e li coglie una zaffata di calore misto all'odore di catrame e di stantio. L'albergo è pulito e accettabile. Viene servita le cena, in attesa delle chiavi elettroniche. Si ha così l' incontro obbligato della mensa, in tutta la sua bellezza di agape. E' meraviglioso come il mangiare assieme unisca. Ci si ritrova a parlare mentre ci si rifocilla, cioè ci si sente meglio. Il sentirsi meglio passa dalla stomaco al resto del corpo, e diffonde benessere nell'anima. Poi c'è il gustare assieme. Non è solo un fatto chimico. Entra nel bel gioco anche il senso del gusto e, un poco, anche della vista. Il gusto è un senso umile, perché non porta conoscenza come la vista, l'udito o il tatto, ma presiede al carico di energia. E il nostro stomaco smista l'energia come fa il cervello. A tavola nasce la parola fratelli. Ci si guarda negli occhi inevitabilmente.

L'uomo e Alessandro si trovano a mensa con Ilare e il padre, l'anima cortese, il simpatico Leprechaun e i due romeni. Ilare si rivolge all'uomo dandogli del lei, mentre vuole del tu per sé. L'uomo non si aspetta di incutere tanta deferenza, e questo è uno dei primi indizi della ricostruzione dell'autostima che gli avrebbe portato il viaggio. Alle spalle gli altri, con un sommesso vociare, un bisbiglio che non disturbava nemmeno i loro angeli pensanti. E una folla di indiani, che avrebbero accompagnato con i loro colori e il loro variare i ventidue. Inevitabilmente, quasi, i primi discorsi sono sul tempo. E' maggio, ma la temperatura è moderata. La guida informa che gli anni scorsi il bel tempo e il calore erano stati interrotti solo da un breve inverno, mentre ora non è più così. E' arrivato il cambiamento climatico. La meteo è il primo timido contatto, anche per una guida. Questo pellegrinaggio può salvare l'anima, ma abbiamo bisogno di salvarci anche su questa terra. Così, le schermaglie, i tentativi di avvicinamento reciproco.

Poi si scatena la confidenza. Il padre di Ilare chiede all'uomo se conosca delle barzellette. Inizia un fiume irrefrenabile di un'ora. Il riso è liberatorio. Ne avevano bisogno, dopo tutte le tensioni della giornata. Inoltre, prima di partire, ognuno aveva ricevuto una vera propaganda di intimidazione per il viaggio. L'uomo, ad esempio, si era sentito dire persino all'agenzia che ci saranno persone che vorranno visitare Baghdad con la guerra. Il pericolo, la tensione, il terrore. Il coraggio sembra solo incoscienza. L'angoscia anticipata. Poi lo spostamento dell'albergo da Gerusalemme a Gerico, per accrescere la preoccupazione. Fantasmi di attentati, morti, ferimenti, rapimenti. Eppure qualcosa attirava. Tanto che partirono.

Quelli che partirono. E' il momento di ritirarsi in stanza. Si è stanchi. L'uomo e Alessandro si sono alzati alle quattro, per raggiungere l'aeroporto in tempo. Inoltre, la folla di emozioni che occupa la mente. La doccia, poi momenti di letture e diari. La doccia è segno di rinnovamento. Tutto si sporca, ma può tornare pulito. Così anche noi, e questo è bello. Solo l'acqua può compiere questo miracolo. L'acqua, scelta per il battesimo, cioè per il rinnovamento totale. L'acqua, non per nulla nascita di Venere. Coadiuvata dal sapone, che è poi il nostro aiuto, la nostra volontà, perché artificiale, al potere rigenerante. Non per nulla l'acqua specchia. Così lavandoci ci restituisce la nostra vera natura, il benessere paradisiaco. Lavarsi è ridarsi. Il volto va lavato assolutamente la mattina, perché è la parte di noi che presentiamo. Il nostro riassunto. Le mani vanno lavate spesso, non solo per igiene, ma anche perché la diamo agli altri, stringendo per il saluto, ed è quindi il modo di dire che siamo puliti. In serata, in segreto, il corpo. Il rosa del nostro corpo è luce, la nostra luce che emaniamo. Attraverso il sangue del corpo, la vita stessa, attraverso la melanina, il segno del sole, dell'esterno. Il rosa della pelle è cangiante, per questo è impossibile da catturare. E' appunto come la luce.

Poi, i momenti di riflessione: letture e diari. Le letture tendono ad essere delle scritture sacre. Dopo un ascolto delle notizie. Legame con il mondo, le notizie riguardano anche il luogo in cui si è, Israele e Palestina.

Ma è il momento di raccoglimento. Attraverso le letture, Alessandro assapora il piacere intenso di essere nei luoghi da lui studiati e sognati, ascoltati davanti al rito, e ora è il momento di cercarne conferma scritta. Nella parola tante volte letta ora si colgono delle consonanze inattese. Il luogo agisce. Gli occhi profondi e scuri brillano.

Anche l'uomo sente il genius loci. Tornato dalla doccia si adagia sul letto e si lascia andare ai pensieri, dopo la conferma della lettura. Sta iniziando il processo di rinnovamento interiore. Dopo essere stato tanto disprezzato sul lavoro e nei rapporti sociali, sente un seme nuovo: la rinascita al vero io, splendente.

Dono si è concentrata nella scrittura. Di giorno ha l'abitudine di prendere appunti delle cose che vede. Gli scritti rimangono. Così il rapporto tra interno e esterno è equilibrato, perché la scrittura è superamento del binomio tra essere e divenire, in quanto fa restare nel tempo sul foglio ciò che trascorre.

Ai diari, ora. Il diario è il tentativo di fermare l'attimo. Siccome il giorno è un po' la durata della vita in nuce, almeno simbolicamente, riassumere il giorno e ordinarlo è dare un senso alla vita. Alessandro fa una cronaca, l'uomo annota le impressioni; per oggi. Il diario è un parallelo delle fotografie scattate durante il giorno, se è cronaca delle cose viste. Ma la soggettività dello scatto è resa dall'annotazione delle impressioni, dei pensieri. Solo leggendo possiamo conoscere il pensiero. La notte è inoltrata, e ognuno pensa ai propri sogni. L'uomo e Alessandro si svegliano reciprocamente. E' la notte di prova. L'uomo non ricorderà i sogni. Alle sei e mezzo occorre essere in piedi.

E fu sera e fu mattina, primo giorno. Qualcosa è stato creato nella vita dei ventidue. All'inizio Dio creò. E per i pellegrini il primo contatto fu questo. La nuova realtà. Una vera creazione del nuovo, ma di un nuovo primigenio. La terra iniziale, almeno a livello simbolico.

All'inizio la luce, una luce accecante, ma che fa così per riverberare i raggi all'interno.

Il risveglio è a tutti gli effetti una rinascita, perché si aprono gli occhi e si constata il mondo. Sarà così anche l'ultimo giorno? Viene da chiederselo, in un pellegrinaggio. Aprirò gli occhi su qualcosa di nuovo, ma anche di rassicurante? In attesa della rivalutazione del quotidiano, magari proseguendone uno divenuto sublime. Non doversi più svegliare; esserlo già per sempre. L'uomo con questi pensieri attende il turno nel bagno. Ci si veste, si scende. All'uomo un primo risultato positivo: i problemi connessi coll'andare di corpo sono spariti. L'intestino è contento, qui. Si ricorda di Groddeck, di come ogni parte del corpo

abbia il suo es, e... e c'è il turbine del rivedersi tra i ventidue. Svelta girandola al buffet.

Bacco comincia il suo avvicinamento ad Ilare. Ne è ec-
citato. In effetti è una bella ragazza. Ma Bacco si eccita
facilmente. Però Ilare lo accetta. Il compagno di Bacco,
Placido, sorride. Eros: c'est la vie, è proprio la vita.
Alessandro mangia abbondantemente, è saggio, dice l'uomo. Ancora semplici chiacchiere, che però accentuano i
rapporti. Il cibo la prima mattina è di benvenuto.

Ci si allontana a piedi. Il gruppo dei ventidue attraversa
il quartiere arabo. La prima tappa è un monumento bian-
co, una ex-fontana, fabbricata in occasione di una visita
papale. Era sulla strada. La si è vista. Poi si giunge alla
chiesa ortodossa costruita sulla fontana dove Maria e Gesù
attingevano l'acqua. La guida afferma che non ci si può
sbagliare, perché era l'unica fonte di Nazareth, un piccolo
villaggio, che nei profeti era diventato per antonomasia il
luogo da cui non può provenire niente. Si ascolta la leggenda dell'angelo Gabriele, che aveva iniziato a vedere
Maria proprio in quel luogo. Si immagina l'arcangelo, sce-
so dalla pace celeste alla dura realtà terrena, aggirarsi non
visto. Gli angeli fanno così ancora oggi, pensano molti.

Dopo un' ingresso coperto, si giunge in una corte, che dà
sulla chiesa greca. L'interno è un tripudio di oro e santi,
con persone che pregano a voce alta. L'iconostasi è paral-
lela all'entrata. In fondo, la fonte. Ancora l'acqua. L'acqua
del Mediterraneo, varcata per giungere qui. Il mare di Cesarea, il bere, il lavarsi, e poi, la fonte. Può una sorgente
dare emozione? Quella fonte esiste da duemila anni o più,
e continua il suo discorso sommesso: io sono l'utilità.

Si esce al sole. Si comincia a notare la popolazione. Le
donne sono vestite all'occidentale. Alcune di loro sono veramente graziose. Gli uomini passano vociando.

Ci si immette in stretti vicoli, che sboccano in un suk. La guida avverte che non sono rispettate molte norme igieniche. Sarebbe difficile che quella carne appesa ottenga un nulla- osta dell'ASL. Qualcuno si chiede come sarà quella che mangeranno.

Per la maggior parte di loro è il primo suk. Banchetti sulla strada, vociare continuo, richieste continue di acquisti. Il prezzo viene sempre esagerato. La base è contrattare. Ma nessuno dei ventidue si ferma. Sono tutti un po' intimoriti dalla novità. L'odore è di spezie e di sporco. Grida, Espressioni salmodianti. Per strada non si sono animali, come gatti o cani.

Finalmente si giunge alla basilica dell'Annunciazione. Appare nascosta dal muro di cinta dopo uno strada stretta. La custodia è affidata ai francescani. Il perché è commovente.

Era in corso un crociata. Sangue, odio, morte, malattie. Eppure giunge un uomo, Francesco, a parlare di pace col sultano. Certo, lo fermano. E' ostinato, e lo bastonano; eppure insiste. Vuole parlare. Fascino della pace! Il sultano gli concede l'accesso ai luoghi santi, a lui e ai suoi.

Vera o non vera la storia? Comunque un'affascinante storia di pace. La pace, un mistero cercato. Tendiamo a non parlare delle nostre malattie, per vergogna. Eppure è impossibile prendere medicine senza essere notati, anche facendolo di nascosto. L'uomo aveva notato Energia farlo, e lui stesso era stato notato. E quanti lo avrebbero fatto solo la sera o la mattina, per non dare a vedere. La malattia, questo ostacolo da nascondere, che allontana dalla pace, anche in quella che i luoghi e i compagni di viaggio procurano. Sempre in agguato, talvolta è cronica. Oppure è stata così grave da costringere ad assumere farmaci. Era anche il caso dell'uomo: soffrì di disturbo delirante. Ora sta bene, si sente bene, eppure il tremendo passato lo rincorre, ed è da tenere a bada, secondo i medici. L'uomo ha anche altro, ma allontana il pensiero.

La malattia affligge così tanto l'umanità da richiedere a Gesù un continuo lavoro da medico. Qui, nei suoi luoghi, si avverte la presenza di un principio di salute. Tra poco, si sarà nella basilica dell'annunciazione, dove è iniziato tutto. C'è un senso di rigenerazione. Quello che si diceva a proposito dell'acqua e della sorgente di Nazareth ora lo si sente per l'anima. Una salute finalmente raggiunta, almeno come ideale. Perché forse è importante il come ci si sente, in medicina, e qui ci si sente sani. E' strano, perché c'è sporcizia, eppure è così.

Basta la salute! L'esclamazione popolare è un peso per chi è malato. Ci si sente menomati, per quella che vorrebbe essere una consolazione. Perché, se basta la salute, quando non c'è, niente basta.

La vista cade su Eroe. Questo vecchietto indomito, a cui una gamba non funziona, e si deve appoggiare a un bastone, avrebbe percorso chilometri, pur con la tortura delle scale. Lui, paradossalmente, la salvezza l'ha già trovata. Perché è impossibile immaginare un'anima più salda, che trascini il corpo nell'impossibile, senza un lamento.

La malattia è il senso della presenza del male. Uno dei quattro cavalieri dell'apocalisse. Meno definitiva della morte, non unica, più subdola della guerra, non classista come la fame. Tutti la conoscono, e per più volte.

Eppure qui comincia la confidenza, il lasciarsi andare. E' uno dei dati sensibili. Privacy assoluta. Eppure lo si dice a chi ci si fida. E' come un pegno di fiducia. Ma è soprattutto molto consolante il potersi lasciare andare, il sentire il calore di una persona che ti capisca. Siamo lì, nudi, indifesi, perché malati. E scende la carezza. Quale sollievo! Riecheggia la parola del messia "ero malato e mi avete visitato". Sembra solo chi consola divino, eppure in questa terra di confessioni reciproche ci si scambia tanto i ruoli, che alla fine si capiscono le parole del Cristo. Come per Eroe. Lui veramente è divino. Eppure, ed è un mistero che i ventidue cercano, tra gli altri, in questa terra, il più sofferente dovrebbe essere il divino. Incomprensibile. Ma l'atmosfera qui tende a rivelare per mezzo di emozioni. E' giusta la privacy; ma com'è bello potersi fidare senza correre il rischio di essere ingenuo. Echeggia ancora il verbo: "dove ci sono due in nome mio, là ci sarò anch'io". E la carezza per una malattia è anche il suo nome.

Una realtà senza malattie. Tutti la sentono come futura, o impossibile. C'è solo l'annuncio. E il ricordo. L'annunciazione anche questo: la possibile salvezza futura. E' il luogo adatto per pensarlo. Ma quanti pensieri sarebbero emersi al ritorno, quali ricordi avrebbero fecondato intense meditazioni. Il futuro avrebbe atteso al varco, ripetendo delle novità, perché accresciute dall'esperienza, o dalle successive meditazioni al ricordo.

All'ingresso della basilica, un arabo che cerca di vendere dieci cartoline a un euro. Sarà sempre così. Ad ogni angolo c'è il tentativo di vendere qualcosa. Come dirà la guida, chi riesce a vendere tre cose, guadagna la giornata. E certo non ci sono molti modi per guadagnare, qui. La parte araba trasuda miseria e abbandono.

Una breve pausa in attesa di entrare al museo. Un'occasione per guardarsi, per parlare.

Il museo. Vi sono alcune epigrafi in greco, che l'uomo traduce, rivelando i suoi studi letterari. Si fa strada l'idea che i personaggi siano veramente esistiti, che le prove archeologiche siano inconfutabili. Una delle epigrafi è un' Ave

Maria. La più antica, certo. In un graffito c'è Giovanni che mostra la croce cosmica. L'uomo l'aveva già notata al collo della guida, e finalmente ne vedeva l'origine. E' una croce greca grande con altre quattro piccole ai lati. Indica anche i punti cardinali, cioè il tutto, l'Assoluto. Giovanni regge un quadrato con una croce, che la rappresenta, Diverrà il simbolo del patriarcato latino di Gerusalemme. I ventidue la troveranno sulle porte e sulle insegne della chiesa latina.

La croce è certamente già da sola un simbolo del tutto, perché indica un centro. Si è perso il significato della tortura persiana, infamia ai tempi di Roma. Ne è rimasto il senso intenso del simbolo. Anche il crocefisso, pur rappresentando un'agonia, non indica nella coscienza collettiva un'infamia. La purezza del simbolo è anche solare. Vengono in mente le parole di Francesco: "Laudato si', mi' Signore, per messer lo frate sole... ka de te, Altissimo, porta significatione".

Ma è significativo che qui la croce sia cosmica, e quindi superi e rivaluti ogni suo significato. Si è raggiunta la parola finale, l'assoluto. E Giovanni giustamente la brandisce levando in alto il braccio.

La domanda a questo punto è inevitabile, raggiunto l'assoluto che si degusterà nei giorni seguenti: Vero o no?
O la vera domanda è: Qual è la realtà? O meglio, tra quante sono, ce n'è una più importante, che prevarrà?
L'uomo era convinto d'averla trovata nella carta.
Lo avevano educato a disprezzare il sapere libresco. Persino a scuola i libri di testo di letteratura lo dicevano.

Ma nel caos totale che ci circonda, come è possibile avere qualcosa di certo? Qualcosa di riferimento? La risposta se l'era data, scegliendo la parola scritta, scegliendo di studiare lettere. La parola scritta l'aveva sostenuto nelle tempeste, anche quando era stato ateo. Poi, per ragioni estetiche, a diciotto anni aveva iniziato a leggere la Bibbia. E s'era convertito. Com'è possibile, con un libro? Ma l'uomo lo sapeva. Il padre di Ilare gli aveva chiesto il significato dell'incipit giovanneo. "In principio era il verbo". Gli aveva risposto, ad Haifa, il giorno prima, che il verbo è la parola, scritta per noi.

Giovanni, a ragione, leva in alto la croce cosmica.

Com'è possibile decifrare l'immenso caos che ci attornia? Ci si rassegna a fare il proprio lavoro, a godere del tempo libero, eppure quando ci vogliono le domande si è sperduti.

La realtà è scritta.
Il resto cos'è? Se non Maya, illusione?

La risposta della scienza? E' già tanto capire un qualcosa, nel caos. La scienza è benemerita.
Si dirà: e allora, non pretenderai mica che un romanzo, ad esempio, sia reale? Sì, a suo modo lo è. Quale modo? Ne enuncio uno solo, sottintende l'uomo: De te fabula narratur. La storia parla di te. Non puoi farne a meno. Ti riguarda.

Così i libri sacri: prendi la Bibbia, il Corano, il canone buddista, la Bhaghavad Gita, eccetera, scegli, o rimani dove sei stato educato. Ti riguarda comunque. Perché è una forma di realtà.

La realtà di riferimento. Quindi la verità. Quindi il testo sacro è vero.

Questo il passaggio, durato un lustro, della conversione dell'uomo, in semplice sintesi.

E' qui che nel luogo dell'annunciazione tutto ha inizio: da quella parola, che sei incinta. Qui comincia il Libro. L'aria è tersa, in questo luogo, ogni male scompare. Una grotta. Nelle grotte vivevano gli abitanti di Nazareth. All'entrata dormivano e cucinavano. Più addentro gli animali. Antichi fascini di abitatori delle caverne: gli albori dell'uomo. E nella basilica a due piani ognuno dei ventidue immagina l'angelo a suo modo, lo vede scendere da l' al di là per entrare nel nostro mondo. Qualcuno dice che gli angeli non esistono, ma sono solo Dio, cioè teofanici alla divinità stessa. Nel Vangelo gli angeli sono presenti dall'annunciazione all'ascensione. E, curiosamente, benché ognuno li immagini a sua fantasia, sente che sono veri. Come un contatto con il sé, proiettato a polo celeste, che trova l'altro. Quando muoio, muoio per l'altro. Questa frase di Levinas raggiunge l'uomo, che si dice che è vero, che se esiste l' al di là si è proiettati a raggiungere l'altro per lasciare l'altro. Salvo poi un giorno a ritrovarlo. Dall'altro all'altro. Ma è l'altro lasciato sulla terra che avverte la mia morte, come io avvertirò la separazione temporanea da lui. Sì, l'uomo dà ragione alla frase di Levinas, che gli è apparsa nella mente.

Ma qui nasce la vita. L'uomo si dice che essendo un maschio non può conoscere quell'annuncio: sei incinta. Qui nasce la vita, ed è bello sperare che lo sia per sempre. In fondo, la speranza è la base. Sperare che non tutto finisca, che ci sia qualcosa oltre l'ultimo orizzonte. Come quando guardiamo il mare: il nostro sguardo finisce con l'orizzonte, ma sappiamo che oltre c'è dell'altro. Non è proprio così, si dirà, non siamo certi. Sì, siamo come degli antichi di fronte all'oceano: che c'è al di là? Di qui la speranza. La speranza che la morte sia vinta, che il malato sia sano, che il miserabile goda. Che la vita finisca per sempre può essere un incubo, un piacere, o niente di niente. Però se si sta bene. Se si soffre, è un delitto. Il sofferente sogna l'estinzione come fine dei suoi mali. Eppure si sente nelle viscere che ha diritto a un risarcimento. Ce ne vuole per dire a un lebbroso: "crepa", e gli si dice "crepa per sempre". L'uomo si ricorda di una donna conosciuta in Costarica, che si vantava di aver dato aiuto a un asilo in Africa. Il discorso era caduto sulla forte religiosità dei poveri in Costarica. E lei aggiunse: "E' vero, anche in Africa". Poi, dopo una breve riflessione, aggiunse "bigotti!".

E' così?
E' tutto qui?

Una visione:
Il giorno del giudizio miliardi di mani si alzeranno, punteranno il dito e diranno : "Tu ci hai condannato a morte!".
"Dicevi che non ci sarebbe stata giustizia"

L'uomo scaccia i suoi pensieri. Si ricorda del suo periodo di ateismo, fu come una camminata nel deserto. Principalmente per sfuggire alle persecuzioni dei sacerdoti dove studiava? Solo in parte. C'è un mistero, profondo. Il silenzio di Dio.

Ma per iniziare un dialogo occorre essere in due a parlare. Bisognerebbe anche vedere, direbbe qualcuno. L'uomo è miope. Pensa che per lui tutto sia confuso. E quando vede, vede dietro due vetri che appiattiscono ogni colore. Guarda Alessandro che porta gli occhiali anche lui. Anche Eroe. Dono sceglie di appannare, con occhiali scuri. Chi può vedere bene? Ma, si dirà, il palo esiste, perché altrimenti ci picchi contro; e Dio? In quanti cose incappi e non le vedi. Come le malattie, purtroppo. Al male piace nascondersi. E Dio? L'uomo ne parlerà a Gerico con l'Anima Cortese: Secondo l'uomo Dio vuole apparire nelle persone, che devono essere amate, e nelle sue creature. Allora lo sentiamo, perché Dio è amore. Allora appare, anche se mantiene il volto della persona amata.

Ma chi era la Madonna? Ai ventidue piace la statua della vicina chiesa francescana. Una ragazza che avanza decisa, controvento. Rende molto bene l'idea di Maria. Qui, dove Giuseppe faceva l'artigiano.

Chissà dove sono finiti i lavori di padre e figlio. Le reliquie del lavoro. All'uomo viene in mente che Gesù è stato un profeta proletario. Buddha era il principe Gautama, Maometto un mercante, Gesù un artigiano. Si capisce che la croce è un attributo del popolo, più che dei mercanti, o addirittura dei principi. Ma chi ha ragione? Gesù è Dio? All'uomo gira la testa. Sa solo che ha trovato conforto anche tra le parole di altre religioni. Eppure, in pratica, si deve scegliere dove praticare. L'uomo sente la vita di Gesù più simile alla condizione umana. Forse Gesù è la vita, Maometto e Buddha la lettura. Almeno per l'uomo.

Il pellegrino tende naturalmente all'assoluto. Vuole imparare a non avere fine. La croce cosmica è la più adatta a lui. Anche se qui i ventidue sono palmieri. Loro attributo è cioè la palma, con cui si acclama Cristo re. Come per Roma è la croce e per Santiago la conchiglia. Dono ha l'intenzione di far seguire al cammino dei palmieri Santiago. La Via Lattea. Dirigersi verso il centro della galassia. Anticamente era la fine del mondo conosciuto, finis terrae, di fronte all'oceano. "Portate il mio annuncio fino ai confini del Mondo" Aveva chiesto Gesù. Giacomo era giunto, seguendo la Via Lattea. Cosa si prova a inseguire una galassia? Non è forse anch'essa, con la sua forma, un riassunto dell'infinito? Dono, così assettata d'infinito, si sarebbe alla fine saziata nell'inseguire una galassia fino alla fine della terra?

All'uomo basta invece essere qui, dove Dio camminò.

Il momento della messa dell'annunciazione. Al momento del Credo ci si inginocchia tre volte all' incarnatus est (Dio si fece carne). Ripetuto anch'esso tre volte.

Il suo motivo di condanna, figlio di Dio, è qui, nella grotta. L'uomo sorprende se stesso, letterato, raffinato in musica e arte, un po' filosofo, in ginocchio davanti a una grotta. In un altro posto avrebbe riso del contrasto. Qui invece ci si sente a casa. Tre persone colte, lui, Dono e Anima Cortese, si sentono a loro agio chinandosi davanti a un'abitazione da trogloditi. E sono solo una parte dei ventidue, a loro volta un riassunto dell'umanità.

Il potere dei sassi. Un mito così forte che diventa vero alla lettura. E ora è qui attorno. Dal paradiso ai sassi.

Il pellegrino insegue Dio. Qui attraverso dei sassi. Per il sentiero di Santiago attraverso una galassia.
E cammina più l'interno che l'esterno. Se l'anima esiste questa è la prova, pensa l'uomo.
Il futuro è sospeso. Il presente dilatato.

Viene in mente un altro pellegrinaggio: la Divina Commedia. Anche qui c'è un Virgilio, e una Beatrice. Anche qui si apprende su l' al di là. Misteri vengono rivelati, e man mano si acquisisce sicurezza. Ancora una volta la realtà della carta, che, in quanto rivela, è vera.

Trasferire sulla carta le proprie esperienze è confermarle alla realtà, perché strappate dall'oblio. C'è chi, come l'uomo, prende appunti per successive meditazioni; chi, come Alessandro, annota. Chi scrive e legge, come Dono. Altri, magari?

La scrittura necessaria. Perché così della realtà resta la carta.
E' terribile l'oblio. Delle cose che viviamo, tutte tentano di entrare nell'inconscio. Quante volte dobbiamo confermare le nostre nozioni. Di quante attività abbiamo bisogno del necessario supporto. Viviamo in un sogno appena un po' più concreto, che dura un poco di più, ma che diventa inevitabilmente impalpabile col tempo. Mai fidarsi della memoria, annotare archiviare. Ed è così per tutto, forse si trattiene solo ciò che si usa.

Il dimenticare assomiglia all'ombra della morte, quando il distacco fa sparire il ricordo delle persone nella nebbia. Si allontanano a una velocità che sembra quella della luce, e ricorriamo alle fotografie. Però delle galassie, a una grande distanza da noi, sembrano andare a una velocità maggiore di quella della luce. Ma se il tempo è fermo alla velocità della luce, allora per quell'apparente velocità occorre usare i numeri negativi, e una tale operazione nella freccia del tempo non può essere che il ritorno indietro nel tempo, cioè il muoversi dal presente al passato. Insomma, nella realtà sensibile le cose più si allontanano più tornano indietro nel tempo. Forse questo sarà il principio del recupero del passato. Almeno di quello buono, sorride l'uomo.

Il dimenticare inevitabilmente le cose. Un'entropia psichica. Ogni sistema tende al disordine. Quindi anche il sistema mentale. A maggior numero di ricordi, maggiore oblio. E la somma di questi due elementi dà la quantità di tempo trascorso. Ed è lecito considerare l'oblio come entropia, perché la confusione impedisce di ricordare.

Avventure indimenticabili che svaniscono, ricordi di fuoco che diventano dei flash. E a volte si crede di ricordare bene, e il ricordo è falsato. Basta uno sforzo.

Cadono le rovine delle antiche civiltà, cade la nostra memoria. Le cose si ricoprono di polvere, così la nostra memoria. E ci sono strani casi. Come quello del brano musicale che conosciuto benissimo, però sembra sempre nuovo, ascoltato. O come la poesia imparata a memoria che, ripetuta, ogni volta dà piacere. Paradisiaco, pensarci bene, perché di un quotidiano sublime. Quante volte avrà ascoltato l'uomo la passacaglia di Bach, e continua ad ascoltarla, traendone piacere? E la sa a memoria. Uno dei tanti miracoli dell'arte.

Cercare la consistenza del paradiso è proprio di questo luogo. E' inevitabile lasciarsi andare a certi pensieri. Ognuno è un Dante che sogna, qui.

Però se ogni sistema tende al disordine, anche il sistema mentale, e non solo per l'oblio. E' uno sforzo restare lucidi. Forse telluriche scuotono l'essere da sera a mattina. I mostri sotterranei sono potenti. I ventidue fanno del loro meglio per seguire le spiegazioni, ma mille fattori li distraggono. Cercano di trattenere il senso, s'interrogano tra di loro. E' bella questa lotta contro la confusione. Non in confusione Dominus.

Trattenere significa avere.

Una costante del viaggio è che quasi tutti gli arabi parlano italiano. Agli italiani sembra una lingua secondaria, invece è piuttosto diffusa. Ma qui è davvero curioso. Come mai? Solo per l'affluenza di pellegrini, o anche dovuto al fatto che l'italiano viene usato per il sacro cattolico? Prima o poi si passa per Roma, e gli arabi si adeguano. Molti, dice la guida, scelgono anche l'italiano come lingua straniera. Molti conoscono anche l'inglese; inoltre gioiscono per qualche parola in arabo, come "shukran", detta dai nostri.

La basilica dell'annunciazione. E' a due piani. Il superiore ha diverse opere d'arte. Sono nazionali. Nel senso che ogni affresco o scultura è affidato a un rappresentante di una nazione. L'invito dei francescani ad offrire opere d'arte ha avuto seguito. La opere novecentesche fanno una bella figura. Sono sui due lati dell'unica navata, fino alla pala dietro l'altare. L'arte è così sposa della fede. Naturalmente il pensiero va agli iconoclasti. E, del resto, siamo in una terra dove la religione, l'ebraismo, è all'origine della proibizione di rappresentare il divino. Così è impossibile fabbricarsi idoli. Con il senso traslato che Dio è trascendente, anche da ogni rappresentazione. Ma per i cristiani non può essere così, perché Gesù ha un volto e un corpo; quindi Dio ha un'immagine. Ma su quella del Cristo il problema è ancora aperto. E' vera l'immagine della sindone, e quindi gli artisti possono basarsi su di essa? Inoltre la guida si lamenta che Gesù viene rappresentato biondo con gli occhi azzurri, e troppo debole. L'uomo risponde che forse l'iconografia si è basata su Davide "biondo, bello, e di gentile aspetto", per chi si presenta come discendente di Davide. La guida risponde che Davide era rosso.

Poi tutto il gruppo dei ventidue si ricompatta. Una delle anziane cerca di strusciarsi contro l'uomo, e quando questi si gira per fare qualche rimostranza "Scusi!" esclama. Evidentemente la repressione cattolica del sesso non ha convinto del tutto qualche devota pellegrina, che, giunta quasi alla fine della sua esistenza, deve pensare a come tirare i remi in barca. In realtà, il problema del sesso è affrontato in maniera diversa fra i cattolici, come dimostra anche Bacco. Di fronte a una teoria molto rigida, parecchie sono le deroghe che i fedeli si concedono. L'uomo e Alessandro, parlandone, lo considerano un senso di equilibrio raggiunto. L'uomo si ricorda quando fu tentato dai sensi di colpa, e fu una dura esperienza. Del resto, reprimere il sesso è reprimere la vita stessa, dalla primavera ai fiori. E' poi l'idea catara, che per salvarsi occorra essere puri sessualmente. L'uomo ha imparato a dubitare di queste teorie encratiche da quando si rese conto della realtà di una dottrina gnostica, che i sessualmente puri sono liberi da ogni peccato, e se lo commettono, è solo esperienza del mondo, perché essi sono già salvati. Quanti *prudish* sono così, e quanti se ne incontrano.

La castità: quanti danni in suo nome! Non sarebbe meglio adottare il testo di Paolo che è meglio sposarsi che bruciare? Invece si è preferito spesso lasciar bruciare. Da cui i danni. Del resto, aveva ragione Victor Hugo, che, nelle scuole religiose, basta parlare d'amore per dar luogo a manifestazioni di repressione (Quand on parle d'amour, terre et ciel, ils se signent! (Quando si parla d'amore, o terra e cielo, si fanno il segno della croce!)). Ma dipende anche su chi si casca come precettore spirituale.

Però la speranza dell' al di là può essere costellata da ostacoli angosciosi. C'è stato un periodo in cui l'uomo aveva dimenticato le cause, e viveva le angosce.
Ancora oggi questa è una ferita scoperta della religione. Molti se ne sono allontanati proprio per questo. Molti dei ventidue pensano alle polemiche di Gesù sulla legge, come "caricate gli altri di pesi, che voi stessi non riuscite a portare". La stessa guida aveva riconosciuto, parlando sul Carmelo, della difficoltà di portare degnamente lo scapolare.
Ma, tutto sommato, le cose reggono nel pellegrinaggio.

Bacco comincia a provare interesse per Ilare. Eros serpeggia nascosto.

Improvvisamente, l'iscrizione di Pilato. Fino a quando non fu ritrovata, alcuni pensarono che Pilato non fosse mai esistito. Ora continuano a dirlo di Gesù, sempre gli stessi. Risulta che le loro certezze sono da dubitare.

No, pensa l'uomo, è esistito. E' un' assurdo filologico il contrario. Puoi dire che sia stato un semplice uomo, ma non che non sia esistito. I miti agiscono giustamente sulla nostra psiche, ma sono diversi dalla storia, perché sono modificabili, e agiscono lo stesso. Come disse bene Salustio: non accaddero mai, eppure sono sempre. Mentre la religione accadde. Chi si sogna di dubitare dell'esistenza di Maometto? O del faraone Akhenaton?

Gesù invece viene visto come un mito dagli atei, e invece accettato da altre religioni anche se a modo loro: dall'Islam, dal Buddismo, dall'Induismo. I non-cristiani, che avrebbero l'interesse a negarne l'esistenza per avere la propria fede in esclusiva, fanno invece l'opposto. Forse perché non cercano il potere, ma la verità? Ma la verità è che Gesù non è mai esistito, ribattono. Ma, secondo l'uomo, esistono molte realtà. Che Gesù sia solo un mito è una realtà, dicono, ma è interna alle loro menti, non esterna, come credono.

Insomma, i ventidue sono qui per un mito a correre pericoli in un territorio pericoloso? Siamo così incoscienti? O c'è un qualcosa? Che attira.

Si pensi a Eroe. Perché non restarsene tranquillo in poltrona a casa con un libro, invece di trascinare la sua infermità? Non sente forse un richiamo? Una voce che gli darà forza per sempre, perché per sempre potrà dire: ecco dove sono stato capace di andare. Ma l'avrebbe fatto andare così qualcos'altro? Superstizione? La superstizione ha paura del sale versato o dello specchio rotto, e giunge a risultati opposti alla religione. Perché porta ad aver paura, o a disprezzare, chi è sfortunato, designandolo come iettatore. Mentre per la religione è il primo da amare. Sono opposti inconciliabili. Perché lo sfortunato in genere si appella a Dio, se non sprofonda nella disperazione o nella rabbia, e ha solo lui per amico? Sembra che Dio non ami scendere tra i felici, ma tra gli afflitti. Sembra che sia lì, ad abbracciarli, tanto sentono vicina la sua presenza. I felici hanno già la loro consolazione, perché disturbarli? Che chi vive nell'inferno sulla terra abbia almeno il canto di Dio nell'inconscio. Esiste anche così.

Si ritorna all'albergo. Di fronte un negozio di ricordi, di magliette, di cartoline e francobolli, con scritte anche in italiano, che fanno la gioia nazionalista di qualcuno. Inevitabile come l'inno nazionale alle partite di calcio.

In camera, in attesa del turno della doccia. E' momento di scrittura. Per l'uomo è anche il momento di scrivere una poesia. Non sa farne a meno. Anche se lo leggono solo gli amici, prova gioia a scrivere. Si concentra, poi:

Quante volte ho vagato
per strade non mie,
ora giungo alla sorgente
al bere solo per il sapore.

Spera che possa comunicare l'emozione di quiete e felicità che i versi racchiudono, dopo i falsi pellegrinaggi di strade labirintiche e contorte, alla fine delle quali sempre si trova il Minotauro, e spesso manca Arianna con il suo filo. Ripiega la carta e si prepara a uscire. La poesia resterà tra le sue carte.

Si sale sul pullman. L'autista è arabo, cosa normale in Israele, dove la maggioranza degli autisti è araba, dice la guida. La strada si dipana tra verdi giardini e campi coltivati. Non c'è angolo che non ricordi davvero la terra promessa. Forse perché era talmente nelle menti di chi arrivò che la realizzò ad ogni costo. L'uomo sta per dire ad Alessandro che gli viene in mente Schiller coi suoi famosi versi del Wallenstein, che l'idea determina l'azione, ed è irreversibile. Ma lo vede dormire. Dietro gli occhiali scuri ci sono due occhi chiusi.

Ci si avvicina al monte Tabor. Nella salita si giunge a un villaggio famoso perché, benché arabi, sono simpatizzanti di Israele. Scelgono persino il militare volontario in Tsahal. I bambini scendono in strada a salutare il pullman. La targa è israeliana, gialla, diversa da quella palestinese, verde. L'uomo prova a rispondere al saluto, ma uno dei bambini gli fa le boccacce.

Finalmente si giunge nel parcheggio dei pullman. Qui c'è un chiosco, che vende un ottimo succo di pompelmo o di melograno. Maggio non è stagione di melograno. Ma in compenso i pompelmi sono giganteschi, tra il rosa e il giallo, e il sapore è squisito. Il proprietario ha avuto tredici figli, e alcuni servono nel locale. Vi sono anche degli ottimi datteri. Questo nell'attesa dei taxi per andare in cima al Tabor.

Dopo un po' di coda arrivano. L'uomo, Alessandro, Ilare con suo padre salgono su un van. L'autista è un arabo colla kefiah che guida velocissimo, colla radio ad alto volume e il finestrino aperto. I tornanti sono stretti e la scarpata ripida. Ilare comincia ad avere paura. Ma non è che gli altri siano più tranquilli. Dopo una corsa, si arriva, e si nota un segnale: divieto di entrare armati. Si è in cima al Tabor. I ventidue si riuniscono.

La guida legge e illustra l'episodio della trasfigurazione di Gesù. Di come il messia abbia detto che alcuni lo vedranno in tutta la sua gloria già in questa vita. Di come abbia condotto tre discepoli sul monte Tabor, e qui sia apparso in gloria divina. A lato apparvero Mosé ed Elia. Pietro disse "Com'è bello stare qui".
La chiesa è del Barluzzi, un architetto novecentesco che i francescani convinsero ad andare in Terrasanta ad edificare per quaranta anni. La sua effige è davanti alla chiesa, che illustra l'episodio in mosaici. La struttura stessa della chiesa pare sia a tre tende. I ventidue si disperdono, alla ricerca dell'illustrazione delle parole della guida.

" La trasfigurazione vale anche per noi. Come per lui, così sarà anche per noi al momento della resurrezione". Riecheggiano le parole della guida. Una vita eterna senza trasfigurazione sarebbe infatti un incubo. Viene in mente L'Immortale di Borges, un racconto: un uomo immortale, ma soggetto alla durezza del mondo, desidera alla fine la morte. Vengono in mente le parole di Paolo, sul corpo seminato corruttibile che risorge incorruttibile, e, di più, le parole di Gesù, sul giglio dei campi. Neppure Salomone, re ricchissimo, in tutta la sua gloria fu vestito come uno di essi. Eppure non si vale di più dei fiori? L'idea di avere un corpo meraviglioso, che pur conserva l'individualità acquisita, affascina. Viene in mente la teoria della theosis, del diventare una divinità grazie a Dio.
"Chi è buono è subito bello", dice il verso di Saffo che viene in mente all'uomo.

E' mirabile il luogo. Si può immaginare Gesù alzatosi da terra, come in Raffaello, in un panorama che stupisce. E poi, sempre questo senso della montagna come sede della divinità. Da Mosé che riceve la Torah sul monte Sinai, all'Olimpo, al monte Meru. Un archetipo. C'è un belvedere a cui affacciarsi, a destra della chiesa. E illustra bene quanto detto.

A Sperduta sembra di librarsi, così che scivola continuamente, finché non si attacca all'uomo e non rischia di farlo cadere. Tutta quella potenza può come ubriacare, pensa lui, che invece si sente esaltato. Come ci si sente sul tetto del mondo? Sì, si può perdere anche l'equilibrio. Da mettersi carponi. E non saper che dire. Può girare la testa a chi non cammina bene per le vie del mondo, e improvvisamente ci si trova all'opposto. Camminare per strada è facile, ma così in alto…

Per l'uomo è diverso. A furia di dire più in alto, deve essere più bello, più profondo; era arrivato alla fine. Non si può salire ulteriormente. Si ricordò di un verso di Iqbal: di una donna deve essercene una più bella. Qui sarebbe soddisfatto. Di più non si può salire. Paolo sostiene che tutta la creazione geme e soffre le doglie del parto, aspettando la redenzione. Si fa fatica a immaginare un mondo trasfigurato. L'unico modo è pensare alle parole di Isaia: "Il lupo leccherà l'agnello e un bambino li condurrà". L'antica maledizione del mangiare, che è comunque uno sbranare. C'è chi si sacrifica perché io possa mantenere una temperatura corporea di livello accettabile. E non si può dire che sono solo animali. Ha ragione Adorno a sostenere che il campo di sterminio inizia quando si entra in un macello e si dice che tanto sono solo degli animali.

L'uomo ridiscende le scale del belvedere. Ripensa alla realtà di carta, e com'è la poesia che non farà leggere. Curiosamente, avrà una conferma proprio dal suo psichiatra, nella visita di controllo al ritorno. Al contrasto delle opinioni su Israele, lo psichiatra si arroccherà due volte sul fatto che lui vuole comunque credere solo a quello che il suo giornale gli dice, anche negando la realtà di chi dice di aver visto. Conterà per lui solo la realtà di carta. Sul principio l'uomo si adirerà per l'ostinazione, poi però vedrà una conferma alle proprie teorie. Ma la verità è un'altra: che la realtà, anche per un uomo abituato a curare il delirio, è di carta. Circa un anno prima di partire l'uomo si era letto "Simulacres et simulations" di Baudrillard, su questi temi. Inoltre, aveva conosciuto per caso Guy Débord e le sue teorie sull'irrealtà nella società dello spettacolo. Non aveva trovato argomenti per confutare. La realtà non esiste, o non esiste più. Ma ora gli interessa meno sapere se ci sia al suo posto l'iperrealtà, quanto di sentire propria la sensazione che la realtà possa essere solo di carta, adesso. E forse lo era anche un tempo, quando la gente leggeva se poteva, e faceva bene. Paradossalmente, proprio chi afferma la realtà assoluta, si fida solo di quella di carta. Quale conferma migliore alle proprie teorie, si dirà l'uomo?

Ma la salita al monte Tabor porta un'importante conseguenza: il rasserenamento e l'apertura. All'uomo vengono in mente le avversioni contro gli atei. Li sente come uomini appieno, che Dio aiuterà nella misura in cui si lasceranno aiutare. Per loro comunque ci sono molti doni. Sente che Dio aiuta tutti, anche se specialmente i credenti. Gli vengono in mente le pagine di Primo Levi ne "I sommersi e i salvati", dove scrive che nei campi di sterminio i credenti sopportano di più l'orrore. L'uomo potrebbe dire che era una maniera per stare vicino ai suoi figli. Al che torna la domanda: perché l'ha permesso? Viene in mente la croce di Gesù, la sega di Isaia, l'Apocalisse. E l'uomo si ricorda della Genesi: la terra sarà maledetta per causa tua, Adamo. Non basta il male dell'uomo, c'è anche quello della natura, della terra maledetta. Il male è contagioso, e penetra nelle ossa. Ma è nulla in confronto al bene. Questo sarebbe successo ai ventidue: il comunicarsi reciprocamente il bene li avrebbe condotti alla salvezza in un territorio pericoloso. Contagiandosi di bene le difficoltà diventavano sormontabili, e i mali tendevano a diventare sopportabili.

Ma anche questo è dovuto al clima migliore per la fiducia. Bacco, di statura normale, con occhi accesi e capelli scuri, carnagione chiara, aria giovanile, in maglietta e calzoni bianchi, è sempre più attirato da Ilare. E' certamente un bel ragazzo, volitivo, a volte indeciso in materie religiose. La ragazza sembra molto giovane, tanto che l'uomo l'aveva scambiata per una liceale, mentre ha appena terminato l'università. Capelli castani, occhi chiari, un po' sognanti, e un corpo flessuoso, una voce profonda, da contralto. Timida. Si direbbe che il suo scopo sia di brindare con le bellezze della vita. Bacco invece oscilla continuamente tra religione e sesso. Questi i due scopi.
Placido ha qualche interesse anche culturale. Ha la faccia tonda, i capelli corti e scuri, come gli occhi, profondi e allegri. Questo un trio che si era formato tra i ventidue, seguito a distanza dal padre di Ilare, che preferisce sapere la figlia accompagnata, data la pericolosità del luogo. E' riflessivo, allegro, e con una grande voglia di imparare. Ha anche intensi coinvolgimenti mistici, fino alla commozione. Gli occhi sono grandi e pieni di meraviglia.

Il trio ride e sorride, e rinfresca anche il resto dei ventidue. Il padre di Ilare è alto, con capelli bianchi e gli occhi sorridenti. Gli piace ridere, ma non manca di serietà.

E' maggio e la temperatura è accettabile; da cui i vestiti dei ventidue. La guida ha dei sandali a piedi nudi, e t-shirt. Dono predilige una maglietta bianca, dei jeans e un golfino ai fianchi, con una borsa. Più o meno tutti hanno questo standard. L'uomo ha una giacca, invece del golfino. Tra gli scherzi, dirà che è per lui come la coperta per Linus. Ci è abituato anche a casa, con ogni tasca col suo contenuto specifico,

Non è ozioso sapere come si comporta una persona e come si veste. Se vogliamo essere con loro, ce li immaginiamo. Durerà così il ricordo, fino a quando sarà sparito il loro nome, e sopravvivranno nella memoria con qualche soprannome.

E il vestito potrebbe essere di chiunque che decida di fare il viaggio in quel periodo. Inoltre, con il luogo della trasfigurazione, ci si ferma di più alla caratteristiche personali. Si riflette su come si possa essere. E questo è bene, perché occorre cercare di vedere nell'altro i segni migliori. Come sarebbe una persona non devastata dalla povertà, dalla malattia, dalla vecchiaia? Sembra impossibile immaginarselo, eppure dobbiamo farlo. E' venire incontro alla persona, cercare di vedere i suoi tratti fisici migliori. Perché è così che lo vediamo. Guardiamo i suoi occhi, se gli parliamo, sprofondando nella sua anima. E il resto del corpo è come lo individuiamo nella folla. E occorre aggiungere che una persona non è mai la stessa. Può ingrassare o dimagrire, per esempio, e così cambierebbe moltissimo. E bisogna aggiungere che i ventidue sono in contatto l'uno dell'altro a tempo pieno. Si è in vacanza, quindi si tende a ritrovare se stessi. Le ore del riposo sono dedicate a letture e scritture, o al sonno. Per il resto, si è a contatto l'uno dell'altro. Si deve scandagliare l'aspetto per trovare delle conferme alle proprie impressioni, che il luogo spinge verso la positività. "Gareggiate nello stimarvi a vicenda" scriveva Paolo di Tarso. A parte qualche sbavatura, è così. Ma qualche caduta parrebbe inevitabile tra persone costrette a un contatto continuo. Inoltre in situazione di stress, per essere in un paese in guerra. Invece, il rispetto reciproco terrà bene, e svanirà in alcuni solo alla fine del viaggio.

Gigante guarda sua madre. La sua statura domina, i pochi capelli, tenuti lunghi, ondeggiano scuri al vento, rigati come fulmini. Gli occhi trincerati dietro gli occhiali, che li velano. Lui e l'uomo non usano occhiali scuri, pur avendoli. Gli altri spesso si nascondono dietro, ma l'effetto è piacevole. Dono, ad esempio, aveva sì i profondi occhi azzurri coperti dagli occhiali neri, ma sembrano quegli occhi delle statue greche o romane, e con la pelle chiara di marmo ricorda le statue alessandrine come ci sono pervenute. Energia, piccola e decisa, si avventura in occhiali scuri grandi, che le coprono il volto d'ombra. Una certa voluta suggerita malinconia? Dominano le labbra decise, più in basso. Anche le linee del volto sono nette. Il corpo fa contrasto, minuto. Soffre quando la guida misogina accusa le donne di essere spesso dei tappi. Quando l'uomo suggerirà alla guida di chiamarle mignon Energia si spalancherà in un sorriso intenso. Piccola e combattiva, sembra non scalfibile. Eppure, la sua sensibilità appare a volte prepotente. I suoi capelli corti ne sottolineano la forza.
Le due sono praticamente sempre assieme.

Più lontano c'è un sacerdote, il secondo oltre alla guida. Dietro un sorriso che in fotografia appare perfetto si nasconde una visione abbastanza equilibrata, con una punta di severità negli occhi, nascosti peraltro dagli occhiali. Qualunque sia stata la causa del suo viaggio, apprenderà molto. Concelebra con la guida: è però lui ad amministrare la comunione, eletto a padre spirituale del gruppo. Signore e Signora sono una coppia molto elegante. Il loro portamento è perfetto. Lui ha i capelli grigi e un intenso sguardo di occhi scuro, il naso appuntito e le labbra determinate; tutto denota gentilezza e determinazione. Lei è signorile e sempre con la parola giusta. Bionda, vestita di celeste.

Sperduta ha i movimenti degli occhi irregolari, coperti da occhiali sempre sghembi. Tinti di rosso i capelli. Ha la pessima abitudine di voler passare davanti nelle numerose code. E alle rimostranze si arrabbia.

Alessandro è alto e moro, magro. Gli occhi denotano intelligenza e vivacità. Una delle sue armi, la migliore per lui, è l'ironia. E poi c'è la complicità: Una parola, vola e consola; se si può coniare un proverbio.
E' bello, di maniere nobili. Tende alla solitudine nel gruppo, forse pensando alla ragazza lasciata a casa al lavoro. Ma la sua serietà non è mai scortesia. Sa stare nel gruppo e al gioco. Molto sereno e calmo.

Anima Cortese è di media statura e moro. Timido, ha gli occhi di chi è sempre in ricerca, coperti dalle lenti degli occhiali. La sua gentilezza gli riesce facile e naturale. Non manca però di ironia, che gli sgorga immediata. Vorrebbe farsi delle amicizie, ma è un po' timido, e a volte guadagna solo incertezza.

Leprechaun è piccolo e timido. Ha una voce debole, che non è facilmente decifrabile. Capelli corti, quasi bianchi, due occhi che tendono a sparire. Ha un sorriso naturalmente simpatico. A volte si scoccia, ma ci mette poco a tornare in sé. E' disinvolto, e si sente a suo agio in calzoni corti, che non sempre sono visti bene nelle chiese.

Eroe è asciutto e tutto in lui denota la potenza dell'anima: i muscoli, anche se vecchi, sono tesi al punto giusto per resistere a continue marce sotto il sole del Medio Oriente. Ha due baffi bianchi come gli ufficiali d'un tempo. Il sorriso indica sincerità. Anche gli occhi sono ridenti. Il bastone che gli funge da gamba è la sua arma epica. Ha dell'Achille e dell'Ulisse. Dell'Achille per la forza, dell'Ulisse per il cercare nuovi orizzonti, fino a questo, il finale, la totalità prima del trapasso, come a voler conoscere prima ciò che aspetta.

La moglie è un'anziana tranquilla e aperta. Semplice, con occhi però pensosi. Il sorriso è a volte tirato. Cammina come se stesse staccandosi da terra. Molto magra, sembra dominata dal vestito. I capelli sono sempre disordinati, ma danno l'aria di una aureola di rame, irregolare.

La madre di Gigante quando ride esplode. Tutte le rughe del volto anziano si dirigono verso l'espressione degli occhi gioiosi e la bocca aperta a cuore. Doveva essere bella da giovane. Ma ha conservato qualcosa di una idea di spontaneità.

Vivace, dai lunghi capelli castani, è una donna decisa e ferma. Lo sguardo perfora gli occhiali scuri per imporsi.

Slanciata. E' di facile conversazione e ci tiene ad esprimere solarità. Ma è accomodante, ed è facile annuirle..
E' una persona decisa. A volte lo sguardo viene preso da un rapimento mistico. Chi ha più di mezzo secolo alle spalle o le ha curve o le ha rinforzate. Lei è nel secondo caso. Ma il mistero del suo passato non verrà violato; è un suo tesoro.

La guida, sanguigna. Di corpo massiccio. Capace di dolcezze e di durezze apprese in una terra di sogno e di sangue. Il sorriso a volte costretto, a volte aperto, come gli occhi.

Miliardi e miliardi di angeli si alternano su questa terra alla ricerca dell'aiuto. Si ha questa impressione quando ci si mette in raccoglimento in luoghi carichi come questo. Già per la presenza c'è qualcosa che mette in contatto. Vengono in mente le parole di spavento con cui i ventidue erano stati ammoniti prima di partire. Vale il rischio?
Durante la messa alla grotta dell'annunciazione, ad un certo punto, si odono dei rombi di aeroplano. I sacerdoti tacciono. Momenti di tensione e paura. Ma svaniscono, e la messa ricomincia. Ognuno dei ventidue con la sua presenza rappresenta una preghiera. Un pellegrino è una preghiera incarnata.

Non ci si può fermare. Anche se non costretti. C'è sempre qualcosa che si muove, che ribolle. Dobbiamo fare, altrimenti si precipita. Così è anche la liturgia. Il momento quotidiano dell'incontro con Dio. L'uomo si chiede se sarà così anche nell' al di là: il momento di assoluto legame con Dio solo, mentre negli altri momenti si avvertono anche le altre persone.

Quando si tende a star fermi il tempo vorrebbe accelerare. Se fossimo completamente fermi, la lancetta dell'orologio girerebbe attorno al suo asse a velocità infinita. Invece qualcosa comunque si muove: eppur si muove, per fortuna, così esisto. Quello che turba sono le fini. Ogni evento tende alla fine. Supporre l'infinito è obiettare all'entropia, affermare cioè che il disordine non è invincibile. Si dirà: più di così cosa si vuole ancora, il caos regna, con appena una leggera luce che lo contraddice. Però in questo viaggio accade l'opposto, attimo dopo attimo la luce aumenta, e il disordine regredisce. C'è qualcosa che si fa strada, che si impone scolpendo. Gettando via pesi, e facendo emergere la bellezza, come in una scultura.

Cos'è un pellegrinaggio, se non una ricerca? Perché san Giacomo aveva voluto seguire la Via Lattea? Ora l'uomo intuisce: perché voleva seguire la luce. Nel buio del caos ci possono essere le stelle, e la luminescenza maggiore è la Via Lattea. Le diverse realtà hanno un'alta percentuale di caos che tende ad aumentare: possiamo chiamarlo buio. Eppure c'è qualche luce che può comparire. Che fare? Che fare, specialmente quando si cerca di arrivare alla fine del mondo? Il fine. Il limite ultimo. Non può essere che dietro la luce maggiore. Solo seguendola si può arrivare al confine, e dire di aver portato la buona novella fino ai confini del mondo.

La luce. Sembra banale vedere le cose, e più naturale toccarle. Non si pensa a qualcosa di così astratto. La si dà per scontata nel mondo. Eppure è una delle caratteristiche principali di molte realtà. Una realtà non dovrebbe dipendere da variabili; eppure pensiamo a quanto siano delicati gli occhi, oppure a quanto siano diversi tra di loro gli occhi degli animali. Ma vedere le cose è riconoscerle, come darle un nome. Per questo seguire la luce è come ritrovare le cose. E seguire la luce maggiore è come volerle ritrovare tutte. Insomma voler raggiungere l'assoluto. Ed ecco san Giacomo in viaggio verso l'assoluto.

L'andare al confine ultimo è rispondere alla richiesta del Cristo. Fatta prima dell'ascensione, e quindi testamento per gli uomini. E nel testamento c'è la richiesta di portare la buona notizia ai confini del mondo.

La luce è caratteristica della trasfigurazione. Le vesti diventano candide e splendenti come impossibile sulla terra, il volto è un sole. L'apocalisse ammonisce che la notte sparirà. Luce di luce nella luce. Forse le cose ultraterrene sono invisibili perché necessitano di più luce o, meglio, di luce migliore. E più intensa. Siamo al buio, quasi. Ma la luce possiamo solo vederla, è esterna e può essere superficiale. No, perché la musica è luce da ascoltare.

Quando chiudiamo gli occhi vediamo tanti giochi di luce che ci sembra di scorgere qualcosa di speciale. E' lo stesso quando siamo nel dormiveglia. Un caleidoscopio di sensazioni che si rincorrono. Ma ci può essere l'incubo del buio. Dicono che sia vedere il nulla, ma non è possibile, perché non si può vedere ciò che non esiste. Diciamo che il buio è l'assenza. L'assenza di quella luce che attraversa l'aria, ma non i corpi. Cosa abbiamo dentro, per annullare la luce? Perché a volte ci accade. Quali corpi fanno schermo? E quante volte se lo sarà chiesto san Giacomo, nel suo cammino?

Luce, idea platonica dell'aria. Sei per la vista quello che è l'aria per il respiro. E se il respiro è indice dell'anima, la luce lo è del bello e del sapere. Luce è uno dei nomi di Dio. E' la luce che dà i colori alle cose. E se il buio le fa sparire, la luce le rivela.

Si deve rinunciare alla luce per una conoscenza totale e tutta ormai interiore, come per Omero, cieco. Quando si splende di luce interiore così forte! Ma è comunque meglio vedere. Dio vede tutto, gli uomini una parte, Satana impedisce di vedere, quindi la cecità viene dal demonio. Ridare la vista ai ciechi. Quanto di questo prese la vita del messia. E' infatti molto importante. Cosa chiede principalmente la gente? La salute? Torniamo sulla terra, dopo l'innalzamento della trasfigurazione? Dal divenire divini alla constatazione dei nostri mali. Abbiamo sentito il senso dell'era messianica, ma siamo tornati indietro. Dovette accadere così anche per Pietro Giacomo e Giovanni, che erano lì con lui. Videro, ma ebbero la proibizione a parlarne. Giustamente, perché occorreva molto tempo per capire. Così è dei ventidue, che vedono, meditano, e i ricordi riaffioreranno con forza per modellare. Li aveva avvertiti la guida: vedrete che quando tornerete ricorderete e i ricordi agiranno nella vostra anima.

Tornare con i piedi per terra dopo un'esperienza del genere è necessario, però con l'inevitabile impatto dell'accaduto. E' stato qui, è successo qui. Non è solo la prima volta nei luoghi della scrittura, è la volta definitiva. Succederà ancora, non in questa vita, nell'altra. Ma il seme è gettato. Nell'uomo l'idea di luce abbagliante. In Alessandro la sensazione di potenza maestosa, che permea tutto l'assieme, il luogo, il paesaggio, la strana basilica. La sensazione di volare. Si sente innalzato eppure presente. Le parole gli escono con peso. Sente di sapere qualcosa in più, che gli permetterà di elevarsi per molto tempo: la certezza che è possibile. Che questo povero corpo splenderà. Ilare si era fermata davanti al confessore francescano. Un uomo simpatico, con una barbetta bianca alla Paulo Coelho, un sorriso instancabile e un cenno di saluto per tutti. Non si confessa, ma un moto dell'animo c'è comunque stato. Anima cortese, con Leprechaun, vagano all'interno della basilica, cercando nei mosaici la conferma delle parole della guida. I mosaici che illustrano il Vangelo. Una volta era la Bibbia dei poveri, racconta la guida. Chi non sapeva leggere, guardava le immagini. Ma una volta la scrittura era anche molto più complicata, pensa intanto l'uomo. Anima cortese e il suo sorridente amico cercano e spiegano a vicenda. Nella basilica il sacro è leggero. Non si sa come, la luce interna della basilica dà questa impressione. Forse perché sembra tutto così nuovo. Scendono nella cripta, dove si tiene una funzione, risalgono le scalinate laterali. Ogni chiesa deve essere a forma di croce e rivolgersi a Oriente. Ancora la luce. Catturata, del resto, nella pietra dai mosaici. Dono è intimidita. Si aggira leggera sul monte Tabor. La timidezza fa questo effetto, di alleggerire la persona. Ma in quel luogo è inevitabile. Anche gli apostoli l'avranno provato. Degli umili pescatori davanti al messia, a Mosè e a Elia! Eppur Pietro disse la frase migliore: "è bello per noi stare qui". Questa frase, detta dalla guida, ritorna nella mente di Dono, e l'ha intimidita. Perché è rientrata velocemente nel suo profondo. Energia è assieme, eppure quasi in silenzio, L'esperienza mistica è individuale. Occorre ricordarsene pensando alla morte. Spaventa meno. Ma in questi momenti gli occhi azzurri di Dono rimano col cielo. Energia sente la sua indole avvertire il meglio, e si apre in un sorriso. Un'energia quasi frenetica alberga in lei. Ma è ora di andare. Il pellegrinaggio è questo: un continuo incessante andare. Anche la vita è considerata un unico lungo pellegrinaggio. Questo perché il riposo è raro, o un privilegio? E poi, come dice giustamente il popolo, ce n'è sempre una.

I ventidue si ricompongono per il ritorno. Ilare teme l'autista spericolato. I suoi occhi, con le venature di paesaggi, si irrigidiscono in un ghiaccio improvviso. Ha ritrovato l'uomo e Alessandro, con cui era salita. L'autista si rifiuta di partire. "Other four!" Grida. Si faticano a trovare, e l'autista si irrita. Sentire le passioni, viverle! Ma forse, così può essere troppo. Certamente, la ressa è grande, l'attesa lunga, così non c'è da stupirsi del suo atteggiamento. Alla fine qualcuno entra, tra cui due ragazze che parlano uno stretto dialetto veneto. Davanti, vicino all'uomo, si siede una alta e slanciata, con un profilo bello e il fuoco di un sorriso inestinguibile. Il taxi- van parte spericolato: la velocità è alta e non ci sono guard- rails. Si passa sfiorando le altre auto. Dopo un po' si incontra un'auto che ha avuto un incidente. L'autista si ferma sul ciglio della strada. Confabula, poi riparte di colpo. Dai tornanti a precipizio si vedono campi coltivati e tutta la benedizione che può arrecare una buona agricoltura. A perdita d'occhio, campi e campi. L'uomo è davanti, e vede scorrere il panorama come deve vederlo un uccello, a causa della velocità. Il tutto accompagnato dal canto di uccelli delle due venete che, spingendo un commento sull'altro, fanno risuonare di fresche risa il panico degli occupanti. La vettura trema, appena meno del suo autista, ma, a differenza di lui, lo fa in continuazione. Non si sa cosa ci sia e, alla fine, lo si trova.

Così anche i nostri ventidue. Poi si ritrovano nell'attesa, al parcheggio dei taxi, dove li attende l'autobus. Quale sarebbe stata la prossima tappa? Come poter fermare l'emozione iniziata con tutto quell'assieme così diverso da casa loro? Ma come i tasselli possono guadagnare di significato. Come l'esterno può fecondare l'immaginario.

I commenti sono fitti. Si parla per smuovere, per far emergere i simboli che si annidano dentro di noi, immensi, che attendono di emergere, di confrontarsi.

Un gigante che si alza verso l'orizzonte: ecco cos'è l'emozione.

L'emozione è contagiosa, per fortuna.

Qualcosa di strano e tremendo però si annida nel segreto. L'uomo freme nel pensarci. Chi avrebbe potuto fugare quelle nuvole cariche di tempesta? Eppure man mano che si apre ai compagni di viaggio, qualcosa si scioglie, qualcosa accade. I pensieri si fanno più puliti, nel senso che non viene più preso da fragilità, come il sentirsi accusare da una voce stridula e, purtroppo, interna. Questo succede pian piano. La terra del lievito. Potremmo anche definirla così.

Il bus arriva a Cana. Scesi, c'è uno spettacolo misterioso: un'aiuola dietro del filo spinato. La guida tira dritto. Però è un pianto vedere il verde strozzato così. Attraverso una stretta diagonale si giunge davanti alla chiesa di Bartolomeo apostolo. Il mistero dei seguaci. Scelti, eppure scelgono. Viene in mente il verso di Dante: amor, ch' a nullo amato amar perdona. Vale per ogni tipo di amore, viene da pensare. Bartolomeo visto da Gesù, che si meraviglia, e sente. Sente qualcosa di più, che c'è dietro le cose. E vedrà cose ancor più grandi, gli dice il messia. Come voler essere al suo posto! Eppure, in questo momento, davanti alla sua chiesa, è un po' come esserlo. La sensazione di essere visti senza saperlo prende. Bartolomeo lo seppe solo all'incontro col messia. Sarà così anche per noi? Dopo la morte il: "ti ho visto". Bartolomeo era sotto il fico, a meditare le scritture. Gli fu ricordato quel momento: "ecco un pio Israelita!".

Scorrono le spiegazioni , e l'uomo si scuote dalle sue meditazioni per rientrare nel gruppo.

Il quartiere è arabo. C'è confusione. Esce un'auto e blocca il gruppo dei ventidue. L'autista frena, ma il gruppo lo fa passare. Più in là ci sono dei bambini che giocano, e dei banchetti di mercanti.

Dovunque qui si cerca di vendere. Di antico non c'è più niente. La prima conseguenza immediatamente visibile di una terra di sangue. Sembra strano, ma è così potente l'odio. Dei romani restano le rovine di Cesarea. Ma di noi, cosa resterà? La stupidità distrugge. La terra del lievito. Ad ogni passo si entra di più nell'infinito. E il bello è che è normale. Entrare ad ogni passo in qualcosa. Succede solo nei cammini rettilinei non abituali. E' un gustare così il sapore dell'infinito, che è difficile da immaginarsi diversamente. Ed è veramente un continuo ascendere, impercettibile quasi, perché inconscio, che però tende ad emergere lentamente. Ma è meglio che sia così. Che qualcosa accarezzi prima i nostri strati profondi. Ci si sente bene, e poi meglio, senza sapere perché. Ma il benessere vago di piacere indistinto diventa lentamente coscienza. L'agnizione è un'illuminazione. Nell'attimo in cui si capisce si è già un'illuminazione incarnata. E' un bene che la prima tappa sul Gesù come messia, sia sul monte della trasfigurazione. Dopo il primo sonno, del primo giorno, qualcosa in noi si avverte cambiato, in meglio. Come se l'anima si decidesse ad uscire, e se sentissimo la trasparenza. Forse l'anima è proprio questo, nel suo stato migliore.

Un benessere cosciente.

Lo avvertiamo anche nella nudità, anche in quella dell'anima suggerita delle statue e dei dipinti.
Allora tende ad esplodere.

Eppure ci sono anime annullate, e nudità tristi. I grandi mali: la povertà, la malattia, la vecchiaia. Poi, la morte su tutto. Per questi c'è la spinta forte verso la speranza in Dio, e non ce n'è altra. C'è chi si sente forte, e nega, poi urla. Alla fine strilla. Ma c'è anche chi è stato vessato in nome di Dio, e si ribella. Che si può dire, se non: "distruggi l'idolo"?

E' anche un bene non sentirsi soli, però, quando si è a terra, e quando si vola, che qualcuno tenga le ali. C'è qualcosa che vorremmo afferrare, che però ci tiene. Facciamo così perché lo vorremmo riconoscere. E' sfuggente, come un'ombra, che però è sempre dietro ai nostro occhi.

Camminare, sulle strade di Israele e della Palestina, come su quelle di casa. L'importante è veramente andare. E il fermarsi è quando è il mondo a muoversi attorno.
Ma a cosa sono dovuti i pensieri fluttuanti? Solo a noi stessi, o c'è anche un'influenza delle persone vicine? Quanto si elabora solo dalle spiegazioni di una guida, e dalle sue polemiche?
Ci immaginiamo la mente come sempre presente a se stessa. Non è così. Molto può la stanchezza. Ma quella fisica tende a scivolar via, mentre quella morale genera in noi una specie di paralisi, per cui è difficile qualsiasi attività, e si è come nelle sabbie mobili. Qui la stanchezza morale tende a essere meno pesante, nonostante le ire della guida, comprensibili per chi vive in un posto tanto martoriato. I ventidue tendono a non avvertire, se non come eco, queste

ansie, immersi come sono nel misticismo necessario alla contemplazione. Ma esiste un fenomeno per cui quando si fa qualcosa di buono, la stanchezza morale tende a scomparire. Sembra che il nostro spirito, tornato ad abbeverarsi, riprenda lena. E solo il corpo ci ricorda il momento di sedersi, di dormire, o di bere. Anche se in alcuni la forza interiore è tale, che questo riprendere lena nella forza morale li sostiene davvero, come nel caso di Eroe. Certo, la sente, eppure riesce a resistere. E' questo "eppure" che sarebbe incredibile, se Eroe non esistesse. Che la forza consista in questo? Non nella potenza pura, ma in quella che sormonta? Cercare il movente! Direbbe qualcuno. Insomma, tutto è relativo.

Ma anche se si sa che innamorati si hanno più forze, se manca una gamba, manca una gamba: è il caso di Eroe. Insomma, tutto è relativo fino al dato inconfutabile? No, la forza e il merito fanno variare questo dato. Sì, molto è del merito. Il merito, quando è una certezza, come in Eroe, è il contrario della tara definita dai cinici. Pesa? Fai la tara, dicono. Ma per loro il peso resta peso, tranne l'involucro, una volta tolto. Invece il merito toglie continuamente. E' che non ogni lavoro fa star bene, ma solo quello sentito come tale: può sì logorare, ma può anche dar soddisfazione.

Alla fatica piace arrampicarsi sugli alberi, al ricordo guardarli. Benché siano solo due i giorni del viaggio, c'è nei ventidue già un affastellarsi di ricordi di impressioni profonde, che coinvolgono ogni senso. Non solo il vedere cose nuove, ma anche sentire odori nuovi. Naturalmente udire lingue prima avvertite come così lontane, ed ora parte del quotidiano. Al palato nuovi sapori. Rimane il tatto, che avverte tutto, perché è con tutta l'estensione del corpo che sentiamo attraverso il tatto. Anche la temperatura è oggetto del tatto. Anche l'ottimo cotone prodotto in Israele, così benevolo da sentire sulla pelle, e che dicono sia di ottima resistenza. Che voglia di quelle magliette! Alessandro ne ha acquistato una con la croce cosmica. Subito l'uomo ne ha desiderata una uguale o simile. Il negozio a Nazareth è a destra dell'albergo, così facilmente raggiungibile, quindi. Inoltre vende cartoline e francobolli. Insomma, praticamente un'appendice dell'albergo. Alla cassa, un arabo. Il primo contatto dell'uomo con un arabo. Con le sue maniere morbide e fluenti, col fare cerimonioso, e con la gratitudine senza limiti, quando l'uomo gli dice: "God bless you". Se ci fosse stato il tempo per scrivere una poesia, l'uomo avrebbe pensato alla mimica facciale del venditore arabo, e l'avrebbe intitolata: "I muscoli danzanti".

L'uomo ricorda, in una pausa. Era al ginnasio, e l'insegnante insisteva, affinché un compagno mancino scrivesse con la destra. Era un collegio retto da religiosi, e all'uomo giovane studente sembrava strano il dover correggere questi errori di Dio. Si ricorda dell'ansia crescente del compagno, dei suoi sforzi con una mano che tremava. Ma il problema resta attuale: deve la religione correggere i presunti errori di Dio? Cosa si vuole, il normale? L'assuefazione. Ecco il Leviatano, viene in mente all'uomo. Dice un salmo di Dio: "Al Leviatano hai spaccato la testa" Eppure, vorrebbero in suo nome instaurare. Si ricorda delle compagne col grembiule nero. Le punizioni corporali. Il Leviatano in nome di Dio. E qualche credente rimprovera questo alle chiese organizzate, specialmente a quelle cattolica, di essere, cioè, il Leviatano. E ora siamo qui, in ambiente religioso, che fare?
Ma l'uomo conosce anche l'opposto. Ha lavorato anche nel caos. Behemot. Il disordine totale. Ma i due mostri

ebraici rendono bene i due estremi di un sistema. Da un lato il Leviathan, il super-io, ma anche la sopraffazione, la violenza, il sadismo, l'ingiustizia, il nepotismo, la disuguaglianza, l'ansia, l'angoscia, il superlavoro. Dall'altra Behemot, l'inconscio, l'istinto il caos il disordine l'entropia, il non riuscire a lavorare, le droghe. Un giusto mezzo non appare, se non all'interno di una persona. L'universo forse è un amplesso tra Leviathan e Behemot. E dovrebbe nascere l'io.

Viaggiare. Lasciare parole d'amore su ogni albero che incrociamo, appese estatiche. Nel viaggio di ritorno i pensieri fermentano. La stanchezza si fa sentire. Abbandonati sui sedili del bus, i ventidue tacciono, inseguiti da qualche parola della guida. La luce all'orizzonte sembra suggerire qualcosa. Sembra che manchi la musica. Non è così. Sono ventidue orchestrali, che stanno accordando. Poi suoneranno, e sempre meglio. Ah la stanchezza. Ma in cambio si ha il riposo con la freschezza che ne segue. Svolazza Eros sui sogni dei mortali, rincorre segreti. Quanto manca nel cristianesimo ufficiale, e quanto gli regna attorno, quanto le abbraccia di desiderio. Il cristianesimo, più che elidere, rimanda sine die. Invece dell'amplesso, il desiderio, che si amplifica inoltre. Contemplazione dell'oggetto amoroso (oggetto nel senso di complemento), e masturbazione. La masturbazione garantisce la solitudine. Ma l'altro è presente nel desiderio. E nella fantasia, in cui si espande nella luce della nudità. Abitualmente sono nudi il volto e le mani. Il resto è fantasia. Inevitabile quasi, però.

La chiesa delle nozze di Cana è spoglia, come tutte le chiese qui. E' come una situazione, più che un'attesa di sacro. Vi sono delle rovine archeologiche annesse alla chiesa. Tra cui un grande vaso per abluzioni. Più in là una strada romana, che prova che Cana è questa. Il primo miracolo del messia. L'acqua cambiata in vino.

Il voler evitare sempre anche la più piccola preoccupazione. Il voler far svolgere il quotidiano, che diventa però sublime per, appunto, il miracolo. Che sia questo il paradiso? Non solo l'acqua in vino, ma anche i pani e i pesci. Il quotidiano che migliora e si moltiplica in abbondanza. Così non logora più. Non c'è più il logorio dell'Alltagsleben, del quotidiano, di Freud. Qui non è ipotizzabile, ma in un'era messianica sì.

La delicatezza di non voler che sia turbata la gioia di una festa. Anzi migliorarla. Anche questo è quotidiano sublime.

Il miracolo. Come riconoscerlo? Quello di Cana fu il primo. Un segno. Ma di segni ne accadono molti. Allora anche i miracoli.

Ma dove vagano i pensieri, attorno a quale simbolo si attaccano? Come la farfalle attorno alla luce, girano agitandosi. Ma lo fanno con ogni luce, o è la Luce stessa che inseguono, quella per eccellenza? Seguire le apparenze, o no?

Eros, perché ti nascondi, perché non ti fermi, scompari alla vista della croce? Ti scacciano certo da lei. Non vogliono che tu volteggi attorno. Pure, sei il moto che avvicina naturalmente.

Passando attraverso te esistiamo. Non nasconderti, ma esci ala luce. Tu ci esalti.

L'alternativa: tutte le malattie della solitudine. No, non è bene che un uomo sia solo. E' meglio ripetersi, quasi diventi liturgico.

Questi luoghi sarebbero magnifici da girare a piedi. Si sarebbe sospetti? Ecco, subito un pensiero maligno: è incredibile, che si pensi a Dio e spunti anche il demonio. Ma forse è così per imporci la scelta. Siamo noi che al nostro interno diamo spazio o all'uno o all'altro. Eppure, anche in chi si inabissa, si sente il bene che vorrebbe soffiare.

La terra sembra levitare attorno ai ventidue. Si è fermi e la si sente attorno vibrare nell'aria.
Ormai si è tornati in albergo. I pensieri vengono ricollocati al loro posto nel dialogo. Sono ancora frasi banali. O perché ci si conosce ancora poco, o perché ci si conosce troppo, e basta lasciarsi accarezzare dal timbro della voce.
"Sono stanco"
"Siamo arrivati"
"Sento appetito"
"Manca poco"
Poi in camera a prepararsi per la cena! Potersi lavare, cambiarsi di vestiti, e sentire il sapore di aver vissuto.
"Cosa t'è piaciuto di più?"
E tutto corre via in mille rivoli di risposta. A volte buttata lì, per la stanchezza. Ma qualcosa si agita comunque dentro. Infatti spesso si pensa a come giustificare meglio la risposta, che diventa meno leggera.
L'uomo e Alessandro si danni ai diari, aspettando il turno della doccia. Prima l'uomo. Mentre Alessandro annota, l'uomo apre la doccia. Alessandro ama la cronaca scarna. Annotare quello che succede, e che non può accadere altrimenti. Così, fissato sulla carta, diventa una realtà sigillata.

Ora si scambiano il turno. Tocca all'uomo scrivere. E' rigenerato dall'acqua. Si sofferma a pensare prima di scrivere il diario. La scrittura come realtà. Parrebbe il contrario. Questo quando si legge cattiva letteratura. Ma quando è buona è il contrario. Anzi, più il libro è scritto bene, più si avvicina alla verità. Cos'è la realtà, se non un fascio di diverse realtà? In questo, mondando, si può trovare la verità. Ma a dopo il diario. Scrive una poesia. Ha portato apposta dei fogli bianchi per questo. E' abbacinante il candore del foglio. Sembra quello della tela per dipingere. Non per niente in Oriente pittura e scrittura sono lo stesso. L'ispirazione per la poesia. Uno sgorgare accompagnato. Alessandro ha finito e accende la televisione. L'uomo si distrae e guardano assieme. La poesia è ormai scritta. Tra i diversi canali ce n'è anche uno italiano. Si aspetta il telegiornale. L'uomo rilegge la poesia. Sorride pensando che forse sarà il suo unico lettore.

Tra le notizie si aspettano soprattutto quelle sul medio oriente. Sono le otto di sera, e ormai bisogna scendere a cena, dopo la mezz'oretta del telegiornale.

Si scende.

Vengono in mente dei pensieri sulle notizie sullo sport.

C'è da chiedersi se lo sport non serva anche da rivalsa. Chi picchia per il calcio, chi uccide; insomma chi arriva al massimo degrado. Ma per qualcuno dei ventidue è quello che è: un gioco. Legato però alle viscere. O a quelle del luogo natio (spesso in proporzione: città, regione, stato, ecc.), o a quelle del simbolo: la forza la storia o che so io. La sconfitta una tempesta accettabile, la vittoria una gioia interiore. E' che si sente che le altre notizie sono falsate. Se ne lamentano le ONG, e giustamente. A volte le notizie sono asimmetriche secondo i telegiornali di fazione opposta. Quando poi sono di colore politico, quasi le si sa già in anticipo. Dov'è la verità, la si può ancora trovare? I venti-due la stanno cercando in questo viaggio. E si renderanno conto che è sempre meglio farlo di persona, quando si può. Come nel conflitto Israele – Palestina. Sempre meglio documentarsi. Anche annusando con il proprio naso, perché così si evita di sbatterlo. Già, le notizie. Gente sconvolta dalle passioni suscitate dalla propria fazione, che emana dogmi pesantissimi, che curvano schiene o alzano rabbie. Come evitare lo scandalo? L'uomo scandalizzò una volta un antisemita ordinando un carciofo alla giudea. Nei meandri della realtà. Attraversando il labirinto della realtà, ci si può perdere come si può uscirne. Forse è arrogante pensarlo. Ma l'uomo prova ad affidarsi allo scritto. Mundus est liber scriptus a digito Dei. Il mondo è un libro scritto dal dito di Dio, cantava il saggio da San Vittore. Non si ricorda se Ugo o Riccardo. Ma l'importante è che il mondo sia un libro. Un pensiero necessario tra gli Arabi, non irrelato: Le Mille e una Notte: poter rimandare la morte ogni notte. Ma come? Con la letteratura. Il libro che sconfigge la morte, come? Mediante se stesso. E può farlo perché realtà e racconto si confondono. Quando morirà, allora, Shahrazad? Quando sarà sazia, vien da pensare. Infatti, nel suo racconto il pericolo della morte viene definitivamente allontanato quando dice di aver ormai raccontato tutto. Insomma, quando la letteratura (o realtà) è finita, si va oltre la morte. Questa la proposta della favola di Shahrazad, che porta un argomento in più al fluire di pensieri della realtà come uno scritto dell'uomo. Lì, tra Arabi cristiani, a soppesare il reale. Del resto, non c'è altro da fare. Gli Arabi vanno a dormire presto. Non c'è un cinema o un teatro, nel loro quartiere. Strade quasi deserte, la notte. Avrebbe saputo poi che è il contrario nei quartieri ebrei: gente nelle strade, e fino ad ora tarda; spettacoli e divertimenti. Che sia questa la filosofia dell'Occidente, rispetto al meditativo Oriente? Non lo so, conclude l'uomo. E' difficile stabilire l'esistenza.

Pure ci sono esistenze che emergono. Eroiche.

Eroe sembra sempre brillare. Eppure i pesi che porta lo hanno incurvato. Il suo pensiero principale è: resistere. Cosa l'attenda, non è un problema. Solo il momento lo è. Il tremendo presente, in cui una gamba non c'è ed è sostituita da un legno,che non sente e non si flette. Datemi da credere, e gli zoppi cammineranno. Se non avessi visto Eroe, non vi avrei creduto. Ora sì. Ma è rimasto zoppo! Diranno gli increduli. Eppure quanto ha camminato. Il suo Dio, al vederlo così, non avrebbe dovuto guarirlo? Eppure, così Eroe ha quasi guarito se stesso, credendo in quel Dio che gli ha fatto vincere il dolore.
Gettarsi al di là di sé. Meravigliare persino Dio, per amore.

Bacco è intento invece alla fermentazione dei sensi, che accarezza. Quant'è esaltante Ilare, con la sua leggerezza. Non sembra nemmeno di essere in terra di problemi, ma si può sognare del sogno di Adamo ed Eva, il perenne rinovellarsi della coppia nei discendenti innumerevoli.
Nel giorno, che rincorrersi. La sera, quale lento contemplarsi. Il calare delle tenebre è favorevole alla fantasia, forse perché ciò che non si può vedere lo si immagina.
Cosa attende al di là della fantasia? Chi è innamorato non lo teme. L'amore di Bacco è molto carnale, e vive di sudore. Sentire la realtà della polvere, assaporarla. Qualcosa ci attende ma io lo voglio adesso.
Ma è rischioso: è il rischio di Behemot, del mostro della confusione e del disordine. Ma anche dell'impazienza.

Eros, che non sa essere paziente, precipita. E chi ne è invaso è in bilico tra il suo impulso e la necessità di trattenersi. Ilare, dal canto suo, comincia ad accarezzare il gioco, che le piace sempre di più. A poco a poco si lascia coinvolgere. Sale, lentamente come una marea. Attirata con forza come l'acqua dalla luna. Si deve rispondere al colpo. Come? Inaridendo o alimentando? Ilare sceglie di innaffiare la gracile pianta. Il dopo è un mistero che è meglio non indagare. Che venga, però! Il padre di Ilare è assorto, come volesse svagarsi da troppe immagini. L'uomo lo distrae, e così facendo distrae anche se stesso dalla zuppa dei ricordi spiacevoli. Alessandro ascolta e si concentra sul cibo. E' un atteggiamento interessante, l'assimilazione dell'esterno, materiale e di concetto, nello stesso dosato momento. Lo stomaco assimila cibo, il cervello concetti. L'ascolto è una facoltà principe. L'osservatore del meglio del mondo non può essere che un angelo. Suoni trasformati dalla lingua in concetti, sapori che elaborano la piccola gioia del rifarsi. Qual è, in fondo, il ponte tra interno e esterno, se non te stesso? Cos'è me tesso se non avvertirsi attraverso i sensi? Ora, tutto questo rilassa Alessandro. Una sua gioia interna si leva. Una gioia calma e calda. Fuori maggio si ricorda degli uomini, entrando in Alessandro. Per un attimo si blocca, ricorda la campagna lasciata a casa. Arrossisce per un ricordo sessuale, poi l'eccitazione svanisce. E' un attimo di attesa espansione, lenta e intensa. Gustato il frutto del ricordo, c'è il ritorno nel sé.

Il ricordo dell'oggetto cui si rivolge l'amore è a specchio. Ci si può vedere rivelati. Ma occorre essere vigilanti: il vetro può spezzarsi, e lo specchio incrinarsi.
Chi ha specchi solo per sé è l'uomo. In cinquant'anni, nessuna donna ha mai accondisceso; o ci sono stati degli

equivoci. Solo pagando s'è procurato del sesso. Quando ci pensa il suo essere soffre. Qualcosa che manca. Come ad essere zoppi. Eppure guarda i due preti, calmi e felici nel loro celibato. E' una lezione positiva. Gli infelici soli sanno che c'è un mondo che li fortifica.

Masturbazione. Vuol dire crearsi dei mondi paralleli. Rinchiudersi nel sogno, e almeno amarsi. Sentirsi il corpo. Esistere, insomma. Ascoltarsi e rispondere. L'eco è perenne.

Tuttavia aveva provato una certa invidia per Alessandro. E quando capita che qualcuno ami, gli viene da abbassare la testa. Ci vorrebbe un sorriso, invece!

Ma è meglio non pensarci. Siamo in altri orizzonti, immensi. Carichi di conseguenze nel loro cielo terso di primavera d'oriente. E' maggio, il 9.

Nel quartiere arabo non c'è rumore esterno. Al tramonto tutto tace. Non passeggiate, non feste, non cinema, né teatri, né discoteche, né altro. La notte è un manto silente.

Pare che il quartiere ebraico sia all'opposto esplodendo per la voglia di vivere. Ma è irraggiungibile. Ci si rassegna e si lascia la cena per la camera. Quali sonni li attendono, quali segreti inconsci stanno per emergere. Tutto è pronto per il meglio. Forse qualcuno sognerà l'angelo, della cui stirpe tanto si è parlato durante il giorno.

Quando manca qualcosa si tenta di ricostruire. S'intende qualcosa nella gerarchia. Un giogo pesante, quando si accheta paternalista. Ma come? Si è spesso schiacciati senza ragione, immaginarsi con ragione. Eppure... eppure ovunque si può tentare di raccogliere qualcosa. Aveva ragione Platone, che non c'è libro senza qualcosa di buono, e quindi anche nelle persone, nel sistema dell'uomo?

Un sogno, solo un sogno. Un mito inventato. La gerarchia opposta lo sostiene. Togliere la speranza per il potere. Questo l'abisso che spalanca la disperazione. L'uomo aveva conosciuto la disperazione di quel tipo quando aveva lavorato nell'ex- URSS. Come dipingere l'inferno? Quale pittore ha tali pesi? Ma non si dorme, ci si rivolta nel letto. Dormire richiede esercizio, abitudine. Un letto diverso la toglie, la annulla persino. Ma dopo un po' si cade nel sonno, e poi ci si risveglia, e poi ancora nel sonno. Quali sogni, se non li si ricorda che a sprazzi? Tempo dopo verrà in mente all'uomo che Dante nell'Inferno cade "come corpo morto cade" addormentato. In Purgatorio ha un incubo: la "femmina balba", e nel Paradiso terrestre un bel sogno. Tali sono le tre gradazioni del sonno, Giusto è il riposo. Come definirlo altrimenti? Ma in sé il recupero, quindi si ascrive a giustizia. Chiusi gli occhi, prima dell'abbandono, un bagliore di scintille. All'uomo capita che chiudendo le palpebre veda miscugli di colori. Poi chi sa che succede. Ci si sveglia poco dopo, e il ricordo è il buio. Così fino alla mattina, quando punge la barba e bruciano gli occhi arrossati per lo scarso sonno. Eppure non importa, c'è nell'aria qualcosa che rilassa ugualmente. Un'aria ancor più diafana che gentile resta sospesa. E solo a respirarla si migliora. L'uomo non osa parlarne a Alessandro per paura che gli si risponda; suggestione. Ma vede in lui gli stessi effetti. Un qualcosa di pulito, e di più aereo dell'aria. Una luminosità discreta, intensa eppure non invasiva e non abbagliante. Qualcosa che sembra solo sollevare dolcemente. In su, come ad essere fatti di nuvola.

E ogni cosa prende pregnanza, non è staccandosi dal troppo terreno che si perde il contatto, anzi, da lontano si vede meglio. E guardando dal cielo si vede meglio la terra. Si vede quanto è piccola e misera, e in noi, suoi figli, nasce l'umiltà. Solo gli uccelli conoscono il tutto.

Il vestirsi è un atto magico, perché ci si trasforma. Si da un'idea del corpo, a volte molto lontana, a volte delinearsi, e poi si fa apparire solo il volto e le mani. Si decide lo stile, e quindi anche l'espressione del volto. L'abito determina le caratteristiche dell'io che devono espandersi. Ma pesa l'omologazione. Si deve essere uguali, cioè senza differenze, cioè senza tratti individuali. Impossibile? Eppure, le divise sono così. Dovrebbero contraddistinguere però una persona col suo ruolo.

Il pullman parte. Alessandro e l'uomo vengono additati dalla guida come ritardatari. Eppure sono puntuali: si va a Nord Est, verso il lago di Tiberiade, chiamato anche mare. Non deve meravigliare forse, per gente che viveva nelle grotte, si potrebbe pensare. Ma alla riva, che splendore! Colline di colori giocati con la luce, che sempre staziona suffusa nelle cose. E' facile lasciarsi andare alla retorica di maggio, ma è così dolce. I ventidue sono stupiti. Un tripudio nelle viscere per partecipare a quello della natura. Benefica l'acqua! Come è banale e importante ugualmente dirlo. Che quando la si vede all'opera ci si meraviglia sempre. Opera, sembra una strana parola per chi tende all'immobilità. Pericolosa, perché la sua stagnazione marcisce, e può portare fino alla palude. Mirabile segno! Chi opera il bene non può stare fermo. Anche chi può operarlo, se non lo fa marcisce.

L'acqua del lago è mossa dagli affluenti e dalla pioggia. Le sorgenti a Nord, e la pioggia che scende dal cielo. Benedetta acqua, che scendi dall'alto.

I ventidue sono storditi da tante bellezze, avanzano cauti. Viene in mente che non si può immaginare diversamente la terra promessa. Specchio del cielo. Ecco il primo pensiero. Sì, la terra promessa è uno specchio del cielo. Dopo lo stupore, ci si aduna sul pendio, guardando il mare (meglio chiamarlo così). Messa. Delle beatitudini. Vengono lette quelle di Matteo.

Le benedizioni, tanto attese, tanto invocate. Ora giungono, ora, nel luogo possibile. E un po' come essere in cielo. Sapere è partecipare. Ascoltare raggiungere. Parole profonde come pietre nell'acqua. Se diventasse parte della preghiera quotidiana, magari la sera, vedremmo giustificati i dolori del giorno. Chi non ha niente viene esaltato.

Per chi non si sente niente qualcosa accade. Chi non è niente rinasce.

Per quale ragione aggirarci? Finiamo dove dobbiamo finire. Spesso sbattiamo da tutte le parti, e non troviamo la pace. Ma sperare che ci sia qualcos'altro, che non tutto finisca qui, questo è il discorso delle beatitudini. Come lo stanno vivendo i ventidue? Anche se ognuno a modo suo, è come se si tenessero per mano con la mente. Chi si ricorda (e come dimenticare) di quando piangeva, e ode "beati gli afflitti". Ma per ognuno c'è la consolazione, la sente scendere nel cuore, se ne rallegra.

E' bello sentire qualcosa e raggiungerlo subito così. Beati gli afflitti, la parola finale. L'opposto di quanto impera. Ma chi non sottostà non può non sperarlo. E crederlo vero è il peso di questa speranza.

Respirare bene. Eppure rapiti non ce ne s'accorge. Dovrebbe essere una banalità, invece è la fine dell'affanno. Qui tutto aiuta. E' stata una benedizione fare l'iter in maggio. Dall' 8 al 15. Fiori, profumi, colline, l'acqua vicina.

Il paradiso come la sua radice etimologica: un giardino. E colle beatitudini si è in paradiso già ad ascoltarle. Non c'è più nessuno che pietrifichi. I rimorsi vengono sommersi da un'ondata di perdono. Dopo i rimpianti, vengono vinti i rimorsi. Tutto diventa diritto. Sì, tra poco il rumore del mondo tornerà. Ma questo momento, unico nel suo genere, è stato vissuto. Quale anticipo!

Alla fine della messa sembra di galleggiare. L'uomo e Alessandro si dirigono a destra, rispetto al mare, verso la chiesa del Barluzzi, dove incontrano la guida seduta di fronte all'altare in declamazione estatica. Escono a destra lungo il mare. Sono ancora sotto l'effetto di "tutto è stato detto". Ora entrano nei giardini a sinistra del portale della chiesa. Raggiungono gli altri, e Dono mostra loro di aver acquistato acqua del Giordano in ampolline. E' il primo contatto con quel simbolo. Alle orecchie dell'uno risuona il canto spiritual del giungere nell'al di là per sentir scorrere il fiume Giordano. Tra un po' accadrà. Sia nel senso letterale che in quello anagogico. Penetrare l'aria. Assaporare quanto di leggero c'è nell'anima. La lenta risacca del mare. Un ritmo, esterno come interno è il ritmo del respiro.

Bacco e Ilare si avvicinano. Hanno la giovinezza nel volto. Quel velo di morbida lucentezza che rivela le cose.
Dono è beata nel suo sorriso. Energia si carica di potenza: si tende la mascella, si induriscono gli zigomi.
Eroe "sente" la terza gamba, il bastone. Il dolore è trasfigurato dal suo volto sereno. La moglie riposa nei suoi occhi.

E gli altri si aggrappano al sereno. Le loro mani sentono meglio le cose, e ne sono felici. Qualcosa di nuovo è accaduto.

Dolcezza, come se si potesse afferrare l'aria con la mano. Leprichaun prova a farlo senza sapere il perché. Un gesto istintivo, ma la sua sensazione è leggera e profonda. Gli sembra di vedere un brillare, ma è un attimo fuggente, che però gli fa provare un rapimento. Sono momenti che torneranno nella memoria in futuro, per sorridere. Senza sapere il perché, ma come pura sensazione: un ricordo che svuota dalla pesantezza. Così utile, specialmente alla fine della giornata, prima che inizi il rapimento in se stessi.

Il padre di Ilare è nella gioia dei contemplanti, ma tra il riso e il sorriso. Incontra l'uomo e lo contagia. Beati i poveri, e l'uomo ricorda i momenti di miseria vissuta. Se Dio esiste, è meglio non dimenticarlo, pensa.

Le onde del lago picchiano sulla spiaggia spessa, attraverso la schiuma. Davanti c'è una chiesa con sulla soglia la croce cosmica. Una pietra lasciata com'è, all'interno. Forse quella del primato di Pietro. Pietro, mi ami più che tutti gli altri? E' l'amore che esplode. In degli atti apocrifi si narra come Pietro avrebbe preferito affidare il primato a Giovanni, dicendo che lui non aveva rinnegato Gesù, era il discepolo preferito, era vergine. A Giovanni rispose che se Gesù aveva detto che doveva farlo Pietro, così doveva essere. L'amore che esplode. E diventa contagioso. Se prima i ventidue avevano riferito le beatitudini a se stessi, ora il traboccante amore si rivolge anche ad altri. L'uomo, che aveva pensato alla propria miseria trascorsa, ora vede miliardi di poveri destinati alla gloria.

Ma Dio esiste davvero? Questo l'ostacolo. Oggi, chi oserebbe dimostrarne l'esistenza? Eppure un'idea l'uomo ce l'ha: ogni cosa più è astratta più è potente. Per esempio, due più due fa quattro. Ma due mele più due pere che fanno? Quattro frutti. Il concetto di frutto è più potente, perché comprende di più. Alla fine, se si astrae completamente, abbiamo la massima potenza, che non può non esistere, comprendendo in sé le idee di tutte le cose. Come l'idea del legno, della statua, delle mele, delle pere e dei frutti, etc.

Dal sé all'altro. La salvezza è individuale, perché lo è il giudizio: di qui la prima istanza. Ma, poi, l'abbraccio. Il sentire il richiamo del tutti. O almeno dei molti. E' dolce, nelle occasioni ultraterrene, scivolare nel "noi". E infatti le beatitudini sono al plurale. Masse sterminate di morti di fame che guardano con stupore i camerieri angelici alla loro mensa. L'uomo s'immagina un al di là graduale. Questo il millennarismo giusto. Un simbolico mille anni di innalzamento, un purgatorio di tutte le scorie mondane; uno studiare tutte le arti e le scienze, imparandolo definitivamente. Un gioire delle gioie coniugali, troppo spesso negate sulla terra. E tre volte al giorno pregare vedendo Dio.

Con calma, l'eco del mondo lontana. E' un attimo, si deve rientrare: Ma anche così, resta. Come una corona di foglie d'alloro perenni, da mettere e togliere. Provvedersi, e il sapere si fa amico.

La difficoltà appianata. Questa la sensazione alle rive di quel mare. Colli al posto di monti, pensano i ventidue ricordandosi delle Alpi. Qualcosa aspetta.

Arrotolando all'indietro i ricordi, che sembrano svaniti, ci si accorge del dolore. Velarlo è obbligatorio., altrimenti il quotidiano sarebbe impossibile da vivere. Ma dimenticarlo è pericoloso. Il dolore dimenticato è una belva che invece di ringhiare contro, lo fa dietro le spalle.

L'Anima cortese ha spesso dei dubbi. Aveva iniziato il viaggio come per chiarirsi, e puntualmente questi dubbi riemergono, per cercare risposte. Ne avrebbe trovate molte, e gli avrebbero sollevato quell'amarezza che lo tormenta.

Ci si avvicina agli scavi di Cafarnao. All'ingresso si resta bloccati, perché la guida deve tornare indietro per aver dimenticato una maglia altrove.

Poi si entra nel parco archeologico di Cafarnao. Quanti ricordi, di citazioni sentite. La casa di Pietro, per esempio, con l'episodio delle suocera. La gente va a messa e ascolta le scritture: I cattolici in tre anni leggono i Vangeli. E i luoghi descritti in innumerevoli letture sono qui, da toccare. Da vivere e rivivere.

L'acqua del mare sembra tiepida, e invita ad essere toccata. Si avvicinano l'uomo, Ilare e Bacco. Una schiuma alla riva ghiaiosa. Si tolgono le scarpe ed entrano in acqua. Un tepore che li spinge al sorriso li prende. Ilare, che ha seguito l'uomo, Bacco che ha seguito Ilare. Forse è così che inizia tutto, come diceva Talete, dall'acqua. E uno si avventura, e gli altri lo seguono. Quest'acqua: materia e oltre sensibile.

La spiegazione della guida è disturbata da un aereo. Alla fine, l'uomo tocca la mano di Dono. Lei sorride, e mentre la guida si adira perché l'uomo aveva chiesto delucidazioni, Dono lo difende. Il suo sguardo di cielo sereno infonde calma.

Ci si imbarca per traversare il mare. Un altro gruppo attende. Lentamente il battello si stacca dal molo. Si è soli, in balia: cioè si naviga.

L'equipaggio israeliano suona con un lettore l'inno nazionale italiano. Lentamente i due gruppi si alzano in piedi. Non è un gesto automatico. E' qualcosa che prende e agisce piano, ma inesorabilmente.

La guida inizia a raccontare della tempesta sul mare, e di come si spaventarono i discepoli, finché Gesù non calmò le acque. Spiega che veramente, anche se non sembra, a volte si può scatenare una tempesta tremenda anche su uno specchio d'acqua così piccolo. Inoltre c'è l'episodio di Gesù che cammina sulle acque. Anche nostra immagine futura? Pietro cerca di imitarlo, ma dopo un po' affonda e deve essere salvato da Gesù, per il venir meno della fede. E' vero che quando si dubita si inciampa.

La traversata procede tranquilla. Dopo un po' i naviganti si annoiano e non vedono l'ora di arrivare. I marinai israeliani offrono una vendita di oggetti. La noia nasce dalla nausea della sazietà. Troppo sublime, e la terra nausea.
La navigazione è stata a lungo una metafora dell'esistenza. Ora, nel nostro tempo nell'esistenza prevale la noia. Logico quindi che l'abbinamento vada di pari passo.
All'uomo però piace lasciarsi cullare dalle onde: lo trova sensuale. Forse il senso primo dell'acqua. E' una sensazione che è un ritorno, davvero, a qualcosa di primordiale. Il sentire l'elemento principale.
Ormai sul battello si parla del più e del meno. Tutti mossi da grandi ideali, ma anche figli del proprio tempo, che cercano lo straniamento. Non importa quanto grandiose, le cose accadute. L'abitudine è questa. Ma è anche il non-godere, per il non-fruire. Che sia la sazietà? Che pure il sublime riconosciuto non basti più a ventri tanto pieni? Tanto pieni da ottundere la mente? Ma perché dobbiamo fatalmente perderci in chiacchiere?
E sì che poche cose logorano altrettanto. Lo straniamento è molto faticoso. La noia è un peso come pochi. Forse ai tempi di Gesù li avrebbero visti come demoni, in quanto rovinano la vita. La vita: L'uomo è spesso stato appesan-

tito da questa parola. Se le disgrazie l'avevano rattristato, avevano però allontanato il pericolo della superficialità. E se si riuscisse a vincere il tremendo scoglio dell'amarezza, si avrebbero più ragioni per gustare il bello della vita che, nonostante l'apparenza per gi annoiati, non è poco.

Navigare, abbandonarsi all'acqua. Fidarsi. Non potendo fare altro di meglio. L'acqua quasi dello stesso colore del cielo: giochi di specchi. E l'acqua è lì per specchiare me e il cielo contemporaneamente. C'è da pensare.

L'uomo guarda i compagni di viaggio. E' sparito il senso sublime delle beatitudini? Si è stati già risucchiati nel gorgo banale del quotidiano? Del resto, chi è lui per parlare? Quante volte i suoi studenti si sono lamentati che era noioso. La pesantezza dà fastidio, e fa da ancora per il soggetto che la porta. Ma a volte qualcuno avverte il buono, e questo senso si espande, come una musica.

Galleggiare è risuonare. Ad ogni colpo d'onda un'eco si inabissa. Una questione quasi di musica: un ritmo con delle onde.

Ora i compagni di viaggio sono muti. Qualcosa grava. La suggestione del luogo? Ma è solo suggestione, o si avverte una presenza? C'è comunque l'eco di secoli che riportano vicende gravide di conseguenze. Come andare al di là? Ha fatto tutto l'acqua. Ma anche il cielo c'entra, perché qualcuno, ogni tanto, solleva lo sguardo fin lassù. Come andare al di là? Le domande si riuniscono in una sola: "Quando si arriva?" Il desiderato attracco sembra la porta oltre la noia. Ecco come andare al di là. Perché andare al di là della noia è andare al di là del mondo. Ma l'acqua ha dato solo noia? In alcuni, come Dono e Energia, ansia. Per questo non vedono l'ora di attraccare. Per prendere terra. L'antico mito del figlio della terra che deve toccare terra per riprendere forza. Hanno così tanto del terrestre le due amiche? Energia ha un che di ctonio, mentre Dono, come s'è detto, tende al celeste. Tuttavia, con la sua sensibilità, si va contagiando immediatamente. Ecco il perché. Ed Energia ha una potenza ctonia notevole. In lei emergono i segni del sotterraneo, come i capelli nerissimi e la bassa statura. Gli occhi chiarissimi e penetranti sembrano più le gemme appartenenti a Plutone, la divinità infera di cui parlano gli antichi, e che tuttavia bastano per togliere agli altri il senso degli inferi degli occhi nerissimi.

Viene in mente il paragone della nave con l'esistenza: e c'è tutto quanto di pericoloso viviamo. A volte in calme acque, a volte in acque torbide. E' che comunque naviga, e l'importante è restare a galla. Ci vuole chi sorregga? Vien da pensarlo in questo mare, dove il Messia sorresse Pietro. Abbandonarsi alle onde. Gli apostoli dovevano pescare. Il lavoro. Argomento per ora accantonato dai ventidue. Sono in parentesi. Vacanza? E' che qui ci si sente veramente presenti, anzi che vacanti. La realizzazione del sé, l'antitesi raggiunta allo straniamento. Se è vero che ogni giorno accadono dei miracoli, uno è questo. Ma non ce se ne accorge. Lo si sente, come in sogno. Ma la vita è così. E quando si è stanchi si desidera il risveglio. E a volte sembra allontanarsi. Come grava la giornata. Ci vorrebbe un risultato continuo del riposo. Ma no, è giusto così. Meglio abituarsi così bene all'ultimo giorno, al risveglio del grande sogno. E spesso dall'incubo. L'esistenza può essere una lunga tortura. O una lunga malattia. O una lunga schiavitù. O una lunga prigionia. Meglio godersi questo cullare sensuale dell'acqua, pensa l'uomo. In futuro capiterà certo di ricordarlo con nostalgia. E nei momenti peggiori la nostalgia può essere un balsamo. Ecco l'attimo di quiete, in cui ricordarlo. Il dolore opprime, eppure il ricordo s'insinua, c'è nostalgia. La commozione vive. E fa vivere.

L'attracco. E' ad un kibbutz, dal lato delle alture del Golan. La nave rallenta, e ondeggiando si avvicina. Un colpo, e viene attraccata alla riva. E' il ritrovato contatto con la terra, che scuote tutti. L'ultimo ondeggiare sulla passerella, poi, finalmente, la terra. E' un ridestarsi. Sembra che l'aria sia più fresca nei polmoni. Attorno è verdeggiante, intensamente. Fiori e piante si contendono il terreno. La terra promessa. Come immaginarsela altrimenti se non in questo giardino? E' quanto si avvicina di più.

Ci si accomoda per mangiare. Dono è seduta di fronte all'uomo e Alessandro di fronte a Energia. Alessandro si sente fedele alla donna a casa, Carmen. Energia è libera, invece, e si attacca ad Alessandro. Per contro, l'uomo è single e si volge verso Dono, non sapendo che è sposata, perché non porta l'anello al dito.

Forse così avvenne anche tra i discepoli, tra tante persone. Maschi e femmine si conobbero. L'incontro nel fermarsi per il pranzo, l'uno accanto all'altra.

Naturalmente pane e pesci. Non si poteva dir di no alla tradizione del miracolo della moltiplicazione dei pani e dei pesci. Gesù che rifocilla i suoi discepoli, così anche coi ventidue. Ultimi arrivati di una schiera millenaria. La continuità nei secoli. Dio, attraverso il Cristo, che nutre. Come mai i morti per fame, allora? C'è chi ruba sul cibo distribuito. Non ci può essere altra spiegazione.

Il pesce del lago di Tiberiade, detto di san Pietro, è molto spinoso.

All'uomo il pensiero torna all'acqua. Rivede i due crateri vicino a Haifa per i missili scagliati da Saddam, trasformati in cisterne. L'acqua che lava, anche in questi casi. Enormi cerchi di acqua, ricordo dell'odio e della provvidenza che schiva. Laghi artificiali scavati dalla tecnologia al servizio della ferocia. Che, orrore, è scesa dal cielo! Come le piogge e le benedizioni. Il dissacrare, spolpare il sacro dai suoi vantaggi. Anche il fulmine che incenerisce scende dal cielo. Ed era sacro a Giove. Ma il vuoto non è il silenzio. Purtroppo. Fare vuoto, vuol dire anche far silenzio. Ma si sentono altri rumori, a volte sconosciuti. La notte è così.

Le spine del pesce. Sembra che qui le spine pervadano non solo il nutrimento, ma molta parte di questa realtà. Le spine, il dolore.
Ma attorno alle spine c'è il cibo. Una buona lezione, il pesce. Non si può fare a meno del dolore. E' vero che s'impara nel dolore. L'albero della conoscenza del bene e del male ha comportato come conseguenza il dolore. Ora è l'inverso, nel senso che dal dolore si risale alla conoscenza, per l'accezione detta prima. Ecco Eva diventata grande sacerdotessa, e il serpente un animale fallico oracolare. Il mito si affaccia così ad archetipi utilizzati in molte religioni. Ma qui tutto parla di mito, il numinoso è presente ovunque. Dai riti delle alture fino all'ebraismo.

Dono, l'uomo, Energia e Alessandro iniziano a conversare: S'innesca il meccanismo dello specchio. Ci si vede negli occhi dell'altro migliorati. La voglia di parlare aumenta, i toni di voce migliorano, si fanno più accattivanti. Com'è bello il cielo sul mare, riflesso negli occhi azzurri di Dono, pensa l'uomo. Ma è un attimo, un fulmine che svanisce subito, travolto dall'onda di parole. Energia ha uno sguardo penetrante e la parola incisiva: Alessandro è ironico, e smorza i toni. Qualche battuta, qualche sorriso.

"Sembra il paradiso".

"Nessuna meraviglia allora che Dio abbia scelto di parlare qui"

"Sì, se ne sente la parola risuonare ancora."

"Però non mi fido di quest'acqua, meglio berne di sigillata."

"Siamo fatti d'acqua."

Sulla fila, gli altri diciotto si disputano parole attorno al desco. Gigante domina taciturno. Profondi pensieri lo occupano. Molte sono state le emozioni di quel giorno. Il tempo per meditare non manca: attendendo le portate. Quale eco profonda, quali onde si diffondono nell'animo. E quel sole, non troppo caldo, che regna nel cielo. Non troppo caldo, ma giusto come temperatura: miracolo del maggio mediterraneo.

A volte si sente la delusione dei compagni di viaggio. Al ritorno i ventidue ne saranno ossessionati. Gente che è stata in Terrasanta e ha avuto l'idea contraria al sacro. L'uomo si ricorderà, in questi casi, della sua prima visita al Louvre di Parigi. C'era la coda di fronte alla Gioconda. La gente trascurava tutto il resto. Nessuno guardava il bellissimo ritratto di Baldassar Castiglione di Raffaello e gli altri capolavori, lì vicino. Ogni tanto qualcuno scattava un flash di macchina fotografica, proibito. Il quadro era dietro una cassaforte con un vetro, con due guardiani tutti per lui, che esplodevano spesso in un "Pas de flash!", tentando vanamente di reprimere le foto. Ebbene, tutti i visitatori, dopo la breve visione, esprimevano la loro delusione. L'uomo pensò che esprimessero il disgusto per una metafora dello specchio della loro vita. L'inseguire l'opera che è l'arte per antonomasia: quindi dare un senso alla vita: una vita quasi sempre vuota. E a molti, troppi, non se ne può fare neanche una colpa: li hanno ridotti così.

Anima cortese sta parlando piano. Come volesse ascoltare le proprie parole. E' un modo per soppesarle.

Bacco è sempre più affascinato da Ilare. Una grande gioia gli sta montando dentro. Ilare pensa ogni tanto al suo ragazzo lasciato in Italia, ma gradisce la corte di Bacco. Placido osserva tutto, sorridente. La contemplazione della felicità altrui lo soddisfa. In fondo, il contemplante è spesso felice. Lascia che le cose accadano, le segue. E sente così l'armonia delle sfere. E' davvero bello stare a vedere le cose. E' come accarezzarle. Lo sguardo può farlo.

La bellezza attira. Però, mentre esalta i buoni, spinge i malvagi al sadismo. Meglio godere della migliore compagnia, finché è concesso, pensa l'uomo. E' tempo di raccogliere. Anticipazione di sogni beati, il dolce conversare. Parole come grappoli da cogliere.

Ormai si sono formate le amicizie che dureranno fino alla fine del viaggio. Il compagno di viaggio con cui si era partiti diventa un collaboratore per nuove amicizie, che dureranno il tempo del viaggio, appunto.

Un periodo di distacco dal proprio ambiente e di avvicinamento al nuovo. Anche a quello comunicabile della nuova conoscenza del compagno di viaggio. L'esterno può essere impenetrabile. L'uomo guarda le cameriere che sfrecciano alle spalle: le ragazze del kibbutz. Come si vive in questa comune? L'unico esempio riuscito di comunismo? Camminano velocemente, con gli occhi bassi e i gesti duri: Nessun sorriso. Le ragazze sono di notevole bellezza. Fiori cresciuti in un deserto troppo duro, quale il mondo e la storia. Forse qui i danni del mondo e della storia sono riverberati, amplificati e riflessi. Certo è che è purtroppo facile rovinare un piccolo paradiso, fosse pure solo col ricordo. Alberga comunque una speranza così forte da far vincere, e si vive. La speranza è far sì che il deserto diventi verde

Un uomo sullo sfondo sorveglia; ma come se non ce ne fosse bisogno. Deve essere un coordinatore. E' scuro e abbastanza forte.

L'uomo si alza per lavarsi le mani. Lascia il quartetto e si inoltra nella foresta di sedie. Raggiunge il fondo ed entra nelle cucine. Non gli badano. Devono essere completamente abituati. La caratteristica che balza all'attenzione è la calma. I movimenti sono fermi ma rilassati. I cuochi sono maschi. Anche se tutto è forzatamente nuovo, tuttavia ha una patina imponderabile che colloca fuori dal tempo. E' una costante qui. Barluzzi dovette sentire questa sensazione che cercò di tradurre in uno stile architettonico così eclettico da essere fuori dal tempo. Quando si apre la Bibbia, anche se in lingue moderne, si ha il senso di vertigine nel tempo. E qui tutto è permeato da questa sensazione, tanto da far sembrare all'uomo che prima di questa terra ci sia stata solo la creazione. Con quale terra è stato formato Adamo? La nostalgia. La nostalgia fu alla base dell'esodo: il ritorno alla terra promessa. Non fu solo un'andata, ma un ritorno. La terra di Abramo ad Ovest di Ur fino al mare. Questa terra in cui l'uomo può mettere la mano. La terra è sempre terra, e ovunque, direbbe un incredulo. Ma c'è da chiedersi se per uno così sia utile viaggiare, e alla fine, a livellare tutto, non sia così inutile vivere.

E' bello conoscersi. Si entra l'uno nell'altra guardandosi negli occhi, cioè scambiandosi le anime: io so che tu sei così, mentre non so come sono io, lo sai tu. E tutto questo coronato dalla musica delle parole, e spesso anche dai confronti dei contenuti. Conversare è un'arte. Bisogna fare attenzione a non essere troppo leggeri, per non annoiare subito, né troppo pesanti, da opprimere. Come tutte le arti, va imparata. Come? A contatto con gli altri, su buone persone. Il valore della persona è un fortissimo catalizzatore. Trasmette e espande. La negatività invece schiaccia, opprime, o adira. Meglio liberarsene. Ma per quel periodo tra i ventidue avrebbe regnato la pace. Shalom.

I pani e i pesci stanno finendo, e si arriva ai datteri. Non c'è frutta più adatta. Grossi, carnosi, con la buccia. Il sapore è squisito. All'uomo piace succhiarli.
Ci si alza. C'è il rischio di separarsi. L'uomo si volge al cameriere: "Todà, adoni".il cameriere risponde in inglese al ringraziamento in ebraico. La separazione ha anche un che di inquietante, che tutto ritorna come prima, azzerando i rapporti. L'uomo ne è turbato, vorrebbe ritornare con Dono e Energia, ma Alessandro se ne è distaccato, con eloquente frattura del gruppo. Del resto è momento di acquisti nei negozi, e ci si inoltra nello slalom tra scaffali che promettono. Si vedono molti che scacciano la noia insinuandosi tra le merci, e non c'è da meravigliarsene: l'antico richiamo della roba. Di qualcosa che parli del nostro essere, adornandolo. Perché le cose diventano nostre, portando con sé un poco di noi, perché quando acquistiamo qualcosa, gli diamo una parte di noi. Connotano la nostra vita, quindi il nostro essere. A volte, la merce serve per trasmigrare, se regaliamo. E' come se volessimo dare un senso al nostro essere, attraverso qualcosa che lo rappresenti. E' come se il dono avesse la nostra etichetta, dovunque provenga. Inoltre, ha ragione Dante a rappresentare i ladri in metamorfosi, perché rubando modificano l'essere.

Quindi, il contrappasso si deve applicare al cambiamento del loro essere.

Si risale sul pullman. L'uomo però cambia posto e va a sedersi dietro Dono. Chiede a Alessandro di raggiungerlo, ma inutilmente. Si è formato un quadrilatero irregolare. Eppure non sono quattro punti a caso, ma c'è una logica, che lentamente emerge, ma che non oseranno oltrepassare. E il pullman va, portando i pensieri e le emozioni con sé. Orti e giardini passano velocemente oltre gli sguardi. Presto anche il mare si allontana. E in un'esplosione di vegetazione si arriva in un ponte di ferro. E appare il fiume Giordano. Lo si può vedere come stretto e sporco. Oppure lasciarsi catturare dal mito, come figura di paradiso: come nel canto spiritual omonimo. Generazioni di schiavi hanno cantato di sperare di arrivare nell'al di là per ascoltare il mormorio del Giordano. E come dar loro torto? Qui Giovanni battezzava, e anche Gesù lo fu da lui. L'acqua lustrale per eccellenza. Il mare di Tiberiade, e il fiume Giordano che ne esce, per sfociare nel Mar Morto. Che luoghi! Qui, nel Giordano, la prima promessa del perdono dei peccati. Chi non ha commesso errori? Cancellare i rimorsi, se con colpa, i rimpianti, se senza colpa. Il senso di lavare, che si applica anche all'anima: a partire da quest'acqua si può. La nostalgia per il senso di pulito, quel profumo particolare. Inoltre, quel senso di benessere che si prova dopo il bagno. Applichiamo queste sensazioni alla nostra coscienza. In un'epoca in cui non si avevano particolari condizioni per potersi lavare. A Nazareth si dormiva in grotte con gli animali. Quanto moltiplicate queste sensazioni!

Hanno comunque fatto sì che si agognasse da ogni parte verso l'acqua del Giordano. Potersi lavare, applicando questo concetto agli errori. Ma non tutti lo desiderano. E non per niente si sentono sordi. A molti va bene così, almeno sembra, dicono. Ma è sano volersi sentire puliti. E' il caso dei ventidue: assiepati su una riva, assaporano.

Sopra Gesù al Giordano scese lo Spirito Santo, durante il battesimo.

Anche noi lo possiamo sentire.

E' il nostro venire adottati da Dio, nel sentire lo Spirito. Si diventa un qualcosa con Lui. Nasce il rapporto. Porta della fede, cantava Dante. Sì, ci si sente con la mano sulla maniglia.

La guida riprende la mansione sacerdotale, e rinnova la promessa battesimale. "Da bambini non potevate scegliere, ora sì"

Si comincia colla rinuncia a Satana. Giustamente. Quando ce ne rendiamo conto appare. E' questo il suo regno. Rinunciare a lui apre altre strade. Miliardi di persone vi si gettano, prima di tutto sperando.

Satana, l'inventore della morte e del dolore. Rinunciare al diavolo è rinunciare a queste sue cose . Per questo ci si sente rivivere e ci si sente meglio, rinunciandovi. La prima cosa che si spalanca alla vista del mondo è il male, che si può sopportare non arrendendosi. Il diavolo è detrazione, sottrazione. Rinunciandovi si accresce, quindi. Del resto, si rinuncia a degli inganni. Quando sembra mantenere, è per dare un inferno maggiore. E pensando così si può guadagnare un sorriso. Perché il diavolo ha un giogo pesante. Come nella carta del tarocchi, il diavolo tiene aggiogata una coppia. Li tiene separati? Se il diavolo inventò il sadismo, si spiega il dolore e il suo perché curioso che, mentre Dio è unico, il diavolo è molteplice: Gesù che scaccia i demoni. E certo il battesimo è fondamentale. Nel vangelo di Matteo, Gesù, subito dopo essere stato battezzato, si ritira nel deserto e viene tentato dal diavolo. Succede anche a noi.

Dopo le rinnovate promesse battesimali verranno le tentazioni del male. Ma è da notare che il diavolo emerge nella sua potenza nella solitudine. Mentre quando si è in compagnia agisce per lo più in incognito, quando si è soli si presenta. E' il senso del deserto. Ma nella solitudine si cresce, perché star bene con se stessi è il mattone della propria casa, che può esistere solo se ha fondamenta forti.

La guida-sacerdote prende dell'acqua dal Giordano e la getta sui ventidue dopo la promessa battesimale. "E io vi battezzo nel nome del Padre, del Figlio, e dello Spirito Santo; da piccoli non avevate scelto voi, ora avete scelto voi".

Poche gocce, mentre davanti un gruppo di persone in tunica bianca si bagnava completamente.
Era territorio israeliano, e se ne vedeva il design delle architetture. Seguono anche i canoni occidentali di efficienza. Solo per odio possono essere considerati estranei. Ma l'odio è forte, e radicato, contro di loro. Ma dire contro di loro, nel caso degli ebrei, è un po' come dire contro noi stessi: E' come insultare uno specchio. Ma il male rimbalza e degrada. E si coglie una ragione di vivere in poche gocce d'acqua sporca. Come non vedervi un senso magnifico, del simbolo che è più forte di ogni realtà, dell'idea che spinge e trasforma?
Che comunque nell'acqua ci sia come l'anima delle cose, che le fa cantare? Qui sono veramente al centro del mondo. Pensa l'uomo.
Poi si volta verso Dono.

Ha osservato la cerimonia con attenzione e concentrazione, come gli altri ventidue. Un rito che sprofonda nelle viscere dell'infanzia, nei nostri momenti più sacri. La nascita, la venuta al mondo, l'apparizione. La manifestazione.

Il mondo ci appare (dono degli altri?). Siamo noi che ci manifestiamo all'essere, e viceversa. Un coro di acclamazioni all'esistere. Il sentire gli altri. E' amore che si spande solo a specchio, l'essere.

Nel battesimo il Messia fu esaltato dal Padre. E ce ne parlò, disse: "E' il mio figlio diletto, ascoltatelo!" Ascoltarlo. Questa, la chiave? Il resto può essere una conseguenza. Ma se sono qui, si dice l'uomo, è perché l'ho ascoltato: e così gli altri, dice guardando Dono.

Energia si era commossa: era riandata all'ancestrale infanzia. La prima, quella quasi impossibile da ricordare. Ma così anche gli altri dei ventidue. Erano nati una seconda volta. Le palme e la lussureggiante vegetazione fanno pensare, del resto, a un mondo primordiale. Rimandano a un paradiso terrestre. Una nascita celeste, quindi. Una rinascita, anticipazione dunque della resurrezione? Il nostro spirito sente la proiezione. Si sente la prima nudità.

Il resto può essere una conseguenza. Ma se sono qui, si dice l'uomo, è perché l'ho ascoltato. E così gli altri, si dice guardando Dono.

Tutta una sensazione, che il tempo si incarica di farne un bagaglio mentre svanisce. Il sogno di molti poeti: la nascita virile come vera nascita.

"Ora possiamo scegliere": Dono si ripete le parole del sacerdote: Come non scegliere per il bene, per il meglio?

E' lì che aspetta, basta abbracciarlo, sentirlo in sé, come crescere. Si ricorda di sua figlia, e si chiede se in ogni caso anche lo spirito agisca così dentro, e sorride pensando che solo una donna possa capirlo.

Ognuno è rapito in sé: Eroe si sente per un attimo nell'altro mondo, poi rinviene in sé. Ma sente di aver attraversato un confine: E gli è piaciuto. In futuro, nei momenti di sconforto, si chiederà, come tutti, se questi non erano stati momenti di allucinazioni. Ma scaccerà queste tentazioni con un sorriso. "Eh già", dirà appoggiandosi al bastone, "Comunque sia, io c'ero".

Gigante è commosso, e guarda una madre che ha scelto per lui il battesimo, che l'ha accompagnato a quel momento due volte.

Un viaggio lungo, nello spazio e nel tempo, per raggiungere il proprio cuore. In questi momenti in cui non si parla (se non la guida) le esperienze sono distaccate dal dialogo, e diventano un tesoro solo personale. Sentimenti come testimoni. Fiori colti in un giardino invisibile agli altri, e messi in vasi interni. Persino nella nebbia del ricordo qualcosa di indelebile si era fissato. Il passato che avrebbe spronato la speranza. Perché se qualcosa c'è, al di là, allora... Così avrebbe avuto carburante, anche al quotidiano, il presente per eccellenza. In fondo il problema è questo. Se Agostino e chi lo seguì parlò di presente nel passato, che è passato ricordato, e di presente futuro, che attendiamo; ma se questo presente è logorante, come ora, tutto, anche il passato perde di importanza, e non diventa occasione di saggezza, ma rimorso o rimpianto. E il futuro diventa angoscia. Il moderno ha trasformato il quotidiano in logorio, estendendo tale sentire in tutto l'esistente, non solo temporale. L'attorno è pregiudicato dal nostro sguardo.

Ma ora non importa. L'attimo si è dilatato in luce. Qualcosa di grande è accaduto, e i dintorni ne rimandano i particolari.

Si deve appoggiare al muro, stretto dalla necessità della sua mole, nella stretto spiazzo, disegnato per un pullman di gente di normale statura. La sua testa è pelata, e brilla al sole. I suoi occhi sono nascosti da lenti da miope.

Il sentire l'antica maledizione alleggerirsi, come conscia di dissolvimento. Il dolore, la morte, la fatica, che si sente persino la terra rinata.

L'antica maledizione di dover uccidere per mangiare cesserà di opprimere, un giorno. Quale sensazione si insinua in Gigante.

Apprezza quando così gusterà. La maledizione del mondo che svanisce. Nulla lo indica di più se non lo sbranarsi degli animali. Di cui siamo i peggiori. I nostro allevamenti sono dei lager di sterminio per animali. E come siamo banali nel male: tutto è così freddo e impersonale. La sofferenza tocca pochi. Ma l'orrore della morte è senza pari. Abbiamo inventato la catena di montaggio della morte. Dovremmo mangiare con orrore. Invece, freddi, accogliamo tutto nella pancia, che tritura, tritura, tritura tutto l'esistente; dovrebbe selezionare le energie, invece tritura e basta, e il cervello lo sente, e se l'io non lo sa, è solo perché è troppo istupidito per rendersene conto.

Ma è una censura che alla fine regge poco.

Qualcosa dentro di noi lo sa, e si vendica. Coltiviamo la nostra distruzione anche così. Gli antichi avevano l'accortezza di sacrificare agli dei. Entrando nell'ambito sacrale, si sperava in una vita ultraterrena per loro. Anche nella Bibbia, quando Dio proibisce a Noè e alla sua famiglia, di mangiare il sangue degli animali.

Ora, invece, quando maggiore è la necessità di un riscatto ultraterreno, i sacerdoti negano l'anima degli animali. Ma la speranza è più forte. Così pensa Gigante.

Cosa c'è da scoprire che non sia già stato scoperto? Pensa Energia. Ma un essere umano è forse il riassunto di tutti gli altri. Allora uno può sentire, e come nuova, una sensazione precedente. E' il principio di Adamo, altrimenti perché dovrebbe valere per noi il principio del peccato originale, se l'ha commesso solo lui?

Quale barriera ci separa dal totalmente altro? Alessandro ha questo pensiero, che lo coglie improvviso. Perché non possiamo vedere subito tutto? Perché c'è questo velo? Ne avrebbe parlato più tardi con l'uomo, che gli avrebbe risposto con la Cabala, dicendo che davanti alla sfera, la sefirà di Malkut, il regno, si stende Parochet. Il velo. Dunque, penserà Alessandro, se ne sono già accorti, ho pensato un pensiero già pensato. Ma questo non mi dà la soluzione. Eppure non osa chiedere ancora, spaventato dal sapere dell'uomo, che, essendo in Israele, userà la Cabala ebraica come risposta. Intanto però si tiene la domanda.
Il velo, come è possibile? Perché non vedere? Ma, vedere cosa? Celi nuovi e terra nuova, certo. Insomma, vedere la speranza. Arduo.
Però la si può sentire e avvertire. Si sa che c'è. Il velo è per i nostri occhi che, del resto, si arrendono al buio, dove c'è qualcosa sicuramente, a loro insaputa. Eppure, vedere, poter vedere.
A che altro anela l'umanità che per tutta la vita insegue.

Come siamo belli quando ci sentiamo forti. Dono comunica questa sensazione e contagia. La perderà nei giorni seguenti, ma ora è sola. Alla lunga la sua sensibilità diverrà scoperta. Un mondo di sensazioni delicate, in cui l'armonia obbedisce a un ordine di struttura. Una struttura che non opprime, ma che regge.

L'uomo medita. Gli piace pensare, gli è sempre piaciuto. Ma ora se ne compiace. Si chiede se i suoi rapporti non fossero così caratterizzati da un grado zero, come aveva ritenuto, non fossero stati platonici. Ha la sensazione di femmine deliziose. Anche con Dono è così.

La manifestazione in favore dei palestinesi cristiani, che sono oppressi dai musulmani. Alessandro si aggrega, con la sua candela in mano, e la fiamma che oscilla alla brezza. La sua altezza domina. Al momento è solo. E la sua mente va indietro, a pochi istanti prima. Dono, l'uomo e Energia l'aspettano in strada, davanti all'albergo. C'era un bus parcheggiato, e vicino c'era un gattino. Era così piccolo da essere felice. Giocava con tutto, e di nulla temeva. Venne tra le gambe dei nostri, e li fece sorridere, gioire dell'abbondanza di vita: L'albergo intitolato a una fontana, Hamayam. Ora come sembrava sgorgare la vita da quel cucciolo. Poca cosa, quell'animale, eppure come simbolo parlava: "Guardate come sono grazioso, come sono felice, è quello che vi attende: l'avvento dell'era messianica", intanto un presagio, gradito.

Ma veramente si può pensare che un cucciolo indichi l'era messianica, almeno come simbolo? Ma sì, lasciateci riposare, ogni tanto! Così pensava l'uomo vedendo Dono giocare col gatto. Un gatto aspetta il ritorno dell'uomo a casa. Il gatto, grande guardiano dell'interno.

Il mistero del gatto, che riesce ad essere agile pur essendo pigro. Proprio come la nostra anima, per questo è giustamente il guardiano dell'interno.

Alessandro ora torna al presente: la luna si scopre e si copre con le nuvole. Comincia ad arrivare qualcuno. E' incredibile come l'altro dia coraggio. Se c'è qualcuno che ci dimostra con il suo agire che siamo portati al meglio, agiremo anche noi. C'è sempre qualcuno che ci aspetta, basta volerlo accogliere.

Ad ogni occasione scende un silenzio d'attesa. Succede quando la paura accade: Ma ci si abitua, come a quasi tutto. La brezza continua a far tremare la fiamma delle candele, che a volte si spengono. Allora ci si avvicina ad altri, per appiccare fuoco. E' come un mistico bacio. Il venticello spegne invano. Invano? Anzi, favorisce.

Poi, ecco, avviene il miracolo: i palestinesi cristiani cominciano ad uscire, ad uno ad uno. Più poveri dei palestinesi musulmani, escono dalle loro povere case, non più per insistere pregando per vendere qualche carabattola. Sono loro, che si muovono nell'oscurità, veloci fantasmi, usciti da tombe, come risorti. Perché la loro dignità risorge. Grande, forte, indistruttibile. Non ci sono più solo gli europei e i frati, c'è la loro forza indomabile che li ha portati a sopravvivere per due millenni in un ambiente spesso ostile.

Insicuri del risultato: Questo che frena, probabilmente. Ma l'esempio dà fiducia. La vita esiste, poter dire: "La conosco": La miseria, del resto, qui è tremenda. Il disperato tentativo di vendere qualcosa ha come molla la miseria. Vi sono impegnati tutti, in famiglia. Due soldi per vivere. La guida spiega che vendere due o tre cose può far guadagnare la giornata. Non c'è altra scelta. E cosa si potrebbe fare come lavoro? I volti sono scavati, le membra stanche. Il mercato povero, la frutta domina, la carne è esposta contrariamente alle norme igieniche, che per la miseria sono un lusso.

Qualche figura fugace sfugge. C'è mistero. Ma è chiaro che la pulizia per le strade è anch'essa un lusso, non applicato né applicabile, qui. L'uomo conosce la miseria. Ha sofferto il freddo delle Alpi, per risparmiare sul riscaldamento, e il cibo scadente, e i vestiti smessi. E fu odiato. "Virtù non luce in disadorno ammanto". La negazione della bellezza esteriore e interiore, è necessaria nel degrado. E' però necessario ricordare la favola del maiale che trovò una perla: "che me ne faccio, sono un maiale", per condannare l'odio a cui è soggetto il povero. E così l'uomo si consola con questo orgoglio del misero.

Ma quanto velo di pessimismo gli è stato così procurato. Se avesse creduto in se stesso! Invece accadde il contrario. Abbandonò il sicuro scoglio per resistere alla tempesta. Ora ne è cosciente, ma intanto gli anni sono passati, e manca poco per fare la rassegna del passato. Per questo, forse, s'è reso conto. Rimpianti o rimorsi. O si ha gli uni o si ha gli altri. La carriera rovinata. Ma soprattutto per le donne. La facilità di alcuni lo specchiava nella sua solitudine, che sente miserabile. Il sesso, conosciuto solo attraverso la pornografia.

Eppure non era così, o meglio lo era solo in parte.

Ricorda le schermaglie tra adolescenti che, senza arrivare al dunque, si sarebbero inchiodate nella sua memoria come qualcosa di indelebile.

E nella sua solitudine aveva costruito qualcosa. A fatica, certo, ma la sua amarezza è comprensibile.

Si comincia a uscire dalla cinta della basilica, e ci si inerpica per le strette stradine di Nazareth bassa.

Le candele continuano ad accendersi e a spegnersi. Come insidiassero le speranze dei palestinesi cristiani. Le preghiere scandiscono il ritmo della processione/dimostrazione. Ripetendosi continuamente, avvolgono i partecipanti in un'oasi di serenità interiore, di calma effluente.

E si è assieme.

Ci sono volti da incontrare. Spalle su cui porre una mano. Il rumore dei piedi che camminano. Mani che avvicinano mani per riaccendere le candele. E sotto le candele ondeggiano i volti, chiari degli europei, in genere, più scuri dei palestinesi cristiani, in genere. Alla luce tremolante delle candele i volti appaiono in un'atmosfera di altre dimensioni, di sogni sognati ed evanescenti.

Un'atmosfera da dormiveglia con le immagini che vanno e vengono.

Dicono gli sciamani che nel sonno l'anima esca dal corpo. Questa credenza dà bene l'idea dell'apparenza della processione. Ogni tanto, però, ci si scambia qualche parere. L'uomo e Dono non si staccano l'uno dall'altra.

Nel saliscendi delle stradine acciottolate.

Il pensiero va alla ragazza nata qui duemila anni fa: ave Maria. Quante volte invocato il suo nome, nei luoghi che lei ha percorso. Viene da avvertire la sua presenza. Vergine. Secondo i protestanti, non per sempre, perché i Vangeli parlano di quattro fratelli e due sorelle. Per i cattolici è la sempre vergine, l'immacolata. Questo problema del sesso è ostico all'uomo, che si sente un represso dal cattolicesimo. Ma è poi così importante che fosse vergine? Non ci sono problemi più importanti? Eppure in Italia è festa nazionale l'immacolata concezione. Neanche il venerdì santo. Ma l'Immacolata sì.

La notte è buia, con scarsa luna. Impossibile vedere le stelle. E' così forte l'inquinamento? Ma anche qui l'uomo vede un simbolo: una delle peggiori condizioni, non vedere le stelle: Simbolo del miglior positivo, dalle bandiere alla qualità. Quelle reali, poi, così cariche di mitologia, e anche di letteratura. Al posto di tutto questo, il buio. Come una cecità. Anche in questo caso si può sperare. Gesù guariva i ciechi, il Gesù interiore ne lenisce il dolore. Per i palestinesi cristiani c'è quest'unica speranza. I nostri politici sono interessati solo ai palestinesi musulmani, diceva le guida, e li coprono.

Improvvisamente, implacabile, si leva la voce del muezzin. Contrappunto alle preghiere cattoliche, il salmodiante recitato diventa lentamente un sottofondo. Dapprima ascoltato con paura, poi accettato col tempo, che rassicura scorrendo nella calma. E' mai possibile che il rito di una religione faccia tremare gli appartenenti ad un'altra? Non dovrebbero ambedue dare speranza agli uomini, invece di troncarla?
Questo avviene di notte, quando gli uomini sono più inclini alla paura. Ahi, tenebre, quali mostri occultate!

E, per le religioni, che dirà Dio, vedendovi litigare in nome del suo amore?

Alessandro e Anima Cortese continuano a ripensare al gattino. Fa piacere una nota di assonanza colla normalità di casa. Il sovrapporsi della lieve nostalgia con la sera, che ha per tendenza un sottofondo di silenzio, dà luogo a un sentimento di serenità diffusa, con come centro l'archetipo del cucciolo.
Per Alessandro e Anima Cortese un sogno, che può risvegliarsi in un incubo per la paura fondata. Ma l'ipnosi della preghiera e il salmodiare del muezzin di sottofondo provvede a rendere tutto ovattato.

Intanto da ogni vicolo affluisce gente. Il buio emana sempre nuove persone, tremanti alla debole luce delle candele. In breve un gran fiume invade Nazareth. Impossibile contarli. Né avrebbe avuto senso. Sono una moltitudine, e basta. Però l'uomo si immagina così, per un attimo, la comunione dei santi, cioè la corrispondenza tra le anime dei morti e dei vivi.

Certo, più siamo, meglio è. Emergono dal profondo, dalla morte della coscienza. Eppure sono qui, e sentono la speranza della giustizia: Qualcosa si muove, infine, se non si è soli. La voce del celebrante è tranquilla. Gli risponde una folla.

Ce l'abbiamo fatta. L'obiettivo raggiunto. La dimostrazione riuscita. Questa gente ha ritrovato il coraggio, per ora. Fino a quando? Questa fiammella accesa, fino a quando brucerà? Sembra quella delle candele, che si spegne continuamente, e continuamente viene accesa. Ma che si può fare di più? I nostri sforzi sono questi, umani, deboli, da eroi semmai improvvisati. A proposito, Eroe ha voluto esserci. Si trascina col suo bastone, dopo tutti i chilometri percorsi durante il giorno. Eppure è lì, invincibile. Ha qualcosa, quell'uomo, che va al di là della lotta tra bene e male: è arrivato, attraverso la pazienza, a un mondo in cui tutto è possibile. O almeno lo sembra, nella sua realizzazione. Il tutto trincerato dietro un timido sorriso, e una gentilezza assoluta. Più che un san Cristoforo, cioè un portatore di Cristo, immaginato come un essere di forza fisica straordinaria, Eroe pare un Cristoforo adatto. Ma si sa che il san Cristoforo della pittura è simbolico: forza fisica per indicare quella morale. Eroe porta veramente il Messia sulle spalle. Senza accorgersene, la dolcezza con cui esprime la sua forza è vittoriosa, e attiva i cuori.

Gigante invero troneggia badando solo alla sua candela. La luce tremolante che protegge con la sua mole sembra indicare il suo ideale, che veglia affinché non si spenga.

Il muezzin – il rosario: due religioni parallele. Ora sovrapposte nella voce. Che sia così, che siano indipendenti, tanto da non sentire se l'altra parla, e andare avanti indifferentemente con la propria?

Non ci si incontra per caso: E' la volontà che deve muovere ma, a volte, è delegata a pochi, che rischiano, in casi come questi.
Guai a non riconoscere comuni radici! Le credenze degli altri ci apparirebbero come inferiori, da abolire e sostituire. Accogliere quanto c'è di buono, sempre. E' l'unica resistenza possibile al fanatismo. Il fanatismo è ubriacatura continua: è necessaria la sobrietà, coll'altro.
Si sta per ritornare alla chiesa. La quasi infinita marea ondeggia all'entrata. Varcare una soglia è sempre simbolico. Per questo ci si accalca: Si vuole entrare in qualcos'altro. Si entra non da soli. E' importante. E' come se avessimo dei ganci che ci tengono attaccati l'uno all'altro. In tanti ci si sostiene. Così nasce il pronome "noi".

Il male è arrogante. Cosa più forte di lui? Il tenersi per mano. E' forse il primo passo per reagire. Il solo è spesso preda dei malvagi, il gruppo meno.
Le cifre però parlano chiaro: dal 20% dei cristiani si è passati al 2%. Fosse stata un'etnia, avremmo parlato di pulizia etnica. Queste cifre vengono nascoste, in genere.

Alcuni atei ne gongolano e però nascondono. In un'età in cui credono di arrivare al dominio, è utile l'eliminazione degli avversari, ma tutto deve avvenire in segreto, che non è vero che al giorno d'oggi ci siano simili persecuzioni. Un anno dopo l'uomo se ne sarebbe ricordato vedendo la pubblicità: "La cattiva notizia è che Dio non esiste. La buona che puoi godere della vita". In fondo, basta avere equilibrio per credere in Dio e godere lo stesso della vita. Molti lo fanno e stanno meglio. L'uomo avrebbe ricordato il suo passato di macerazione come negativo.

La massa si avvicina, sempre più sicura. Cosa può fare una goccia, ma quanta forza ha il mare. Vorremmo qualcosa subito. E quando non ci riusciamo, è la depressione e la delusione. E' comprensibile, la vita è troppo breve. Forse cambierà qualcosa, forse nulla, si dicono. Ma già questa dubitativa è una speranza. In realtà nessuno si illude. E pensare che in passato san Francesco era venuto a parlare di pace col sultano. Se c'era questo dialogo al tempo delle crociate, non è che ora si sia trattenuti solo dalla troppo accresciuta potenza distruttiva delle armi?

Quanto riusciamo ad essere soli, pur essendo in compagnia! Mentre recitiamo le preghiere, le nostre menti vagano, a volte, per sentieri conosciuti solo a loro. I pensieri sono ignoti l'uno all'altro. E meditando nel rosario si è portati a pensare e a divagare; da un'idea nasce un'altra idea, da un'immagine un'altra immagine. In questa spirale di pensieri siamo soli. Così capita a molti della nostra processione. Ma la distrazione può anche sviare il pericolo.

La preghiera corale. C'è un qualcosa dell'organo che eleva il proprio suono. Le migliaia di canne sono gli oranti. E si elevano le melodie.

Come misurare la grandezza dell'uomo quando si moltiplica? Cos'è un mattone? Ma quando si riesce a moltiplicarli si può costruire una casa.

Profondità della notte, che racchiude in sé tutte le cose senza svelarle. Come una coperta avvolge a sé tutti gli uomini.

Cos'è la fortuna, si chiede l'uno: forse uno scherzo, anche crudele, per alcuni. Per altri persino la pace. Cosa attende dietro l'angolo. Ma è l'attesa? Questo il problema che emerge e trionfa. Ma sì, l'attesa c'è. Altrimenti è una morte anticipata.

Si sente il bisogno dell'amico quando scompare. Finché si è spalla a spalla, si hanno le vicende del mondo che frenano il rapporto. Ma l'assenza pesa, ed è implacabile. Il tempo aiuta, da gran signore.

Ci si trova, per l'istante, con chi ha qualcosa di simile. Lasciarsi affascinare dall'opposto può essere pericoloso, anche se succede: ci sono cocktail di una semplicità ingannevole.

Cosa c'è in sé di prezioso? L'aria, la cosa più semplice, non conosce confini: Forse è questo l'essere prezioso. E infatti nell'aria si può volare.

L'uomo vorrebbe essere ovunque. La compagnia di Dono, le presenze celesti, la folla mistica. Il potere della donna sostiene. Oh nobile riassunto di tutte le aspirazioni appagate, donna!

L'uomo sa, si rende conto che è comunque un'illusione. Ma vuole berla. E inebriarsi camminando. Basta mantenere quella parvenza di sobrietà per non cadere nel ridicolo.

La notte è comunque magica. Si nasconde un'illusione perenne, che debba comunque riuscire. La notte è sinonimo di labirinto. Ma l'amore la illumina. Quanto ci si carica; se si pensa all'amato, il buio sembra sparire.

Centinaia di luci ondeggiano, si spengono, si riaccendono. Ci si accorge allora che la luce è un altro nome della speranza. Anche le speranze ondeggiano, in preda ai marosi. Purtroppo tendono a spegnersi. A volte si riaccendono. Difficile distinguerle dalle illusioni. Per questo il loro travaglio. Come potrebbero accettarlo altrimenti. Sarebbero come un filo conduttore per la giornata. O per quelle lunga giornata che è la vita. Ma, si diceva, le illusioni tendono a essere scambiate per speranze e viceversa. Qui molti non si illudono più e sognano solo di andarsene. Lontano, lontano dai persecutori! Poter respirare, alla fine, con pieni polmoni. Poter camminare a testa alta. Poter perfino passeggiare con una donna senza problemi. Ma questo, al di là del mare.

Quanto è lontano il cielo! Sembra impossibile che l'umanità sia andata sulla luna. Eppure è così, ci si è riusciti. Quel cielo lontano senza stelle in questa martoriata regione, è stato in qualche modo raggiunto. Si apre così il possibile. Quella dello spazio non è stata un'avventura vana: come significato simbolico è molto forte. Quando uno è contento, si dice che tocca il cielo con un dito. E' così: la conquista dello spazio capovolge la metafora. La speranza è di raggiungere l'irraggiungibile. Perché al di là del cielo non possiamo immaginare nient'altro.

Restare in piedi per forza: Resistere alla fatica. Non cedere. Anche questo può essere fatto da qualcuno per dare ad altri una vittoria. La solitudine della fatica è totale. Nessuno può soccorrere tranne una pausa per il riposo. C'è chi è robusto e non la sente, ma c'è chi si trascina, o subito (Eroe), o dopo un po' (l'uomo). Eroe lotta fino in fondo. Qualcuno dei palestinesi cristiani se ne accorge. "C'è chi lo fa per noi" "Dov'è andato il nostro coraggio?" Ma non osa aprir bocca. Sono solo dei pensieri, che forse svaniranno colle difficoltà del domani. Eppure, qualcosa resterà: "Come andò?", un pensiero vagante, che si cercherà di afferrare, come per bere.

Eroe e l'uomo hanno un tratto in comune, adesso, uno solo, forse: la serenità. Un breve sorso di riposo, pochi secondi, ed ecco la serenità. La fatica giusta paga.

Quali chimere inseguiamo, per poter vivere? Quante volte, purtroppo, chiniamo il capo e obbediamo? I manifestanti se lo sono chiesto più volte, ma faticosa è la risposta: esce a stento, e si vorrebbe non sentirla. L'unica speranza diventa l'esilio. Partire, sì, partire. Chi ha parenti laggiù è il primo a sognare. La differenza tra il sogno e la speranza è il risveglio; o anche dopo anni, quando serra la tenaglia della nostalgia?
E i ventidue, cosa sognano? A ognuno i suoi sogni! E' forse l'esperienza più solitaria, eppure non ce se ne accorge, quando si sogna. L'uomo ha ogni tanto dei flash-back di amari passati. Pare inevitabile. Un attimo di stanchezza, si socchiudono gli occhi, ed ecco il flash. Scompare im-

mediatamente, come se non fosse mai esistito. Cosa si nasconde? Inutile chiederselo. La notte è il caos, e il sogno ne è il messaggero. Basta che faccia riposare, si dice l'uomo, e alza le spalle. Ma adesso devo restare sveglio, e si scuote. Gli sembra per un attimo di nuotare nel buio, poi si rinfranca sveglio. Vede il volto sorridente di Dono accanto a sé. Per quanto durerà? Almeno il tempo del viaggio, poi ognuno tornerà alle sue cose. E il sesso? Presto forse per chiederselo. Poi l'uomo sorride, di un sorriso strano, stanco. Com'è puerile pensare così al futuro che, siccome non esiste ancora, non esiste e basta "tout court". Una diga contro le illusioni?

L'uomo se ne sarebbe ricordato un anno dopo, al solstizio d'estate. Una domenica con echi di spaventose repressioni in Iran, mentre si trasmetterà la partita di calcio Italia – Brasile. Veramente due mondi che non si incontrano, davvero paralleli.

E allora, ha senso pensare al futuro? Riandrà con la mente a quella notte in Israele, e si ricorderà di un pensiero di allora. All'esterno, le urla e le strida dei perdenti. In Iran, le urla dei martiri civili. Il mondo si illude di essere diviso. Certo che sembra impossibile trovare dei confini in una sfera, eppure ci sono riusciti. Trovati i pretesti: un fiume, un monte, che so io. Ma che fare, sia per il lezioso calcio, sia per il popolo iraniano? La speranza sembra l'unica risposta. Ma la speranza presuppone il futuro.

Se lo si conoscesse prima, non sarebbe più speranza, ma certezza. Ma la speranza è gentile, e ama consolare. Quando si è disperati occorre attendere: il tempo concede di rialzarsi. Il tempo, immaginato dai manieristi come un vecchione. E se avessero ragione i tedeschi, die Zeit, il tempo è femminile, magari una bionda trasognata? Adesso si può dormire, con questi sogni anticipati nel dormiveglia.

Energia si chiede se il gioco valga la candela. Sa che è rischioso, e che chi potrà andarsene, dei palestinesi cristiani, se ne andrà. Eppure vuole insistere. Sì, vale comunque la pena di lottare. Del resto, perché lei è qui? Non forse per inseguire un'idea, forte? Erano partiti per una vacanza, i più. E si erano ritrovati all'interno di un'avventura: Dapprima sentivano solo l'atmosfera pesante, tanto che Energia dovette consolare Dono, poi, però, qualcosa di esaltante era subentrato. Si era formata anche la coppia di coincidentia oppositorum: l'uomo, con le sue pessime esperienze, e Dono, con una vita di piaceri e lussi: Senza saperlo, però, i ventidue stanno vivendo una missione. E stanno vincendo.

Quante volte camminiamo stanchi, senza pensare? I ventidue sono arrivati a questo punto. Ma non è una vuota inerzia. C'è una sorgente interiore che li sostiene. La si avverte quando si fa qualcosa di buono. In mezzo alle fatiche e alle difficoltà, c'è questa forza a volte leggermente avvertibile. Eppure c'è. La stanchezza, la tensione, le preghiere cristiane con il sottofondo del muezzin che canta il Corano. La luna senza stelle può guardare dalle sue altezze quanto sia grande la fatica degli uomini per sopravvivere. Forse da quell'altezza non ci si accorge della nostra piccolezza. Eppure si vuole sapere che l'astro d'argento ci tenta. E' solo un sasso, forse, ma fatato. E' impossibile sottrarsi alla sua ipnosi.
Per gli ebrei, la festa del plenilunio. Per i musulmani, la grandezza del crescente. Per i cristiani, un ricordo mitologico.

C'è chi la vorrebbe buttare, ma è stato detto molto bene che non esisterebbe se nessuno la guardasse. Perché è l'assieme dei nostri sogni.

Cosa danza in noi, senza che riusciamo ad afferrarlo? Una luce, troppe volte nascosta da ombre, dal buio di qualche sventura. Eppure è lì, e seguita a scaldare. In genere si loda chi ha i piedi per terra, ma occorre alzare gli occhi al cielo. Ricordarsi che gli apparteniamo. Si rischia di inciampare, è vero. Testa tra le nuvole. Ma fermarsi e osservare il cielo sereno è uno spettacolo che conforta. Per non dire della notte stellata, quando tutto rimanda alla lenta contemplazione. Davvero povero chi non conosce qualche stella: così lontana, eppure brilla anche per lui. Si aprono spazi infiniti nel cielo, carico di bellezza. Che peso, per questo, quand'è nuvoloso. E la notte buia fa paura.

Ecco i risultati di oscurare il cielo; finché c'è luce può opprimere. Quando non c'è luce, è il terrore. Ecco un'allegoria, Padre nostro che sei nei cieli.

Che altro si può fissare, se non il cielo, quando si è al buio quasi di strette strade? I palestinesi cristiani sono arabi, tale è la loro lingua. Tale la città con le strade strette e contorte a saliscendi. Quel che in Europa è conosciuto come Kasba. Sì, il principio è sempre quello del labirinto: c'è qualcosa, si dirama, ritorna su se stesso; l'uscita si trova dopo molta fatica. Insomma, una metafora della vita. La vita è un labirinto che si estende in più dimensioni, nel tempo e nella spazio. Eppure non basta, si sente che c'è qualcosa di più.

Perché non siamo mai sazi? Perché corriamo a perdifiato dietro chimere, altrimenti siamo abulici? Il desiderio di sfondare il velo che ci separa dalla visione, il *parochet*, come lo chiama la mistica ebraica. Ma è difficile arrivare alla purezza di *Keter*, la corona, la sfera più alta, lassù, al di sopra di tutto, arrivare così in alto, tra le tempeste, è difficile.

Che dire allora della vita negata, pensa l'uomo: "Eros, dove sei?" Sente questo grido acuto nella mente, poi si rimette in equilibrio, e tutto continua come prima.
Quante inutili pazzie ho fatto, si dice l'uomo. Ma ero in me? O tanta repressione mi ha schiacciato l'intelligenza? Tanti colpi dalla sorte, pure. Ma è triste se cominciamo con un inno a Eros e finiamo nelle lacrime. Del resto sono qui, a una manifestazione che è poi anche una processione, in compagnia casta e provvisoria.

C'è solo l'immagine che si forma dentro di sé? L'uomo esce subito dal labirinto dell'incubo. Ma si sente stanco. C'è chi dice che la stanchezza fisica sia relativa, quella morale assoluta. Nell'uomo la prima va e viene, la seconda è uno status.

La nostalgia della masturbazione. Gli viene in mente che non gli riesce più in questi giorni. Stanchezza? Desiderio che si spegne sul letto raggiunto? Ma che vacanza è, allora?
E sì che per l'uomo è sempre andata così: masturbazione; il sesso? Un sogno. Un sogno sognato con l'ausilio della mano. Ma quando manca anche quello, si preoccupa. Dalla rassegnazione alla preoccupazione.

Ma la fatica annulla. Ogni sua preoccupazione si sarebbe placata in un sonno greve e senza ricordare i sogni; a volte svegliandosi di soprassalto disturbando Alessandro. Le prime sere, poi, ci si deve abituare al reciproco russare.

L'uomo si scuote, e pensa quanto risulterebbe fertile questa sua preoccupazione. Ma sorride, poi torna alla preghiera collettiva.

L'apocalisse è sempre un attimo prima: Arrivare dopo è pericoloso. Il problema del perdersi. E se il viaggio è definitivo spaventa. Un treno si può anche perdere. Ma il pessimismo fa sprofondare. La disperazione è per se stessa un guaio. Meglio confidare. *Fides:* ha anche il significato di fiducia. Per l'uomo ha soprattutto questo significato. La principale difesa contro le avversità. Un comportamento infantile, forse; ma nel senso buono: di un bambino che sorride, fiducioso in qualcosa che è a noi ignoto e a cui noi diamo il nome a volte di madre. Così qualche teologo definì Dio "più madre che padre".

I pensieri. Ora intervallo delle preghiere. Inevitabile. Tanti. A stormo.

Ma si arriva alla fine. Un fiume in piena trova la foce. Si è in chiesa, ad ascoltare, nei posti più dimessi. L'ascolto, questa grande risorsa data a chi ha pazienza. Beato chi sa ascoltare, perché conoscerà, verrebbe da dire. L'ascolto: lasciare che l'eco delle parole fermenti. E' come aprire la porta all'ospite. Si può arrivare fino in fondo: alla contemplazione. Il primo esercizio è la musica. Più si riesce ad ascoltare concentrati più si è profondi. E' come uno specchio liquido, perché ci si vede riflessi e si può sprofondare, la meditazione.

Tra i ventidue ci si conosce sempre di più.
Comincia a farsi conoscere anche Ringhiosa: una donna con la caratteristica di sembrare di ringhiare. E' peraltro inoffensiva. Attorno la si sopporta, e basta. Dimenticherà spesso i documenti. Alla richiesta di mostrare il passaporto andrà in crisi, avendolo lasciato in albergo. Sciatta nel vestire. A volte, con un odore spaventoso addosso. Impiegata. Sempre con le anziane del gruppo. Ci si conosce, ci si indaga. Eppure Ringhiosa resta indecifrabile. Più di quello che si è detto non si riesce a penetrare. Gli occhi sono inespressivi, e non si riesce a intavolare un discorso.
Prima era passata quasi inosservata, ora, a contatto con gli altri, tutti a turno, si è fatta conoscere. Ora, a cena, l'uomo se l'è trovata di fronte inseguendo Dono: Avrebbe voluto unire i tavoli per farlo, ma non è stato possibile. Cita la lettera a Diogneto alla guida: "Mettiamo, noi cristiani, la tavola in comune" "ma non la moglie" aggiunge la guida, pronta, completando la citazione. Siccome Dono è sposata, l'uomo non può rispondere. E si trova così di fronte a Ringhiosa. Ma Alessandro lo chiama, e si ritrova con lui, Ilare e suo padre. Ha però conosciuto Ringhiosa. Forse per ultimo. Ora il cerchio è completo. I due estremi del gruppo si sono toccati.

Sembra che le persone esistano dal momento in cui le conosciamo. Il loro passato ci viene detto o da loro o da altri, ma sempre dopo quel momento. Molto potrebbe essere inventato, e probabilmente è così. E' per questo che esistono i documenti? Eppure i documenti, che sono delle certezze, e quindi delle verità, rivelano cose di nessuna o poca importanza. Puri accidenti, come il nome e il cognome. Il colore degli occhi e dei capelli sono come un invito, un biglietto da visita estetico. La nazionalità appartiene al destino. Le impronte digitali un'appendice del mio io per rendersi identificabile. Ma i dati di più grande interesse sono un mistero chiuso dietro agli occhi. Gli occhi specchio dell'anima: cosa c'è dietro l'iride? Si sente qualcosa, ma lo si vorrebbe anche razionale. Ma per questo dobbiamo fidarci, perché anche in fondo alle menzogne traspare a volte qualche verità. Se è possibile farsi raccontare dal soggetto , altrimenti ci si perde. Inoltre, se siamo già un mistero per noi stessi, come raccontarci sinceramente agli altri? E soprattutto, nessuno osa. C'è sempre qualcosa, qualche rimorso che vogliamo tenere al fondo dell'oblio. E più ritorna e ci tormenta e più lo nascondiamo. Forse per paura di condanne. Eppure c'è chi capisce e allevia. Ma come esserne sicuri? Se ci si scandalizza, si rischia. E poi, il rischio della diffamazione. No, i peccati devono rimanere segreti; al massimo, la confessione dietro la porta e accettare assolutamente che si è assolti e perdonati.

Mettiamo in comune il desco, non la moglie. L'agape fraterna. Ma il senso della fratellanza si è forse perso per via. Si è imposta la gerarchia. Come quando si chiama padre un religioso. Padre è il massimo del potere, perché ricorda quando si è piccoli, indifesi, di fronte a tutto questo potere. Questa forza che può scatenarsi, per punire. Almeno come è vista tradizionalmente la sua figura. Il genitore maschile è il vendicatore. Il limite all'onnipotenza dell'io infantile. Per molti un incubo. Eppure si sente così il potere, e a volte anche lo Stato. La svalutazione femminile ha portato anche a questo. Rivalutando la donna si spalancano altri orizzonti. Al di là del patriarcato e del matriarcato, la parità. Possibile verso i figli? Il clero è arroccato nella differenza uomo-donna, per paura di dover consacrare anche le donne? Secondo la Leggenda Aurea, Maria Maddalena era una grande predicatrice. Se era così per i primi cristiani perché oggi non è possibile? Gesù scelse i dodici apostoli solo tra maschi, rispondono. Sì, vi immaginate, nell'oriente di allora, un apostolo femmina? Chi l'avrebbe ascoltata? Credere nell'al di là conforta, ma quanti pesi da portare. Ma Gesù non diceva: "Il mio giogo è leggero?" Il rischio non è sempre quello di "imporre pesi che voi stessi non riuscite a portare"? Il pensiero della discussione va al celibato. Quanti pesi portati nel suo nome!

La discussione s'infervora, ma tocca anche punte ironiche e sarcastiche. Bacco si deprime al pensiero della repressione sessuale, sottolinea con sorrisi che occorre prendere le cose *cum grano salis*. Ma, come spesso quando si parla di sesso fra cattolici, il colloquio finisce in risa.

L'uomo sorride, però un po' gli dispiace: non è forse un argomento serio, questo? Ma si sa che la risata vuole esorcizzare, in questo caso anche allontanare, un argomento che qui può apparire scomodo, o che comunque è meglio tenere nel privato. I partecipanti sembrano desiderosi di andare a letto. Nonostante tutto, la serata è stata tesa perché pericolosa, quindi è meglio riposarsi.

Ma quali sogni scendano su dei pellegrini generosi è un mistero che solo l'angelo lunare conosce. Qualcuno, come l'uomo, è tormentato nel sonno. Ma grande è la rete, paracadute sottostante, questa volta. Quando si è svegli si ha dove aggrapparsi. Ad alcuni occorre il giorno per sopportare la notte. Ma anche così, quando le cose si nascondono, c'è fascino: la notte è magica. E quest'idea, il fascino, inizia per la prima volta a farsi strada nella mente dell'uomo. Ma non è che la prima volta, in quest'avventura.

C'è qualcosa di davvero umano che nasce nella notte. Viene ingoiato l'ambiente dal nostro respiro. Il giorno ha troppe cose, è facile distrarsi. La notte invece favorisce la concentrazione e la meditazione. E' un momento di raccoglimento così intenso che alla fine ci sovrasta, Siamo in balia completa del raccoglimento in se stessi. Ma si è indifesi. L'uomo riesce a dominare i propri fantasmi di giorno, non la notte. Aveva chiesto a Alessandro che ne pensava della notte, e aveva ricevuto come risposta un grugnito. E del fatto che la Bibbia preveda che non ci sarà più la notte, dopo la fine dei tempi. Così recita l'Apocalisse: Ma Alessandro dormiva. Ora l'uomo è nel letto che ripensa a quell'episodio:"Non ci sarà più notte": incompatibile con la visione di Dio. Un giorno immenso, in cui rivolgersi agli altri con Dio in mente. Avrebbe voluto rivelare a Alessandro queste sue riflessioni, ma lui dorme. Si scuote appena, per voltarsi all'altra parte, come se avesse sentito. L'uomo si stira. Si accorge che è passato del tempo. Qualche ora. Deve aver dormito. Tra un po' la vita riprende. Lo guiderà il sole. La strada attende il segnale. Tutto è silenzio e l'uomo sente la nostalgia delle campane. Poi, implacabile, il canto del muezzin.

Appaiono lenti i luminosi contorni delle cose. E' impercettibile il passaggio. L'uomo si sveglia e si riaddormenta parecchie volte, Non sa dire quindi quando la luce abbia cominciato a dominare. Gli occhi non bruciano: segno che s'è riposato. Vorrebbe alzarsi, ma l'ora è ancora lontana. Sente Alessandro russare e sorride: ci si è abituati al reciproco russare. L'uomo sente il mondo alleggerirsi: è l'alba. Trionfo della luce. Altri stanno facendo la stessa esperienza solitaria. L'incontro col sole. Per gli antichi un incontro con la divinità. Per noi, che abbiamo svuotato il mondo, forse solo un fastidio.

Eroe è già sveglio da un po'. Ha avuto un gran bisogno di riposo, a causa della gamba. Ora, al risveglio precoce, beve la luce. La vecchiaia sembra sparire. La grandezza sola trionfa. Sorride sotto i baffi. Sa che la sua è un'umiltà costretta, ma che ha anche degli estimatori. Come l'uomo, che non lo vede come uno zoppo, ma come un eroe: Per la maggior parte è solo un vecchio zoppo. Ma lui sa che è meglio il canto dei pochi al gracchiare dei molti. Certo, il suo faticoso andare, da zoppo. Ma se tale crudeltà feriva, qualcuno intuisce. E per qualcuno si esiste veramente, insomma si vive. Chi regge lo specchio? Ambedue. Ma è saggio specchiarsi nel migliore ritratto.

L'alba ferisce gli occhi di molti. Chi me l'ha fatto fare, si dice la vecchietta atea. Solo per seguire le amiche. Uno di questi giorni non mi sveglio più. T'immagini se succedesse qui? Nella terra della superstizione. Dove è nato tutto quel delirio: la morte è la porta, dicono. Come puoi vedere senza occhi, udire senza orecchie, pensare senza cervello? Ma si risorge, dicono. Sì, chi lo dice? Dio? Chi l'ha mai visto? Quasi un secolo a chiedersi sempre le stesse cose, però. Sì, e con che fauna sono venuta, poi. Fossi almeno giovane. Da quando mio marito è morto è così. Mi lascio trascinare. E vivo senza passato, senza futuro, vivo adesso.

Gigante guarda sua madre dormire. A volte è così pesante il rapporto madre\figlio. Ovunque assieme. E non c'è verso di cambiare le cose. Si vive assieme. E chi comanda è lei. Rispettate i genitori. E chi lo fa più? Solo io, si dice Gigante: Risveglio malinconico. Avessi la ragazza, si chiede

Gigante. E se la madre non si svegliasse? E' anziana, dopotutto. E poi... Ma si sveglia.

Energia si alza svelta dal letto. Sembra che abbia fretta. In realtà ha sempre fatto così. E' che ha fretta di vivere. Di lanciarsi. E così l'avventura continua. Come sapendo che dietro ogni attimo c'è un senso pieno. Quindi non si può aspettare per coglierlo.

Entra la luce e ci si risveglia. Sarà così anche per la resurrezione? Viene da pensarlo. Non si ricorda più di quando divenne sacerdote. Era tanto tempo fa, come in una fiaba. Il sorriso stampato come divisa sulle labbra. E il pensiero va al ricordo degli studi. Ci sarà l'angelo dell'alba? Sicuramente. Lasciarsi scivolar via il peso della vita. Abbandonarsi. E vivere. Non è facile. Sono troppi i problemi. Una preghiera si leva.

Dono si erge. Si sveglia sempre presto. E' un modo per assaporare la vita. Non perderne nemmeno un attimo. Coricarsi presto è garanzia di buon sonno, si dice. I lunghi capelli biondi hanno bisogno del pettine. Un trucco discreto. E la giornata grida il suo richiamo.

Alessandro cerca gli occhiali. E' il primo gesto del miope. La realtà gli sfugge. Ha bisogno della protesi. Altrimenti il mondo è nebbia. Al risveglio il mondo ha bisogno di essere preso per la coda. Il miope si accorge di essere sveglio per i pensieri; poi compie il gesto verso la protesi. E le cose assumono i loro contorni. "Sono vivo" pensa. E ricadono le palpebre. Poi si aprono definitivamente. Gli occhi, abituati allo splendore della luce che colora le cose. Tutto ha bisogno di luce. Altrimenti è nascosto. Così i nostri pensieri. Senza loro si perdono. Ma è il momento di accordare il pensiero e l'azione: è ora di alzarsi.

La colazione è ancora calda, per un addio. La sera si pernotterà a Gerico. Un'ombra di preoccupazione copre i ventidue. Territorio palestinese, posti di blocco, ecc., non ci si sente sicuri. Nessuno parla. Ci si imbarca sul pullman dopo aver sistemato i bagagli nella stiva. Si parte. La guida indica un dirupo. E' dove avevano condotto Gesù per farlo precipitare dall'alto. Ma non accadde, riuscì a sfuggire. Non era ancora giunta la sua ora. Doveva fare ancora molti segni, e istruire molta gente. La sua ora sarebbe venuta dopo il riconoscimento regale. E' giusto così. Ora Nazareth è scomparsa. I ricordi dal messia si spostano all'antico testamento. Sono forse i monti di Gelboè? L'ultima battaglia di Saul, il re impazzito. Dio gli tolse l'appoggio, dicono. Un modo per dire che era impazzito? Davide però lo considerava sempre e comunque il suo re. L'unzione non può venire meno. La promessa è eterna. Però davvero una serie di atti incomprensibili che si possono spiegare solo con la follia. Ma se Davide insistette fino alla fine, è perché aveva ragione. Quindi? Quale delle due correnti di pensiero scegliere?

Lungo il Giordano. Verso Sud. A sinistra il verde, a destra il deserto, sempre più aspro. Usciti dal territorio israeliano, si entra nel territorio dell'Autorità Nazionale Palestinese. Nessuno parla. Sulla sinistra si intravede il confine giordano: una selva di filo spinato, solo ordinata. Non si incontra traffico: Tutto rallenta. Solo la corsa del pullman procede costante. Per il resto, il tempo tende a retrocedere. Compaiono baracche sperdute. Poi, un insediamento israeliano in pieno deserto. Case magnifiche dietro uno sbarramento blindato e, incredibile, c'è verde. Ovunque ci siano degli insediamenti israeliani, lì c'è il verde nel deserto. Sarà così nel viaggio. L'insediamento è in alto, su una scarpata scoscesa. Il sole è implacabile. Siamo agli antipodi di Israele. Come là è orti e giardini, così qua sassi e sabbia: Dicono che prima che arrivassero gli Israeliani era tutto così. Sassi, sabbia, e qualche capra.

Sosta in un'oasi. Primo contatto con la realtà palestinese. Si scende, un po' timorosi: Qui la gente non ha più la calma, sembrano tesi. L'uomo nota che le targhe sono diverse. Quella del pullman, israeliana, è gialla. Quelle palestinesi sono verdi. Non succede niente, e la tensione tende a scendere, anche se a fatica, La polizia palestinese ha chiesto i documenti a Bacco e al suo compagno.
L'oasi: filari di palme con una pompa di benzina, un negozio-bar e qualche casa. I palestinesi qui sono taciturni, e sembrano rassegnati a qualsiasi evenienza. Ma si sa, le impressioni lasciano il tempo che trovano. Del resto, se sono così taciturni, è difficile cavar fuori qualcosa. Forse, perché i ventidue sono occidentali, quindi assimilabili agli israeliani. Non so, è solo un'idea, si limita a dire l'uomo a Alessandro.
"Com'è che ci mettono in tensione?"
"Sì, ce la trasmettono"
"Ci avvertono come nemici?"
"Chi sa, forse la targa gialla, israeliana"
"Del resto, dovrebbero imparare ad aver a che fare con dei turisti".
"Il posto è comunque affascinante."
"E' la prima volta che vedo un'oasi!"
"E' anche la prima volta nel deserto"
"Te l'immaginavi diverso?"

"Non me l'immaginavo proprio"

"E i suoi abitanti?"

"Chissà quante ne han viste, per essere così diffidenti"

"E' che non si capisce di chi abbiano più paura, se degli israeliani, dei loro capi, della loro miseria..."

"Veramente la povertà salta agli occhi, me ne ero accorto anch'io"

"E' una costante"

"E dà tensione"

"Vedremo di sopravvivere"

Ma anche le impressioni hanno un peso. Un qualcosa che si squarcia, che apre così. Si accorsero per la prima volta, pur soltanto intuendo, all'inizio. Si accorgono del dolore palestinese. Un dolore sordo, profondo, che alla minima occasione fa precipitare lo sguardo in una fissità di disperazione. Alla minima occorrenza, segno che gli animi sono distrutti, e basta un cenno per farli rovinare del tutto, e non riuscendo a riemergere. E' un dolore individuale, che non si comunica agli altri palestinesi circostanti, ma si dovrà arrivare alla conclusione che è loro tipico.

Chi l'ha conosciuto, se ne lascia prendere. Vorrebbe risolverlo, e se la prende cogli israeliani, o cogli ebrei *tout court*; oppure coi loro capi, da Arafat in poi. La prima da accusare sembra la miseria. Questa ha senza dubbio delle cause. Ma è solo l'inizio. Il pullman riparte, dopo la breve sosta e il primo contatto. I ventidue appaiono stanchi, e faticano a scambiarsi pareri. Pure hanno nel petto grovigli di sentimenti; urlano, rimangono bloccati dentro. Fuori, il paesaggio è sempre più meraviglioso: il contrasto fra le sponde verdi del Giordano e il deserto è sempre più accentuato. Ci si spinge sempre più giù, nella grande depressione al di sotto del livello del mare. Si scende sempre di più Il deserto si fa spettrale. Ora non c'è più neppure un cespuglio. Solo sabbia e pietre e montagne. Il deserto fa sparire i termini di paragone: Il tempo sembra svanire. Resta solo questo paesaggio di non-vita. L'uomo pensa che questa sia una natura morta, non le *stille-lebend* dei pittori. Non osa però dirlo. Non un animale, non un vegetale. Alla fine il pullman si ferma. Alcuni beduini si avvicinano, vogliono preparare i ventidue per una foto ricordo. Si sale in altura. Si ascende in cima. Il pullman s'era già inerpicato parecchio: Ora possono vedere da uno strapiombo. Dune e dune a perdita d'occhio. Nient'altro. E questo sole che domina tutto, che sembra essere l'assoluto: Qualcosa di possente e d'energico si estende nel deserto. Balzac lo definì: "Dio senza gli uomini". C'è veramente il senso di assoluto, però tutto è morto. Un grande nulla, se è tutto senza vita. Ma il nulla non può essere. Mentre il deserto è, e in modo possente. Si avverte la sua grandezza e nobiltà. Come nobile è il cammello dei beduini ai piedi della salita. Movimenti lenti e nobili, nonostante a molti l'animali possa apparire sgraziato. L'uomo lo ammira, molti trovano i suoi movimenti persino ipnotici. Veramente Dio mandò gli animali per aiutare gli uomini. Nelle nostre città ce ne dimentichiamo, presi dal cemento, dal vetro, dalla latta e dalle ferraglie. Cose utili ma che non possono aiutare. L'animale sì.

Eppure è un luogo meraviglioso, in cui tutto può accadere: è il luogo del non-ancora. Il momento precedente all'attuarsi. L'attimo prima della vita, questo è il deserto. Ci si può perdere, e ci viene chi vuol ritrovare se stesso. Insomma, un labirinto.

Ovunque potremmo dire: dietro l'angolo. Ma non nel deserto: è tutto uguale. Il gran livellamento fa nascere lo straordinario. Perché forma orizzonti.

La sabbia e la pietra: un giardino di vuoto. Eppure qui, nel deserto, coincide col suo opposto: con il pieno. Il deserto corre assoluto.

L'uomo è nervoso, e un po' irritato, però. Non sa godersi questa opportunità. Lo farà poi, nei giorni seguenti, distillandone un grande e forte piacere. L'abitudine, quale maestro! Può appiattire e annoiare, ma può anche illuminare. Come nel rito. Il rito religioso è sempre uguale e sempre nuovo, perché chi vi partecipa lo sente così.
Lo scoprire, il prendere coscienza, è anche l'abitudine alle cose, cioè il farle proprie col tempo. Dare un po' di se stessi e ricevere molto in cambio. Farsi conoscere è sempre un imperativo. Sì, è avere molto in cambio perché, se è vero che non si possiede senza essere posseduti, questo potere su di noi può essere benefico. E' molto. I benefici sono innegabili. La casa diventa un rifugio, il libro un amico, ecc. Ed è pericoloso perdere un po' di se stessi non rimpiazzabile. E' purtroppo inevitabile il gettar via, eppure...
Si capisce quindi il gusto delle reliquie. Appartengono al santo (anche il santo appartiene loro?). Parlano, in qualche modo, di lui, e lo esaltano, nel fare, se è un santo, nell'orrore, se è un criminale. Le cornici non delimitano solo il quadro, lo fanno risaltare. Si legano a lui come tramite tra l'arte e la realtà, ma spesso tra il bello e il nulla. I quadri appaiono sovente come sospesi nell'aria, con questo arredo che è la cornice. La cornice ritaglio dell'assoluto, al cui interno c'è l'infinito.

Le cose parlano di noi. Tutti noi abbiamo diritto a delle reliquie, che descrivano i nostri contorni. Spesso perdute o finite male. Del resto, chi può vantarsi di avere un tavolo e una sedia firmati Gesù Cristo, che pure fece il falegname per trent'anni, producendone quindi parecchie? Tutto perduto. Così di noi, se andrà bene, resteranno poche cose care ai congiunti. E per il resto, il rifluire nell'essere.

Alessandro, sul pullman, prende la parola:
"Non ti sembra che molte di queste cose ti spingano al nulla?"
"Sì" risponde l'uomo "Il nichilismo è in agguato"
"Intendi?"
"Vorrei mettervi ordine, ma è impossibile"
"Perché?"
"Perché l'ordine e la pulizia appartengono alla filosofia greca, per cui l'essere è, il non essere non è. Ora, i nichilisti dicono l'opposto, e cioè che l'essere non è, e che il non essere è"
"Mi fai andare assieme"
"E' già tanto che vuoi parlare con me di questo. A volte mi sento pedante"
"Non è così, sei solo profondo. E se gli stupidi dicono così, lasciali dire, perché per loro tutto è noioso"
"Lasciami dare il mio parere"
"Prego"
"Nel deserto, luogo principe del non essere, abbiamo trovato l'essere. Quindi i greci, e non i nichilisti, hanno ragione"
"Chissà dove andremo?"
"Questo pullman è come il pianeta Terra. Siamo portati in luoghi sconosciuti assieme ad altre persone"
"Ma dove"

"Io direi piuttosto: ma come, in che modo?"

"Non so. A volte mi pare che dici delle stranezze. Come per la tua strana teoria che i libri sono la realtà"

"Beh, prova a dimostrarmi il contrario"

"In inglese si dice *fiction*. Dice tutto"

"Ma a sua volta *fiction* non è *fantasy*"

"Ma il verosimile non è vero, comunque. E poi è ora di smetterla, altrimenti coi nostri discorsi ci attireremo la fama di pedanti"

"Non essere così pessimista. Il mondo spesso è inaspettato"

"Dammi piuttosto il tuo parere sui palestinesi"

"Uno di questi è il nostro autista"

"Già, ma questo non è un parere"

"E' per dire che sono dappertutto; e se è così, è perché sono accettati"

"E il tanto decantato odio?"

"Siamo appena arrivati. Vediamo gli sviluppi"

"Vediamo"

I libri sono manuali di conversazione con i lontani e con i morti. Di questo l'uomo era assolutamente convinto. Ma perché questo contava più che il resto? Perché era stato vagliato, e noi stessi possiamo, anzi dobbiamo, vagliare. Perché la verità non è lampante e immediata, ma nascosta. E quando la si trova si apre un mondo.

Difficile però comunicare questi pensieri. Qualcuno di partecipe, di interlocutore. Almeno Alessandro ascolta. E gli dice il migliore complimento, per lui:

"Viaggiare con te è come viaggiare con una biblioteca".

I libri si scrivono forse l'un l'altro, ma come servono per comunicare con gli altri, ma fidarsi di se stessi è pericoloso.

"A volte però mi sembra che tu esageri coi libri" Aggiunge Alessandro.

"Le biblioteche sono luoghi scuri e polverosi, dici"

"E frequentate da una minoranza"

"Combattiva"

"Sì, molto"

"Del resto, se siamo qui, in Israele, è perché Dio ci si è rivelato attraverso un libro"

"La Bibbia"

"Già. Però faremo bene a tenere nascosti i nostri pensieri. Al ritorno potrebbero deriderci"

"E allora? Li credi felici quando fanno così?"

"No"

"Ne siamo sicuri entrambi"

"Eppure sembrano forti"

"Mi sa che succhiano energia come i vampiri"

"Il sangue come energia"

"Ciò che sentiamo è energia"

"Comunque si sa che al ritorno..."

"Al ritorno?"

"No. Niente"

"Diciamo spesso niente, ma non è mai una risposta. Il niente non è"

"Uno specchio dei nostri tempi"

"L'averlo sulla bocca? Sì"

"Vorrei dormire"

"E questo deserto ipnotico"

"Vero?"

"Sì, ipnotico"

"E poi il calore..."

"Dicono che chi vive qui sia un saggio"

"Stiamo fantasticando. Se ci sentissero gli altri..."

"Direbbero che stiamo vivendo. Siamo dei viaggiatori che vogliono divorare la vita, attimo dopo attimo"
"Adesso mi fai sorridere"

Corre il pullman sospeso nel nulla. E scende sempre di più, come altitudine.
"Se dovessi immaginarmi un viaggio a Sodoma e Gomorra, lo immaginerei così, attraverso il deserto, scendendo nell'abisso"
"Beh, ma è così"
"Ancora ci sei tu che mi ascolti e mi sopporti"
"Sono iperboli piacevoli"
"Sei gentile"

Il signore terrestre su questa landa è il sole. Da lui non c'è scampo. Sembra indicare qualcosa da cui sia impossibile cercare un rifugio. Forse ha ragione l'uomo: non c'è scampo dal giudizio, sembra voler dire questo posto.

"Non ti ricorda l'Apocalisse?"
"Perché? Son già stato nel deserto, in Tunisia"
"Il silenzio. Come prima di qualcosa"
"Sì, c'è questa sensazione"
"Già, questo silenzio che rende saggi"
"Il silenzio dovrebbe sempre essere un inizio per la saggezza: dovrebbe aprire la porta"
"Eppure il deserto fa paura"
"Come l'eccessivo nichilismo?"
"O l'idealismo sfrenato"
Il pullman, implacabile, continua a scendere, ma la discesa diviene impercettibile.
"Diresti che stiamo scendendo ancora?"
"Sempre meglio seguire la verità, quindi sì"

"Non sei sicuro"

"E' che quasi non te ne accorgi"

"O è che ci si abitua a tutto"

"Subito?

"Cosa ti ricorda la discesa costante in un deserto sempre più deserto?"

"Una discesa agli inferi?"

"Si diceva prima di Sodoma e Gomorra"

"Per i rabbini d'Israele il peccato è di violazione dell'ospitalità"

"Una pioggia di fuoco, poi"

"Dà un'idea della genesi di questo deserto, anche se mitica"

"Non c'è luogo del pianeta che non ispiri qualcosa"

"Il mondo è bello ma non buono, diceva Ermete Trismegisto"

"Ma è questa parte della Terra Promessa che ispira così?"

Due anni dopo l'uomo se ne sarebbe ricordato per visitare gli USA. Una terra promessa laica; anche con la storia dei Father Pilgrims. Il sogno di un mondo felice. E milioni di uomini partirono per questo sogno. L'uomo si sarebbe ricordato del suo viaggio in Israele. Per questo viaggiamo, viaggiamo all'interno di noi stessi. Il fuori ci sollecita. Per tornare agli USA, l'uomo userà un ossimoro per la definizione: una terra promessa laica, ma d'un laico sacro. La distruzione delle torri gemelle ne fu una delle conferme. Al centro della città, per la prima volta nella storia, non ci fu un tempio, ma un edificio laico. Che però trovandosi al centro assunse qualcosa di sacro, almeno di simbolico. Ed è curioso che fu un fulmine attribuito al volere divino, benché in una visione distorta, a distruggerle. Il laicismo sacralizzato dal sangue, non più come prima. E' vero, si usava spesso questa frase per le torri gemelle:

"Niente sarà più come prima". Frase avverata per l'immenso spargimento di sangue. Il sangue colorò il laico di sacro. C'è questa ambiguità nel pensiero protestante, in cui tutto appare santificato, anche se sembra dissacrare il sacro rendendolo laico. L'uomo. Altri non avrebbero trovato il centro in una città americana, ma solo uptown e downtown. Ma il viaggio in Israele fu uno spartiacque. Un discriminante reso necessario da un invincibile tentativo protratto. La tensione a cercare la Terra Promessa, si era maturata negli anni, ed ora è lì, dove si realizzò. Abbiamo detto delle due terre promesse per l'uomo, ma per lui c'era stato un precedente in America: aveva fatto un viaggio in Costarica.

Era stata una scoperta anteriore al concetto stesso di Terra Promessa. Era arrivato nel paradiso terrestre: così Colombo annunciò al mondo la scoperta, cercando conferme in Marco Polo. E certamente l'eterna primavera (21° C tutto l'anno a San José), l'albero da frutto che fruttifica continuamente, rendendo inutile il lavoro agricolo. E per la carne? Branchi di piccoli suini sciamano per la foresta vergine. La foresta vergine è anteriore al genere umano in tutti i sensi. Non c'è nulla di anteriore, di vivo. Anteriore c'è solo il deserto. Dove viaggiano ora i ventidue.

Ma la foresta vergine è l'esplosione della vita, che si annuncia con un profumo intenso di vaniglia. Orchidee e eliconie si contendono i colori dei fiori. Lunghe strisce di eliconie si arrampicano ad altezze vertiginose, mentre appaiono i miracoli delle orchidee, forse i più vicini, dicono, agli animali, di perfezione superiore. L'uno pensò ad un raffronto con la rosa. Si disse che se la rosa ricorda la vagina, l'orchidea il clitoride. Il culto della yoni era stato realizzato dai vegetali prima della nascita di Venere. Se la rosa è il fascino, l'orchidea è l'ipnosi. Profumo di rose, profumo di vaniglia per l'orchidea. La rosa e l'orchidea, le piante perfette per la destra e la sinistra dello stemma perfetto. Naturalmente i frutti sono diversi, come i fiori. Il mistero che comunque la natura dia frutta, non importa l'ambiente, purché, naturalmente, ci sia vegetazione. L'America del Rinascimento, fino alla Polinesia due secoli dopo, resteranno l'archetipo del paradiso.

Il nostro sogno: l'ordine che rimette a posto le cose, agli antipodi del caos. E la calma? Tanto cercata, tanto invocata: Al nadir del nostro stress quotidiano, così ben codificato nel logorare da Freud. Il lusso. Necessario. Chi non l'ha muore o si mortifica. Necessario soprattutto ai poveri, come risarcimento eterno per tutto l'orrore sopportato. Lasciate dire al cinico che il lusso è formato da cose inutili. E' solo arroganza. E infine la voluttà. L'uomo avrebbe citato la tradizione rabbinica secondo cui il libro più sacro della Bibbia è il Cantico dei Cantici. Un inno in termini sessuali del rapporto tra noi e Dio. I cristiani vengono detti gli ombreggiatori del sesso. Eppure, quante volte Gesù ha parlato di sé come dello sposo. E per altri? Prendiamo solo i cinesi: tradizionalmente le due grandi gioie sono l'ingresso nell' al di là e il matrimonio; ma quest'ultimo è maggiore.

Ecco i quattro punti cardinali del paradiso: ordine calma, lusso e voluttà. E Baudelaire ha notato acutamente che ogni cosa deve esserlo: bisogna lasciarsi penetrare completamente dai quattro parametri. Del resto, vediamo di esaminare l'opposto: all'opposto dell'ordine il caos; all'opposto della calma l'ansia e l'angoscia; all'opposto del lusso la miseria e l'indigenza; al posto della voluttà, la castrazione e il gelo.

Il caos che domina, o sembra farlo, questo mondo. Il labirinto. La disperazione di non poter capire. E aumenta.

Caratteristica del caos è di aumentare sempre: è la legge dell'entropia, in fondo.

L'inferno è il paradiso capovolto, e il caos è la prima delle leggi infernali. Ma subito dopo c'è l'ansia e l'angoscia delle malattie mentali: Quando ci si fa del male fisico per non sentire, dal picchiare il pugno sul tavolo al picchiare la testa contro il muro, o altro.

Si potrebbe dire che la virtù sta nel mezzo, ma uno o è calmo o non lo è. Però lo si dice specialmente per lusso e indigenza, mentre uno o ha la pancia piena o fa la fame. E' vero che pochi vivono in questo mondo nel lusso. Hanno tutto, mentre c'è chi non ha nemmeno una compagna. L'espressione "sfiga", cioè senza compagna, designa bene la situazione del povero. Perché peggio di così non si può.

Si possono fare due obiezioni: la prima è che questo mondo sembra un inferno. Secondo il Vangelo: "Satana è il principe di questo mondo", anche se si può sempre far prevalere la speranza. La seconda è che c'è chi ha scelto povertà, castità, e obbedienza per la religione. Staccarsi dal mondo, l'ascesi per la pace; ma che diventa davvero l'inferno quando viene imposto. E per questo il mondo è com'è. E dare la colpa alle religioni è un'illusione, perché i governi atei sono stati nella storia anche peggiori.

"Allora, dammi un consiglio", chiede Alessandro all'uomo.

"Credi pure ma cum grano salis" risponde l'uomo.

"Con un granello di saggezza, dunque. Ma esiste il magistero, in viaggi come questi, poi"

"Sì, ma siccome il problema è morale, perché la morale stessa è inarrivabile, non resta che aggirarla. E si loda quindi l'astuzia"

"Sì, la furbizia viene lodata nella sottocultura"

"E questo è ancora poco. Perché il sesso divenne il peccato per eccellenza, venne associato ad animi maligni"

"L'ambiente era malsano. Ma la sessualità più libera si è svincolata dall'aura malvagia in cui era rinchiusa"

"Ma in certe parti è ancora così. Un mafioso qualche anno fa sciolse la figlia nell'acido perché aveva tradito il marito. Il peccato sessuale avvertito come l'unico peccato..."

"Ecco, il tradimento, il peggiore dei peccati, sostituito come vocabolo all'adulterio"

"E' significativo dell'aura maligna"

"Respiriamo allora. E chiamiamo le cose col loro nome: il tradimento è una cosa, l'adulterio un'altra"

"Mi ricordi quando insegnavo. Le ragazze mi chiesero come mai Dante rinchiudeva Paolo e Francesca non nel girone dei traditori, bensì Cianciotto Malatesta il marito uccisore; secondo loro il contrario"

"Mi sento stanco.

"Conviene pensare al viaggio, passerà"

"Eppure mi viene sonno"

"Puoi sempre dormire. Anche se non parliamo sempre dei massimi sistemi..."

Ma Alessandro dorme già: L'uomo ha un rimbalzo. Anni prima, in Costarica. Gli sfugge la data esatta, ma forse è meglio: tutto nel vago, come le nebbie da cui proviene, o l'orizzonte del deserto, vago fino a cambiare le cose, fino al miraggio.

L'opposto esatto del deserto, la foresta vergine del Costarica. Niente è vita, qui; tutto era vita, là. Due ambienti estremi per l'umanità. Come se il deserto fosse una foresta di pietra. E la foresta fosse un deserto per la capacità di sopravvivere. No. Il paragone non regge, si dice l'uomo. C'è qualcosa che mi sfugge, che viene saputo solo discorrendo con altri, che con maieutica possono, anche inconsciamente, aiutare in questo senso.

Si volge verso Dono, ormai con confidenza.
"Continuo a pensare alla foresta vergine, qui nel deserto, non so come mai."
"Compensazione?"
"Ma è questa la Palestina? Solo un mucchio di sabbia?"
"Eppure sembra il centro dei problemi mondiali"
"Un modo, anche, per essere contro gli ebrei?"
"Sì, l'antisemitismo è sempre forte negli estremismi, a destra come a sinistra"
"Beh, anche per gli altri, non è che li amino"
"E non sono mai riuscito a capire il perché"
"Qui non mancheranno le occasioni per queste meditazioni"
"Del resto, loro sono un mistero"
"In che senso?"
"Pare sia l'unico popolo antico a sopravvivere"
"Nonostante abbiano tentato di eliminarli?"
"E' di vecchia data. Ad esempio, nel libro di Ester, nella Bibbia, dove Aman intriga per rovinarli"
"Sai che ho difficoltà ad ammettere un popolo? Preferisco pensare agli individui"
"Anch'io. Ma qualcosa esiste. La lingua, le tradizioni…"
""Ma sono poi la stessa cosa"
"A volte abiti propri, musica propria, poi la cucina…"
"La musica la vedo sempre come interetnica"
"…E' per questo che è bello viaggiare, per conoscere"
"Concordo pienamente. E scusa"
"Di cosa?"
"A volte mi sento pedante"
"Ma va'"

"Il deserto, il luogo dei miraggi"

"E' vero, dovremo rischiare"

"Perché, non ti piacerebbe avere visioni?"

"Vedo che mi conosci già bene, e che vuoi che questa sia una domanda retorica"

"E' bello, a volte, staccarsi dalla realtà, ma mi pare che tu esageri"

"Perché?"

"Non so, a volte sembra che nuoti nell'irrealtà"

"Da cosa hai questa impressione?"

"Non so, ma è vera?"

"Sì"

Nel deserto è facile vedere castelli. Forse è come uno specchio.

"Sei strano, sai"

"Però vivo"

"In qual mondo?"

"Adesso mi schernisci?"

"No, no"

"In questo mondo: quanti ce ne sono?"

"Questo è uno, il deserto; un altro è da dove veniamo"

"Completamente diverso. Sì. Hai ragione. E' la diversità che fa i mondi"

"E non possiamo conoscerli"

"Sì; c'è più varietà su questa terra, che non sui pianeti della fantascienza. "

Intanto, il pullman arriva in prossimità di Gerico.

Viene detto dalla guida che, coi soldi degli aiuti, Arafat o chi per lui costruì innanzitutto due cose: una funivia che passa sopra Gerico e un albergo a cinque stelle, dove sono diretti i ventidue. Accanto alla stazione della funivia si trova il monastero delle tentazioni. Qui fu tentato Gesù.

Tre volte, tanto basta.

La prima volta : la fame il pane. Emblema di tutte le nostre fami, di tutte le nostre aspirazioni, di tutte le nostre febbri. "Non di solo pane vive l'uomo". Non solo, ma anche. Ne abbiamo bisogno, e le nostre carni si straziano nel desiderio. Ed ecco la seconda tentazione: il diavolo che usa la religione per tentare.

Dice infatti il Vangelo che il diavolo disse a Gesù: "Sta scritto che gli angeli ti porteranno, perché tu non inciampi, quindi buttati".

Ecco, la rovina (il buttarsi di sotto). Col pretesto della religione. Quante volte il diavolo fa così, e tenta di distruggere usando la religione, o una fede. Il risultato? Buttati di sotto.

E' il problema di credere a qualcuno o a qualcosa. Il diavolo si insinua. Nel caso della religione, sa usare le scritture della religione stessa. Quanti sono stati usati in questa terra per essere mandati come attentatori suicidi in nome di Dio. Per essere chiamati poi martiri E' lo shock di chi è abituato al martire cristiano, che si lascia torturare fino alla morte. Questi, invece, uccidono.

Non è forse il diavolo, come si diceva, che suggerisce un'interpretazione di un libro sacro, come nella tentazione di Gesù?

In genere si reagisce negando una fede con un'altra fede. Per esempio, nel caso dei suicidi che si fanno esplodere, si dà la colpa alla religione. Così fanno gli atei. Come se quando presero il potere non avessero avuto la mano pesante. E' che si reagisce contro la fede con un'altra fede, per quanto si neghi.

"E' il fanatismo che porta a questo. Ma io ne sono immune perché sono ateo."

Voltaire, in *Jenny ou de l'Atheisme*, scriveva che gli atei inclinano molto verso il fanatismo. Del resto, già questo porsi al disopra fa dubitare.

La soluzione qual'è, se c'è, quindi? Il Vangelo propone la risposta di Gesù: "Ma sta anche scritto". Cioè sciogliere la tentazione diabolica con una lettura attenta. Con la meditazione che ispira. Ma non è facile. Qualsiasi fede, certezza, speranza, è soggetta a questo rischio. L'illuminazione è rara e difficile, eppure esiste. Ne abbiamo la prova ogni giorno, quando così il bene sopravanza il male, e lo avvertiamo dentro di noi. Dubitare delle frasi pericolose. Soluzioni? Mah. Dubitare di tutto può portare a un nichilismo negativo, credere sempre nella gioia può portare a un fideismo pericoloso.

Forse l'unica soluzione può essere questa, se è il diavolo, dice alla fine:"buttati di sotto!".

Alla fine, non si vuol negare il male che può essere fatto mediante la religione. Quante volte abbiamo perfino udito: "Gesù Cristo riteneva certamente come dico io". E non basta dire che si può dir così perché "io sono stato chiamato dal Cristo" Anche Giuda lo fu.

Anche nella completa solitudine dell'individualità, una forza interna che tiene uniti a un quid. E sì che gli appartenenti a una chiesa litigano tra di loro e con gli altri delle altre chiese, e i lontani di altri culti. All'insegna: "Il migliore sono sempre io". Eppure si sente quel qualcosa di cui si parlava. Che tiene come un collante la persona assieme. Con il lavoro per ottenere il proprio risultato. Non resta che arrendersi, e provare a rispondere con il Cristo "ma sta anche scritto".

Certo, chi potrebbe fermare il nostro potere allora? Sarebbe avere la chiave dell'al di là, come avere la chiave *ankh* egiziana in mano. Perché chi sapesse come regolarsi nelle cose di qui con l'aiuto dell'al di là, sarebbe irrefrenabile. Avrebbe solo un ma: per avere cosa? Perché? Ed ecco che avanza il diavolo per la terza tentazione: "Guarda quello che può offrirti il mondo, io te lo darò se mi adorerai". Sì, si può avere il potere assoluto. I dittatori l'hanno imparato. Darsi al diavolo, fuori ostentare un credo e giusti motivi. Darsi al diavolo, magari senza averlo incontrato se non sotto mentite spoglie.

Come mai alcuni danno l'anima al diavolo e la perdono subito?

Probabilmente per non avere superato, almeno intellettualmente, le prime due tentazioni. C'è chi vende l'anima per avere qualcosa, ed è soccombere già alla prima. O fare del diavolo una fede, ed è soccombere alla seconda tentazione. Ma alla terza arrivano in pochi, ed è il segno del comando.

Il terzo stadio è quello finale. Si conquista il potere quando si è in grado di dare il pane (I tentazione) e di manipolare una fede (II tentazione) e si adora il male (III tentazione). Come resistere? Come vincere? Gesù rispose: "adorerai solo il signore Dio tuo". E' l'unica soluzione. Se Hitler l'avesse fatto, invece di inventare una forma di diabolicità. Alcuni ammirano la sua abilità, ma ebbe agguerriti concorrenti. Stalin vinse la guerra e dominò mezzo mondo. E ognuno aveva il suo modo di adorare il diavolo. Si potrebbe dire che Stalin era ateo, non adorava nessuno, tanto meno il diavolo. Però chi fa il male adora il diavolo.

Questo è veramente lo stadio di aberrazione più basso: l'adorazione del diavolo. Ed è infatti l'ultima parola proferita dal maligno. "...se mi adorerai". L'ultimo stadio della caduta, l'inversione totale: l'adorazione del male. E' inutile andare oltre. Le tentazioni sono finite.

Siamo arrivati a una delle città più antiche del mondo: Gerico. Il pullman si ferma davanti a come un assieme di rovine assemblate: è quanto resta. Cosa spinse gli uomini a inventare la città? Verrebbe da dire: per stare con gli altri, per vederli. Oggi parliamo di villaggio globale. E se l'idea fosse venuta a Gerico? Case, vie, piazze, edifici pubblici. Il centro e la sua negazione. La città, comunque, come luogo. Come luogo diverso. Adesso ci siamo abituati. A Gerico non lo erano. Verrebbe voglia di accarezzare quelle rovine, come la prima pietra di qualcosa di sacro.

Ma non si può scendere dal pullman. E' pericoloso. Siamo in Palestina. E il nostro pullman ha la targa gialla israeliana, non quella verde palestinese. Prudenza. Un gruppo di palestinesi guarda il pullman. Sono tutti maschi. Poi il pullman riparte e si ferma davanti ad un albero di sicomoro. Già. L'episodio di Zaccheo. Troppo piccolo per vedere Gesù, coperto dalla folla, salì su un albero come questo. Si convertì. Siamo così: piccoli, ma a volte vorremmo vedere il nascosto. E Dio è il nascosto per eccellenza.

Non resta che salire su un supporto, se vivo, meglio. Nani sulle spalle di giganti? Siamo forse gli ultimi a voler salire, sembra, a volte, nello sconforto. Ma ci si volta e si vede che non è così. Si incontrano occhi desiderosi di salire. Quale zavorra ci tiene inchiodati? Il rimorso è il rimpianto. Pericolosi anche se giusti.

Ma qui siamo nella terra del Messia, e il Messia cancella le colpe. Che abisso: poter rifare la propria vita in meglio: san Pier Damiani ne era convinto: *factum infectum fieri potest*.

Ci vuole l'eternità per rivivere i propri errori e tramutarli in scelte giuste. Ah, rivivere, rivivere quei momenti e assaporare il meglio. Com'è importante che le colpe siano rimesse. Togliersi un peso, respirare, tornare a respirare.

Il Messia venuto per i malati. E i rimorsi e i rimpianti sono malattie dell'anima. Si dirà che solo Dio, se esiste, può perdonare. Certo che se lo fa lui, chi oserà opporsi?

Il diavolo, il primo accusatore? Ringhia accuse a cui soccombono anche i più forti.

Gigante in questo momento lo prova. E' preso dal rimorso per desiderare la morte di sua madre. Sa che la libertà passa di là. Cioè dal distacco. E non conosce, o non può praticare, altre vie.

Il sicomoro è lì, che sembra aspettare. Un altro Zaccheo. O noi.

La gente non sorride. Tutto ha l'aria pesante. Una miseria simile è inimmaginabile. Se non ci fosse il calore estremo per condensare le cose, sarebbe difficile pensare a un luogo abitato: Quand'è povero, l'ambiente, anche se pulito, sembra sporco. Gli sguardi non si incrociano mai., e sembrano enigmatici. Ci si ferma ad un negozio. Il disperato tentativo di vendere è una costante. Come se fosse naturale, parlano italiano. Illustrano la mercanzia: ci sono lavori in vetro, e collane di pietre.

Il commesso scambia Dono e l'uomo per moglie e marito. L'uomo risponde con un sorriso: "magari", dice, e nota che l'emporio dà su un negozio di alimentari. Va a vedere, e rimane stupito da dei frutti gialli, agrumi, ma di una qualità mai vista. Alquanto sporchi. Ne compra tre. Il commesso vuole aggiungere dello zafferano. L'uomo dice di no. Allora il commesso: "Tu sei venuto in Palestina, tu devi provare lo zafferano palestinese": Ma l'uomo rifiuta, e il commesso sprofonda in una disperazione fatta solo di voragini.

Tipica dei palestinesi. Solo anni dopo, ripensando all'episodio in una notte d'agosto alle 11.30, l'uomo si sarebbe reso conto che non aver comprato lo zafferano avrebbe mandato in crisi il coltivatore. Il disperato tentativo di vendere. L'unica speranza per sopravvivere. La disperazione che fa sbarrare gli occhi: fissi, persi in un luogo lontano che non esiste. Il mento che tende ad abbassarsi, ma che è rigido. La voce che suona metallica, che vorrebbe imporsi, ma che si sente che è assolutamente vuota. Basaglia sosteneva che "la negazione della speranza genera la follia". Non esiste più niente. La disperazione è l'incarnazione del nichilismo. Forse l'attaccamento alla religione dei palestinesi fa da scudo all'inabissarsi nella follia. E' anche il modo col quale si sopravvisse all'orrore totalitario dell'ateismo di stato. L'adorazione segreta salvò già in questo mondo.

Gigante intanto è preda del rimorso. Continua a desiderare la morte della madre per sentirsi libero. E si sente in colpa per questo. Ma dovrà imparare a conviverci. Del resto, l'ambiente non è il migliore per risollevare. La *naqba* palestinese, la catastrofe, sembra prima di tutto interna. Deflagra implodendo. Devastante. Si ricorda la clausola di partenza, che l'assicurazione non risponde per cedimenti mentali. Il posto è così, va preso così.

Alessandro si aggira nell'emporio come un'ombra silenziosa. E' una sua caratteristica il non farsi notare troppo. In lui la disperazione palestinese trova un'ombra su cui gettarsi. Perché è difficile sapere quello che pensa. Lo è per tutti. Solo il Dio che Alessandro insegue potrebbe svelarcelo, ma non lo fa, e il perché è giusto. Ognuno ha bisogno di sé.

Ma capita che chi resti attaccato alla donna rimasta a casa diventi un fantasma. Perché si dimentica che la vita è come un viaggio, e i rapporti in un viaggio sono vitali. E vivere attaccato a un fantasma rende fantasmi.

Dono e l'uomo fanno coppia platonica. Bacco e Ilare una schermaglia continua di desiderio che si proietta nel futuro. Il padre di Ilare ha la figlia.

Ringhiosa resta insondabile, con il mistero delle vecchiette.

Ma Alessandro è assolutamente e completamente solo. Energia se n'è accorta e vorrebbe avvicinarlo, ma l'ombra del fantasma lontano si mette in mezzo e annulla. Annullare è il modo di apparire dei fantasmi. Fatti di nulla, esistenti solo in noi, veleggiano in mari di oblio. La fedeltà non deve isolare. Cosa continua dunque a cercare Alessandro? Perché è chiaro che cerca qualcosa in se stesso. E scava e scava troverà forse il tesoro nascosto che si cerca sempre. Ma quando lo troverà, non è dato di saperlo, perché Alessandro lo vuol nascondere a se stesso. E il suo angelo stesso si incaricherà di fargli da schermo.

Essere un'ombra, qualcosa di diafano, che si pone dietro le cose.

Diverrà l'osservatore. Colui che, dietro, sa e vede.

Intanto, Gigante è sempre alle prese coi sensi di colpa: perché quel pensiero maligno e ricorrente? Non sarebbe meglio andarsene da casa, e provare ad abitare da solo? Ma dove andare? I soldi non bastano. E basteranno sempre meno. L'anno dopo scoppierà una crisi durissima, che metterà molti in ginocchio, e farà riflettere Gigante, di come non si possa lottare contro il destino. Ma questa frase fatta non gli darà soddisfazione. Certo, si dirà, ci vorrebbe l'uomo con le sue frasi da letterato. Chissà dove sarà finito. Parallelamente, l'uomo starà risparmiando. Ma questo Gigante non lo potrà sapere. Quel che saprà è che il rapporto con la madre sarà comunque difficile. E perché non sa come uscire dal rapporto che spera sempre in un *deus ex machina*. Gli echi dell'adolescenza, che gridava:"lasciatemi la mia vita", dormono nel profondo dell'inconscio.

Energia, frattanto, ha visto brillare qualcosa. Forse è solo uno dei vetri esposti, si sa. Però... Questa terra che sembra magica... Ma sì, è che siamo in questa miseria in mezzo al deserto, si dice. Essere venuti fin qui per fare shopping. Ma sì, perché no? Lasciamoci portare dall'onda. E' così inutile voler sempre lottare. Anzi, dannoso. Del resto, anche così avvengono le sorprese. La piattezza è ripetitiva. Io qui invece sono lontana, in una "mille e una notte" reale: quindi anche con la miseria, e il caldo, ecc., e quanti eccetera. E' come la Venezia reale e quella di Las Vegas. Quale preferire? Io preferisco la vera.
E questo è il suo paesaggio arabo: deserto e deserto, con in più la miseria palestinese. Energia si stringe nelle spalle. Si sente sola.
E' una sensazione che riempie di malinconia improvvisa. Si guarda attorno e non vede nessuno. E' questo il senso del deserto? Guarda i compagni di viaggio. Li sente distanti. Ma sa come uscire dalla solitudine. Basta una domanda: "Quanto costa?" E subito una nuvola di commessi la attornia. Non pensa più, nuota.

Vecchietta sente la mancanza degli animali. Vorrebbe accanto un gattino, un cagnetto. Hanno un modo di amare le persone che fa vivere. Affezionarsi loro troppo è pericoloso. Anche se così soddisfacente. E' una goccia di nostalgia per un mondo così lontano, così diverso. Poi sparisce tutto nel bagliore accecante. L'attimo ha anche i suoi flash.

Non una nuvola in cielo, solo pensieri. Così diverso il panorama dall'Europa. Banale? E' da provare. Allontanarsi è un gesto di coraggio. Ma così tanto diventa epico. Si potrebbe dire che non ce se ne rende conto, almeno per quel caso. Chi, però, non ha sentito parlare di questa frontiera come della peggiore del mondo? Eppure i nervi sono saldi. Alla fine si paga, come sempre.
"Cosa pensi?"
"Che alla fine si paga. Come sempre"
"Ma guarda, la vita come metafora dell'economia"
"E' il contrario, che dicevo. Comunque anche il tuo lapsus dice la verità"
"Cosa fai da solo?"
"Non posso seguire Dono negli acquisti"
"Siamo di stipendi bassi, noi"
"Vedi? La vita come metafora dell'economia"
"Sei sudato?"
"Abbastanza"
"Vorrei fare anche la metafisica del sudore!"
Scoppia un sorriso.

E il pullman si allontana da Gerico, carico dei suoi. Si avvicina all'albergo, fino a fermarsi all'entrata. Controlli. Lenti, estenuanti. Ma la calma ha lo stesso spessore di questo calore.
All'interno, un comitato di ricevimento. Dei drinks, e si spalanca il cinque stelle di Arafat. Lusso, anche se un po' cupo. Vengono distribuite le chiavi. Ascensore. L'uomo e

Alessandro si fanno cambiare stanza. Era infatti con un letto matrimoniale, e ne ottengono una con due letti separati. I letti sembrano king size, la televisione ha il collegamento satellitare. L'uomo si aggiornerà costantemente sulla CNN. Tra i due armadi c'è un frigorifero. La finestra dà sul deserto. Sarà possibile vedere l'alba e il tramonto nel deserto. Ci sono bagno e doccia. Dopo una rinfrescata, l'uomo e Alessandro escono.

Non si può uscire dall'albergo, peraltro esteso. Ha diverse piscine, all'aperto; almeno tre. Nel piano più basso c'è un centro fitness, con cyclettes e tapis roulants. Rientrano. Davanti alla reception c'è un computer collegato a internet, a disposizione dei clienti. Dietro c'è un negozio. I prezzi sono in schekel e non sono alti. L'uomo è attirato da una raccolta di pietre, ma alla fine, rimandando sempre, non lo comprerà. Un peccato, La terra santa vista attraverso le sue pietre. Significativo. La pietra è tenace e tende all'eternità. Quindi si può risalire ai tempi della Genesi. La terra di Canaan. Quale solennità hanno le pietre!

Poi l'uomo si distrae, e i due escono. A destra della reception, entrando, ci sono diversi grandi locali, vuoti. Alessandro e l'uomo congetturano per la preghiera.

Che si farà la sera, praticamente prigionieri? Ma è ora di partire: destinazione: Qumran.

Nel deserto si erge il museo. La fila per accedervi è abbastanza lunga: esce un gruppo di asiatici. Vi sono anche molti indiani. Finalmente si entra.

Il manoscritto è ora davanti ai ventidue. Secoli hanno separato il prodigioso ritrovamento nella grotta. Ma è stato prodigioso, perché la Bibbia che i detrattori dicevano formatasi attorno all'anno Mille, era in realtà già presente.

Poi si esce all'aperto, nell'ambiente degli esseni. Monaci misteriosi, con espressioni usate anche nei vangeli. Sotto il sole implacabile si vedono diverse grotte, con strapiombi.

"Spariti, come i sadducei"
"Erano però molto diversi, direi addirittura agli antipodi"
"Sarebbe interessante sapere il perché della loro scomparsa"
"I sadducei mi sembrano troppo materialisti"
"Che vuoi dire?"
"Che se la sono cercata. Che non puoi dire che non ci sarà la resurrezione a gente provata da una durissima guerra con Roma"
"Già."
Un attimo di silenzio.
"Che ne pensi degli esseni?"
"Sono grato per i manoscritti"
"Sì; ma per loro?"
"Intendi se era un sistema interessante?"

"Non solo. C'erano diversi sistemi: farisei, sadducei, erodiani, altri che probabilmente non conosco, e ora gli esseni"
"A te che idea danno?"
"Mi ricordano i monaci cattolici"
"Tra i misteri, c'è quello della prima beatitudine"
"Che intendi?"
"Beati i poveri in spirito".
"Di cui si è perso il ricordo sul significato. Ancor oggi se ne discute"
"Si può sempre prendere alla lettera come fanno gli esicasti"
"Cioè?"

"Trattenere il respiro, ed essere così un povero in spirito"
"Mi ricorda lo yoga. Controllare il respiro, ed essere così felici"
"M yoga in sanscrito significa devozione"
"E il significato allegorico?"
"Si sono accapigliati per trovarlo"
"Ci sono riusciti?"
"Secondo me, no"
"Eppure tanti chiacchierano di essere sicuri"
"Sono appunto ciarle, hai detto giustamente"
"A parlare con te finisco coll'usare una lingua strana"
"Non è male adeguarsi all'interlocutore"
"Sì, tanto, fin che siamo tra noi due..."
"Lo saremo sempre di meno"
"Per fortuna. E' la chance di conoscere nuove persone"
"Queste pause di riposo della guida ci sono utili"
"Deve poter riprendere fiato"
"E noi scambiarci i pareri"
"Per quel che valgono"
"Non fare il cinico, adesso"
"Rientro nei ranghi"

Ma anche gli altri si dividono in capannelli di commento. Come facevano gli esseni a vivere qui? E perché l'asceta ha come bisogno del deserto? Simile domande si intrecciano, e nel loro costante tono ascendente è come se volessero salire al cielo.

"Qui il cielo non sembra troppo lontano", dice l'uomo. Non incombe e non opprime. Lascia respirare. E' proprio da terra santa. Perché la metafora del cielo è facilmente leggibile. Se il cielo non è troppo lontano, anch'io posso raggiungerlo. Da sempre gli uomini tentano di raggiungerlo: piramidi, altari, scale. Però qui sembra davvero inchinarsi all'uomo. Sarebbe stato bello conoscere il parere degli esseni, che lo scelsero. Ma è la stessa impressione che si ha al mare, a Cesarea, e in Galilea.

Salire su un monte è allungare la mano verso il cielo. Qui è il contrario, sotto il livello del mare. Sembra che il cielo l'abbia riempita chinandosi pietoso. Un miraggio? Il deserto è esperto di trucchi. Eppure per l'inconscio è solo uno specchio, e i miraggi sa leggerli. Ed è giusto, perché parlano comunque di noi. Così il simbolo del cielo rimane, ed è ci che ci interessa. Rimane ciò al di là del quale c'è "solo" altro cielo: il riassunto di tutte le nostre speranze. Quando vi alziamo gli occhi stiamo meglio. E più è sereno più siamo felici. E' poco, ma esiste anche una felicità delle piccole cose, che esiste forse perché rimanda per segno alle grandi felicità.

Cos'è una città? E' la decisione di stare assieme. Questo fu Gerico. E un monastero, anche quello degli esseni, è una micro-città. Ha i lavori specializzati, caratteristica dei cittadini. E' bello stare assieme. L'uomo è sempre stato affascinato dal verso di questo salmo. Lo reciterà in una situazione che lo metterà in bilico colla ragione, tra qualche giorno.

Però questo è il senso delle città: è bello stare assieme. Avere dei vicini, fare amicizia, andare in piazza a passeggiare, nelle vie a fare compere, magari in compagnia. Almeno, una volta era così, prima del razionalismo, penso. Gli architetti parlano di distacco delle case del razionalismo dall'ambiente. E' che non hanno più parametri umani. Perché non importano più. In una via medievale la vista è sulla cattedrale, o su un edificio importante. Prima ancora, coi greci e coi romani, c'erano le erme o statue ai crocicchi. Nel Settecento e nell'Ottocento le grandi prospettive. Ora, più nulla. Dalla finestra si vede un'altra finestra, anche se ci si affaccia. Per la prima volta nella storia la casa aliena i suoi abitanti. Il senso è stravolto. E così la nostra vita. E il vivere assieme diventa pericoloso.

Il nulla delle vie, delle non-strade, delle non-piazze, è la conferma per l'uomo che il nichilismo attenti alla salute mentale umana. Ma forse proseguiamo la vita così, cercando conferme delle proprie idee, scartando le altre. D'altronde, è necessario costruire il proprio sistema. E i mattoni sono appunto queste idee. Alla ricerca di uno sfrenato idealismo, per l'uomo. Perché?

Perché l'orrore della materia?

Forse per le troppe sofferenze, che danno stimolo a una ricerca per l'opposto del luogo delle lacrime e del sangue?

"Salutare"

L'uomo sente l'idealismo come salutare. Lesse avidamente Platone, Ermete Trismegisto, Plotino. E, naturalmente, si innamorò del Rinascimento. Poi, i romantici ecc.

Ma non è necessario descrivere tutta la storia della sua ricerca; fu però lo spina dorsale della sua ritrovata salute, l'eco del ritrovato equilibrio, perché prendeva dalla filosofia le applicazioni per la vita.

La ricerca.

Come la ricerca della felicità studiando le scuole alessandrine. Però, è questo che va sottolineato, in solitudine. Crebbe nel deserto.

Ma anche Adone nacque nel deserto, e il mito insegna sempre: io ci sono, sembra gridare, e attende Venere. Di deserto in deserto. Da quello morale a quello fisico. L'eremita ha però la lampada, nella carta dei tarocchi.

Un simbolo, dunque, e importante. Certo, nessuno dei ventidue crede nei cartomanti. Però c'è il fascino di queste carte, nate in ambito cristiano, perché la carta della morte non è una fine, ma indica un cambiamento. O forse sono simboli più antichi, poi cristianizzati.

Comunque il problema della magia rimane. Perché? L'uomo l'aveva conosciuta in momenti di forti turbamenti mentali. E così l'aveva sempre considerata. Frutto di una visione depressa, quindi pessimistica del mondo. Il mondo non è meglio così com'è? Almeno così pensava allora; due anni dopo avrebbe conosciuto i maghi rinascimentali, e si rese conto che il suo delirio non era poi molto dissimile dal loro.

Ritornando al passato, temeva la teurgia, cioè la possibilità di influire sulle cose divine con mezzi. Pensava che Dio si faceva trovare comunque. Ma la scoperta delle ricerche magiche rinascimentali gli spalancheranno abissi. In quali universi era stato? Cos'ha scoperto, mentre lo dicevano alterato? Di età in età si varia, fino al pensiero unico, attuale, che tende a schiacciare: se non sei così, sei pazzo. O almeno, così si inventa l'uomo.
"Sto pensando all'antipsichiatria"
"Cos'è?"
"Uno sta male perché sensibile ai mali della società. La famiglia lo porta dallo psichiatra, che si incarica di farlo impazzire"
"Ho capito. Ma perché ci pensi? Siamo in vacanza, goditela"
"Beh, non è che andiamo avanti a donne e champagne"
"Non fare la piaga, non è il caso."
"Sì, è vero, però.."

"Però cosa? A casa non eri certo uno scopatore folle"
"Mi arrendo"

L'intenso sole del deserto inizia a bruciare i volti. Quella del deserto è comunque un'esperienza che tende a lasciare il segno, a penetrare dentro con forza.
"La follia può essere accidentale?"
"Cosa vai farneticando?"
"Che la follia è un accidente, non una sostanza"
"Ah, il discorso di prima. Dove vuoi giungere?".

Atea li sente parlare, e non si ferma più.
"Questi due mi sembrano davvero matti! Sempre a parlare di che, sì, in fondo... Però, proprio qui a Qumran. Che sia l'ambiente?"
Poi si blocca. Si ricorda di aver udito dalla guida che Gesù fu accusato di follia, come risulta dai Vangeli. Una volta dai suoi:"E' fuori di sé", un'altra dai farisei:"E' pazzo"

"La follia, che enorme tema!"
"Eppure è così distorta, l'idea che si ha della pazzia"
"Sì, la si vede spesso come il serbatoio di ogni perversione"
"Facendo confusione"
"Si torna all'antipsichiatria. E' la società che è confusa. Ma ci sono diverse società"
"Che intendi dire?"
"C'è la nostra, c'è un tipo di quella musulmana dove i pazzi, dicono, sono sacri ad Allah"

La verità è che l'uomo l'ha provata. Cercano, i due, di essere cauti parlandone; la verità può sempre emergere con forza, come un vulcano. Covare, covare sotto la cenere, per poi esplodere. Ma può distruggere. La prudenza, quindi, è necessaria.

"Quest'argomento comincia a turbarmi"
"Non so neanche perché ne abbiamo incominciato a parlare"
"Forse una conseguenza del deserto, come la pazzia può esserlo della solitudine."
"Poi si deve considerare che è il luogo delle tentazioni, come si diceva"
"E delle visioni e dei miraggi"
"Adesso però faremo bene a raggiungere gli altri"
"Sì, ce ne stiamo allontanando"
"In tutti i sensi"
"Ma le tue letture, le tue famose letture, cosa dicono?"
"Nel Faust di Goethe l'idealista tende al delirio, nella notte di Valpurga. Ma soprattutto il Rinascimento, con l'Orlando Furioso, la follia del Tasso, l'Elogio della Follia di Erasmo, fino ad Amleto e a don Chisciotte"
"Non è una delle epoche che hai studiato di più?"
"Rischiando l'immedesimazione"
"E' pericoloso. Sono epoche lontane. Ma già, tu predichi una realtà di carta"
"Concludere un dialogo sulla pazzia constatando le strutture portanti dell'altrui sistema può sembrare offensivo"
"Offeso?"
"Casomai depresso"
"Non farla grossa"
"Dici?"
"Un sistema non può incrinarsi per così poco"
"Soprattutto perché quando stavo male non riuscivo a leggere"
"Un punto a favore delle tue teorie"

Atea era tornata a sentirli parlare.

"Che pedante!"

Avvicinandosi, ma non osa dirglielo in faccia. Sa di essere in ambiente ostile. Ma non ne può più, eppure deve avvicinarsi. Attrazione - repulsione, si dice. Spaventata si rinfranca, e si allontana.

"La follia mi annulla"

"Ma guarda che il tuo sistema continua ad essere interessante"

"Dici?"

"Sì!"

Sta venendo il tempo di rientrare. Si scorge il Mar Morto in lontananza. Luoghi densi del peso della sorpresa. Un peso che è proporzionale alla felicità.

Il sale. Che dà condimento e che pietrifica. E' impossibile non pensare a Sodoma e Gomorra. Sembra veramente tutto bruciato da un fuoco celeste. Non c'è un filo d'erba. Non un animale, di qualsiasi tipo. Niente. Tranne il sale. E acqua. L'acqua è veramente incredibile. L'unica cosa che è presente, che riesce comunque ad essere presente. L'acqua dal cielo, se piove: dalle sorgenti, quindi da sottoterra; dalla terra, in superficie, da altri fiumi. L'acqua riguarda quindi gli inferi i superi e la terra. Il tutto. Almeno nel simbolico, cioè nell'inconscio.

"E il sale? Perché riesce a livellare così tutto, se è in abbondanza?"

"Diventa pericoloso raccomandare il sale in zucca; se troppo..."

Ma le battute non riescono a rompere l'incanto dell'incredibile paesaggio. Si pensa alla moglie di Lot, tramutata in statua di sale. Il voltarsi indietro, come fece lei. Pericolosissimo. Fantasmi mostruosi possono uscire dal passato, anche se forse c'è qualche ricordo piacevole. Attenti a non volere rimpianti. Così si guadagnano i rimorsi. Il passato non deve tornare. Anche se a volte si fa qualcosa come per modificarlo in meglio. O per preservarne il meglio. E' che guardiamo verso il futuro.

Ora, ci si dirige verso il Mar Morto. Per fare il bagno. Pare sia molto salutare. Il sale: apportatore di salute alla pelle. Non solo: è l'assieme degli elementi del luogo. Chiamati però sempre i Sali del Mar Morto. La grande purificazione del sale!, anche nel battesimo, per questo.

Da lontano appare come un enorme catino rovinato e sfondato. Ma questo paragone minimalista non rende l'idea della grande maestà del luogo.

I nostri si avvicinano entusiasti. Il pullman è parcheggiato in alto, poiché occorre scendere ancora a piedi. A metà della discesa c'è un capanno per cambiarsi. Fatto. Si scende fino alla riva. Occorrono grandi precauzioni. Il sale brucia come un'ustione. Guai a bagnarsi gli occhi, o a berla. Il fango è nerissimo, e i due romeni se lo tirano addosso. Arriva l'incredibile esperienza di sedersi e sdraiarsi sull'acqua. Immobili e fermi, eppure si galleggia. Il principio di Archimede qui gode di una forza insospettabile. Duole che questo miracolo si stia esaurendo. A furia di attingere acqua dal lago di Tiberiade e dal Giordano.

E pensare che, in fondo, il Mar Morto è il contrario di un'oasi. Eppure, ha lo stesso qualcosa di miracoloso. E poi, la morte che rigenera la pelle. C'è una lezione, anche se è un ossimoro.

Ma Atea è nei guai con se stessa:
"Come ho fatto a farmi trascinare?"
Eh sì, nemmeno il Mar Morto la consola. E' un posto in cui un ateo dovrebbe sentirsi realizzato. E' un po' la metafora del nulla. Ma qualcosa traspare lo stesso, come s'è visto. Forse per questo. Forse per questo sta male, per un po' di vita che traspare dal nulla.

Gli altri se la godono .L'uomo si diverte a galleggiare a pancia in su. Entrando era arrivato con ampie falcate. Un bagnino continuava a parlargli in ebraico, però l'uomo non capiva. Probabilmente voleva metterlo in guardia dai pericoli; se fosse caduto avrebbe bevuto, e non parliamo degli occhi... Ora non ci pensa, ma gli tornerà in mente.

Le risate si sprecano. Miracolo del mare. Automaticamente l'umore si alza. La felicità tanto cercata, a volte viene trovata subito nelle piccole cose.
Il cielo è nei nostri. Non c'è neanche bisogno di guardarlo. Lo si sente, ed è tutto.

Come si può essere felici in un buco che ricorda il nulla? Che ispirò la distruzione di Sodoma e Gomorra? Forse l'abbandonarsi alla fiducia? Un sentirsi nelle mani di Dio che sorreggono? In fondo, gli ebrei portano la kippah in testa, per sentire la mano di Dio sul capo, appunto. Quindi, perché le acque del Mar Morto non potrebbero essere come le braccia di Dio che sorreggono così bene? I nostri possono così lasciarsi andare, felici perché fiduciosi. Nel dubbio, che è come far crescere il nulla dentro di sé, le acque salate sorreggono, perché Dio ama significare attraverso la natura.

Ma ora c'è posto solo per il riso; il luogo verrà dopo. Come sappiamo bene essere bambini! Essere così ricchi di niente. Semplicemente essere. Forse l'unica semplicità possibile.

Il fondo del mare cede continuamente al passo. Si cammina sprofondando. Quale metafora! E' sempre così, anche se non ce ne accorgiamo. Ma camminando si sprofonda. L'importante è che ci sia comunque la possibilità di rimanere in piedi. Il pericolo è il cadere. Certo, ci si può sempre rialzare, ma a quale prezzo? Qui, di tremende scottature. Il mondo non perdona le cadute. E' compito, forse esclusivo, delle religioni, rialzare chi è caduto. Quindi, di un altro mondo, non di questo. Ma noi viviamo qui. Per questo occorre prudenza, e non meraviglia che fosse ritenuta addirittura uno dei sette doni dello spirito santo. Ma non basta. E' inevitabile cadere. E dunque? Patientia prima virtus. La pazienza è la prima delle virtù, recita l'adagio. Anche queste tremende scottature passeranno, se si cade.

Il paesaggio sarebbe lunare se la luna avesse l'acqua. Ma è l'ora del rientro. Sono trascorse due ore, e si deve ripartire. Si va alle docce, e occorre molta acqua per togliere il sale. Poi ci si riveste, con quell'ineffabile senso di benessere sulla pelle. Storie di altri mondi, che però abitano sul nostro pianeta.

Qual è il programma prima di rientrare in albergo a Gerico? Vedere Gerusalemme da lontano. I cuori si scaldano. Gerusalemme, Gerusalemme, come non commuoversi alla tua vista? Solo tu conosci i nostro segreti. Centro di invocazione, lavacro delle scorie del proprio personale passato. Tu sei preghiera fatta pietra. Una preghiera incessante che sale al cielo e da esso ridiscende continuamente. Come sei bella, come a te si possono paragonare le bellezze. Tutto in te porta in alto. Scala che porti al dovuto traguardo. Tu meta, tu fine, tu la città ultima, dove si specchia la terra, dove si specchia il cielo.

Tu ultimo canto, levato da tutte le nostre voci, quando, la sera, si fondono confuse nella notte del riposo. Tu, sole del risveglio, tu che sei il prototipo dello sperato paradiso. Tu rifugio del povero, che in te spera di riavere i suoi sogni rubati.

Tu fortissimo simbolo, e pur povera. Le tue stradine sono fatte dei sogni di chi ci ha preceduto: in vita sogni di pietra, dopo le note vere cause. Non t'avevamo mai vista, eppure ora ti riconosciamo, e ti sentiamo, perché qualcosa in noi sa, e ce lo rivela. Rivelaci quanto ci serve!

Per questo siamo giunti da tanto lontano, da oltremare. Noi, eroi e vili, forti e deboli, vergini e puttane, ti chiediamo di accoglierci, tanto siamo stanchi del nostro fatale andare.

E ora che ti abbiamo vista, non ti dimenticheremo più.

Scendono le tenebre, e Gerusalemme si accendono le prime luci. E' tempo di tornare. A domani! A domani l'ascesa!

Si ritorna a Gerico. Il verde scompare gradatamente, fino a ridursi a qualche cespuglio.

Posti di blocco, prima israeliani, poi palestinesi.

E si arriva.

Il buio è completo attorno al grande albergo, veramente una cattedrale nel deserto. E' un cinque stelle, solo un po' cupo.

A lavarsi, prima di cena.

C'è bagno e doccia. L'uomo sceglie il bagno. Gli piace rilassarsi nell'acqua calda, sentendola intiepidirsi man mano. La radio gli trasmette le notizie. Il bagno è un piacere: l'acqua non solo pulisce, ma rilassa anche. La pulizia così ridà bellezza e splendore.

Giacca e cravatta: vuole fare un'ottima figura.

Aspettando Alessandro ascolta la CNN. Da Gaza hanno sparato dei missili su Sderot, in Israele. Un morto e quattro feriti. Immediata la reazione israeliana: quattro morti palestinesi. Qui tutto sembra calmo, ma al sud è guerra aperta. L'uomo è turbato. Il sangue lo prostra.

Alessandro sembra freddo, quando viene informato, ma si vede che sta accumulando tensione.

Però il richiamo dello stomaco vince su tutto. Occorre mangiare. Verità basilare e immediata. Quindi vincente. Non resta che avviarsi verso l'ascensore.

La scala è lussuosa, ma il servizio ha qualcosa della semplicità. Si ha l'impressione di essere sospesi nel nulla, ed è così, perché attorno è quasi sempre il deserto. E' una situazione limite.

La cena è self-service. I camerieri si occupano di portare le posate. Tra i cibi stanno in piedi i cuochi. All'uomo viene da parlare delle notizie atroci provenienti dal sud. Un cuoco sembra preso dal panico, abbandona tutto e fugge. Gli altri non fanno una piega, e tutto continua come prima. La notizia fa comunque il giro dei ventidue. Ma che si può dire? Se non, ascolta e medita? Si vive comunque in bilico. Ci si chiede se la calma di qui attorno non sia irreale.

Viene in mente la vista di Gerusalemme da lontano. Un'impressione consolatrice.

Tra un boccone e l'altro.

Lo stomaco elabora il cibo. La mente la giornata. Ma è sera, il momento di concludere. Tra poco, a causa della stanchezza, dopo un breve intervallo, ci sarà l'ormai desiderato momento del riposo. Manca il sesso. L'uomo, pensandoci, allungherà la mano verso il sonnifero. Funzionerà. Ma cancellare il problema non vuol dire risolverlo.

Ma torniamo al presente, quando l'uomo entra in sala da pranzo, incontra Dono che gli dice:
"Sei bellissimo"
Quest'esclamazione per l'uomo è una scarica d'energia nelle viscere. Da aver la foto della scena. Ma provvederà la memoria. E' bello avere qualcuno che ti accende come la luce. Avere abbondanza di vita è, in fondo, questo. L'uomo si siede come su una nuvola. Cosa impedisce lo sviluppo in un bacio? Dono è felicemente sposata e rigorosamente monogama, come dirà poi. Ma per l'uomo lei è un toccasana.
Quanti segreti si celano sotto un saluto. Che non sapremo. Ma non importa. Meglio assaporarli. Piaceri piccoli, ma che, come spesso succede, fanno scattare una certa felicità. In che mondo vive l'uomo, se in questo, o se si sia perduto, non è argomento da discutersi, perché è meglio assaporare la sua gioia. Anche le relazioni platoniche hanno un feeling. Sempre in bilico sul corpo. La diga del "non

si può". E l'acqua, poca, che esce dalla diga è quell'amicizia da cena. E c'è da far attenzione alla diga, è vero, può rompersi.

E se la differenza tra l'amore e l'amicizia fosse il sesso? Almeno da coscienti. Ne seguirebbe tutto il resto.
Soli in mezzo al deserto.

Con qualche amico di contorno.

Eppure no. E' un deserto su cui hanno puntato le televisioni di tutto il mondo. E' il luogo più famoso della terra, quel deserto. Ci si sente inevitabilmente i riflettori addosso. Così anche l'ultimo che là si rechi diventa inevitabilmente un primo attore.
Poi scattano le parole:
"Come vedi questo odio fra israeliani e palestinesi?"
"Che intendi dire, hai un'idea?"
"Sì, è come se fosse alimentato dall'esterno"
"Quindi?"
"Quindi si sente dire: il conflitto è irrisolvibile. Si sente dire dei pregiudizi Eppure mi sembrano interessati."
"Chi c'è dietro, allora? Mi sembra di intuire dalle tue parole…"
"Il totalitarismo se n'è sempre alimentato"
"Ma è crollato"
"Ne rimangono dei resti"
"E credi che influenzino ancora qui?"

Così si snodano i discorsi attorni ai tavoli. Sempre, però, disturba Alessandro l'idea della scrittura come realtà:

"Scusa se ti distolgo dalla politica; ma, anche parlandone con altri, non troviamo accettabile il tuo basare la realtà su quella scritta."

"Perché no? Il luogo stesso lo ispira. Pensaci: il nome di Dio può essere scritto ma non letto, né pronunciato, né detto, in ebraico"

"Quindi?"

"Quindi la realtà più reale è quella scritta"

Alessandro rimane silenzioso. Non sa cosa rispondere, poi sorride e passa ad argomenti leggeri. Ogni tanto c'è una barzelletta, come:

"Lo sai che i ragni sono musulmani?"

"No. Perché?"

"Per le moschee"

Al di là della luce artificiale della sala d'albergo, c'è la notte del deserto, come dire un deserto al quadrato. Se il deserto è immateriale, rendendo tutto, o quasi, un miraggio, la notte, cancellando tutto, rende il buio come uno specchio, che spinge doppiamente a specchiarsi. E non c'è speranza che un fulmine rischiari la notte: Quanto invocata la sferza di luce! Ma tutto tace, nel buio. E il buio è silenzio al quadrato. Il buio ha l'abilità di nascondere le cose. La luce improvvisa di rivelarla per un attimo: è questo il fulmine notturno. Una luce spettrale, e troppo intensa. Eppure si parla di fulmine della creazione. Ce la immaginiamo così? Un fulmine nel buio di un deserto? E' così che ci immaginiamo anche il big bang? Un lampo nel nascosto più nascosto? Il caos come assenza di luce? Siamo qui, a fissare questo buio totale, come volesse dir qualcosa.

Il primo a scuotersi è Lepricaun. Ma quanta seriosità nei miei compagni di viaggio, si dice. Bisogna buttarla via, buttarla lì, e basta. Ma non ci crede. E' perplesso anche lui di fronte al gran mistero del deserto. Il non volersene tirare fuori è durato un attimo. Non si può lottare troppo con il sovrastante. Poi, è affascinante lasciarsi vincere dai misteri.

Le differenze tra un sogno e un mistero è molto sottile. Anzi, invisibile.

Isolati, in mezzo al deserto, in un ambiente ostile. L'uomo guarda dalla finestra, e tutto gli sembra una metafora della vita. Si è comunque soli, tranne illusioni. Il deserto lo accompagna, attorno. E si sente spesso l'ostilità vicina. Sono i tre punti basilari dell'esilio. E l'uomo avverte il mondo come un esilio.
Poi si scuote, mangia un boccone e incrocia lo sguardo di Dono. Lei nel mondo ci sguazza. E' un misto di felicità e di serenità. E' riuscita a inserirsi. Ha avuto fortuna. Che so? L'uomo si ferma. Perché loro due si attirano?
Aspetto fisico simile, carattere simile, vita opposta: una rete per cui tutto si incastra bene. O meglio, si sarebbe incastrato bene, se si fossero conosciuti prima del suo matrimonio così monogamico.
Le similitudini che attirano le vite opposte che si affascinano l'uno con l'altra. Uno, la profondità della tragedia. L'altra, il possesso del segreto del cielo, sereno.

L'Anima cortese si allunga sulla sedia. E' venuto a cercare delle risposte,e qualcuna l'ha trovata. L'ha capito quando ha visto Gerusalemme. Non se ne esce indenni. E domani… Non sa ancora che, a furia di scavare, ha ritrovato se stesso. Ma la coscienza affiora.

Alessandro ritorna alla carica, con l'uomo:
"Ma questo tuo basare tutto sui libri, tutta la realtà, intendo"
"Ebbene?"
"Mi ricordo uno che impazzì per questo: don Chisciotte"
"Sì"
"Inoltre gli inglesi usano l'aggettivo *quixotic*"
"Dunque?"
"Ho paura che tu abbia preso la stessa malattia"
"Ma per emettere il tuo giudizio ti sei comunque dovuto basare su uno scritto: il don Chisciotte di Cervantes. Vedi che la realtà è comunque di carta?"
Alessandro comincia a credere di avere di fronte a sé un don Chisciotte. Ma al sorriso che segue l'ultima domanda dell'uomo lo disarma un po'. Si chiede se non abbia abbastanza ironia, l'uomo.

La guida mangia in disparte.
E' solo, ma gode della sua solitudine. Ha lo spirito dell'eremita, anche in mezzo alla gente. E' come chiudere gli occhi. Automaticamente ci rinchiudiamo in quella nostra casa che è il corpo. Naturalmente lo si può fare solo per un attimo. Altrimenti è ostentazione. Come il mangiar solo, parrebbe, se non fosse chiara sul viso della guida la meditazione continua. Contempla continuamente, senza apparenti ostacoli. Il cibo è sommamente parco. Due pagnotte e un po' di formaggio leggero, due foglie di insalata, con acqua. La guida è veramente nel deserto, mentre gli altri dei ventidue sono come a un'oasi. Che sia anche questo un

modo di pregare, o almeno di manifestare esteriormente una preghiera?

Spesso, dopo le messe, si ritirava da solo nei luoghi più suoi, e sembrava cadere in estasi. Pareva alla ricerca della visione angelica già qui. Muoveva appena le labbra, come alla ricerca di misteriose parole. Disturbarlo in quei momenti era fargli discendere numerose sfere. La sua voce da quasi trasparente si faceva tremante, al contrario del piglio burbero che aveva sulle spiegazioni, tanto da rispondere bruscamente alla richiesta di ripetizioni, guadagnandosi l'appellativo di "sanguigno". Ma sarebbe stato chiaro che le difficoltà di quella terra avrebbero indurito chiunque.

Un particolare inquietante: l'assicurazione non copre le malattie mentali: chiaro indice di eccessivi problemi. Dateci fiducia, sembrava dire la guida. Date un po' di fiducia a chi tenta di portarvi la speranza. Che tenta di catturare il cielo per voi. Ora dà veramente quest'impressione. Tutto raccolto in sé e tuttavia aperto.

Dono ed Energia si ritirano nelle loro camere, terminata la cena. L'uomo e Alessandro si dirigono verso gli ascensori. Attorno l'atmosfera è variopinta.

"Ad maiorem Dei gloriam" . A maggior gloria di Dio. La guida sembra ora incarnare questo detto.

Intanto Alessandro e l'uomo scendono nelle viscere dell'albergo. C'è questo nelle cattedrali nel deserto, che i loro anfratti sono cupi.

Voragini di tenebra accompagnano l'affacciarsi all'esterno. All'interno, che subito si rientra, si sono radunate delle ragazze americane. Sono sdraiate per terra, in quei grandi stanzoni al pianterreno d'uso misterioso, e sembrano dormire. Dormire, che gesto abituale. Eppure lì non sembrava, tanto tutto è innaturale. Il luogo, la posizione, lo stare sdraiate in terra, senza coperte. Ma forse questa è sempre stata la caratteristica dell'oasi. Sì, l'accampamento, o meglio il suo senso, e il gettarsi a terra per la fatica. E' vero che a volte basta proprio un riparo. Un riparo, e un'ombra. Il binomio del riposo, misteriosamente necessario.

Le ombre inseguono gli stanchi. E' ora di ritirarsi nella solitudine completa del sonno. Ci si dirige verso gli ascensori. I ventidue si muovono in ordine sparso. Chi è rimasto seduto nella hall deve solo alzarsi per qualche minuto, per un passaggio dalla stasi alla stasi. Chi è andato passeggiando, come l'uomo e Alessandro, si ferma per la prima volta di fronte all'ascensore: potere dell'attesa. L'attesa è sempre fatica. E se ci muoviamo aspettando, siamo fermi rispetto a ciò che aspettiamo. E' la piena pausa. La seconda sarà l'attesa del sonno, nel letto. Quando incomincerà il ponte colorato del dormiveglia.

Arrivano gli ascensori. Si sale nella luce innaturale moltiplicata dagli specchi. Veramente sembra volere riflettere solo se stessa, a dispetto delle persone presenti. Poi qualcosa si incrina: è l'arresto. Il lieve bloccarsi dello stomaco, e si può uscire. Ad una luce non innaturale sebbene ancora artificiale. Il grande albergo di lusso è il convitato di pietra di Gerico. L'acqua delle piscine dorme silenziosa nella notte.

Il momento di ritirarsi in se stessi è sempre e inevitabilmente preceduto da riti. L'uomo si accosta silenzioso al letto. Teme il buio. Quali ancestrali timori evoca il buio?

Quali abissi scava nell'inconscio preistorico? Tutto poi vorrebbe tacere, quando squilla il telefono. E' la madre dell'uomo. Non ha tenuto conto che in Israele e Palestina l'orologio è avanti di un'ora. Ha creduto che fossero le dieci e trenta. Invece sono le undici e trenta..
"Siete già a letto? "
"Sì, sai, la vita notturna di Gerico"
Ecco, Gerico, appunto. Questa misteriosa città così antica da far girare la testa. Abbattuta dal fragore di trombe. Alcuni archeologi spiegano che il fragore delle trombe era stato in realtà un segnale di attacco, a cui seguì l'urlo dei soldati e l'attacco. E si salvò solo la prostituta Raab. Ecco quello che accadeva nella vita notturna di Gerico migliaia di anni fa. Impossibile però immaginarsi Raab. Certo che divenne importante. Per san Paolo e san Giacomo è la Chiesa. Dante la mette in paradiso come punto conclusivo dell'ombra dell'umanità.

Betania! Quelle grotte, quelle sepolture racchiudono tutta la speranza dei pellegrini. Che Il Cristo li risusciti come ha fatto con Lazzaro. "Vieni fuori" Poter sentire queste parole!
"Come t'immagini la morte?"
"Andare in un altro mondo"
"Ma se ti addormenti…"
"Vieni fuori"
"Già, il messia dirà di uscire dal sonno".
Il buco di Lazzaro appare distante, in basso. Lascia trapelare l'oscurità.
"Vieni fuori dal buio" sussurra l'uomo.
Forse ogni paura del buio è paura della morte, perché paura di perdere le cose inghiottite dall'indifferenziato.
Il sole è abbagliante.

"Questa terra trabocca di luce"

"Come?"

"Pensavo a voce alta"

"Sono i luoghi così. Non ti biasimo, né mi meraviglio"

"Qui Gesù aveva i suoi amici"

"Cosa t'ha colpito di più?

"Il fatto che abbia pianto Lazzaro prima di resuscitarlo: la morte è quindi sempre da piangere. Ha un qualcosa in sé che è così"

"Dunque..."

"La parola più forte della morte"

"Le tue teorie che ritornano"

"Qui c'è qualcosa che va al di sopra di tutto, di fronte alla vita che ritorna su ordine del messia"

"Che vuoi dire?"

"E' una parola così alta che non so se... Mi sembra presunzione"

"E se, per campare, occorresse un po' di presunzione?"

"Dirlo qui è da cinici"

"Ma Lazzaro, da morto, è stato da qualche parte? L'avrà raccontato? "

"Paura?"

"Sì, dell'abisso"

"Poi saresti resuscitato comunque"

"Così dicono i Testimoni di Geova"

"Anche i cattolici, un po': addormentati nella speranza della resurrezione"

"Dipende dai sogni che fai"

"Inoltre, il dormire è garanzia di risveglio"

Il sole a picco fa risaltare il buio della grotta: dovette essere così anche allora. Dentro il buio, fuori, la luce abbagliante; e la voce del messia, più chiara di tutta quella luce.

"I morti risorgono"

Mandò a dire il messia a Giovanni che gli chiedeva se egli fosse il messia. La malattie sanate, ai poveri è predicata la buona novella, e i morti resuscitano.

"I malati, i poveri, i morti"

"Morti lo saremo tutti"

"E la maggior parte è anche malata, o povera, o tutt'e due"

"La fine della povertà, della malattia, e della morte"

"Non per niente l'avvento messianico"

"Allora sarà così"

"Un problema religioso è se lo è già stato"

"Con Gesù. Se il regno messianico è legato alla sua persona, sì. C'era, guariva e resuscitava malattia e morte. Ritornerà, per sempre, e allora…"

"Mi ripeti il catechismo. Ma è davvero così semplice?

"E' come quando vide la gente affamata. Moltiplicò i pani e i pesci"

"Certo che ci vogliono delle idee straordinarie per continuare a sperare"

"Ti riferisci allo straordinario di questi episodi?"

"Sì. Senti che sono il Verbo. C'è in loro qualcosa che sconvolge i sensi"

"Forse è anche il fascino del luogo"

"Sì, ma non basterebbe; infatti non tutti ne sono ispirati."

"Alessandro, ti vedo mistico"

"Tu no? Non senti altrettanto misticismo?"

"Qui sì. Ma siamo in vacanza"

"Temi che al ritorno aspettino dei demoni?"

"Il benefico effetto dovrebbe durare a lungo"

"Non abbiamo visto solo oro. Anche dell'orrore. Come il muro, la disperazione, le armi"
Il muro. Ogni muro è una bestemmia. Perché divide ed emargina. Fa sempre sognare che al di là ci sia qualcosa d'altro.
"Non sarebbe meglio fare i due stati, con Gerusalemme est palestinese?"
"C'è sempre il problema dell'estremismo"

Perché Gerusalemme commuove? Che sia perché è un'immagine dell' al di là? La Gerusalemme celeste si fa ricordare anche così. Del resto, si dice sempre: salire a Gerusalemme. Per Gerusalemme non si può che salire. Più in alto, sempre più in alto. Così si vorrebbe salire.
Il pullman parte per Gerusalemme. Ormai si è fatta l'abitudine ai posti di blocco. Poi, il deserto. Fino a che non si trovano dei cespugli, prima radi, poi sempre più fitti. Qualche pastore pascola qualche pecora. Poi la routine finisce. Appare Gerusalemme. Il pullman si inerpica per stradine, poi arriva in un parcheggio coperto. Gerusalemme Est. Per le strade le donne sono tutte con lo chador, lo sguardo perso in altri universi. Perso. Secondo i punti di vista. Punti di vista a volte condizionati da pregiudizi. Che ne sappiamo di loro? E' questo. Siamo qui, in mezzo a loro, e rimangono completamente incomprensibili. Perché lo sguardo perso? Perché sembrano assenti? Impressioni, che come tali lasciano il tempo che trovano. Gli uomini, invece, non staccano gli occhi dalle donne occidentali. Dono, Energia e le altre sono oggetto di commenti indecifrabili. Nessuno capisce l'arabo, e forse è un bene. L'oro dei capelli di Dono è una banalità per noi, un'esplosione per loro. Così gli occhi di Energia. E i corpi, fasciati in jeans, ah, i cor-

pi... Eppure tutt'attorno c'è pace. Non si vede un gesto ostile, solo occhi pieni di sogni.

Dopo un po' si arriva alla basilica della natività. All'ingresso una guardia ferma il gruppo dei ventidue. Hanno un'autorità e ci tengono a mostrarla, dice la guida. Ma non è solo per questo. In passato la basilica fu presa d'assalto. Un gruppo di palestinesi occupò la chiesa, con diversi ostaggi. Furono circondati dall'esercito israeliano. Quale cloaca sia diventata in quel momento la basilica è facile immaginarlo. In Terra Santa le chiese diventano minuscole, mentre il tragico si ingigantisce. E il quotidiano arriva a destabilizzare tutto. Come sempre. Sembra ripetersi uguale. Dando le abitudini, sembra livellare tutto. Sembra la realtà: sotto sotto qualcosa ribolle. Il quotidiano ha qualcosa di sotterraneo, che può esplodere, come un vulcano che dorma sottoterra. Il sotterraneo è inevitabilmente qualcosa di incandescente. Il buio e il fuoco dei nostri antenati. Avevano certamente ragione. Come per il mondo capovolto di Dante, opposto alle gerarchie celesti. Confusione del bene e del male, forse per questo. Ma tornando alle sfere inferiori, al sotterraneo, si ha l'idea di caverne e, a volte, di un calore negativo. Un calore che fa male. Di solito il calore viene associato al tepore, ma c'è un calore che può avere il risvolto negativo, il lato usurato della moneta, quello sbagliato. Il lato negativo delle cose. Il *farmacon* che è medicina ma che significa anche veleno. L'effetto collaterale. La realtà è come un circo, viene in mente a Lepricaun. Come il trapezista che rischia il salto mortale, come il funambolo che rischia. E si applaude. Poi si scuote dal suo pessimismo, che è stato un volo si solitudine. Eppure è vero che ha qualcosa di bello. Affanna, e dietro l'incanto si sente un senso inafferrabile. Quanti sogni fuggiti!

E' sicuro che Dio avverte sempre, anche se in maniera che a volte non vogliamo vedere. L'uomo si culla in questo pensiero, andando a ritroso nell'attesa del viaggio. Quante volte ha avuto sensazioni interne che lo avvertivano. Sesto senso, dicono. Che però ha avuto nell'uomo accenti religiosi. Ben nascosti, tranne che con alcune persone fidate. Il problema è sempre il contatto con la realtà. Fino a che punto non aveva ragione Alessandro, e lui non era perduto tra le nuvole? E Alessandro lo diceva in maniera benevola. Ma altri erano disposti a fare altrettanto?

Eppure si sentiva assistito, come se Dio fosse proprio dietro l'angolo. Sempre. Più si sentiva a proprio agio, più avvertiva la sintonia divina. Come un vibrare d'una corda per simpatia con un'altra corda. E' infatti così che uno strumento funziona. E a volte davvero sembra esserci un solo immenso cuore per tutto il bene. Che però sembra spesso tanto nascosto.

E' quasi impossibile venire in questa terra e non amare israeliani e palestinesi. E soffrono per la loro mancanza di pace. Da lontano e diverso, si può finire ad amare più la fazione politica che sostiene un'opinione in proposito. L'uomo se ne ricorda. Vide dei relatori palestinesi moderare chi li introduceva all'odio.

L'odio ha tanti modi per manifestarsi, e uno è questo. Odiare l'israeliano perché ebreo, o il palestinese perché povero. Accade spesso. E quando ci si trova in mezzo è persino difficile accennare a una posizione diversa di quella data a priori. Ci si trova spesso a farsi odiare. L'odio ha anche questa caratteristica: tende a crescere, a traboccare. Perché spesso genera ira. Comunque, resta l'arroganza di non accettare opinioni altrui a priori, usando una forma di violenza. Qui vim facit dolo malo facit.Chi fa violenza, lo fa con gran dolo. Sì, chi fa violenza usa anche l'inganno, in primo luogo verso se stessi. E si precipita in baratri sconosciuti, perché accecati. Il cieco non sa dove va. Non lo può sapere. E l'ira altera persino i tratti del volto, che è la nostra parte più sacra. Questo, perché l'ira distrugge tutto. E l'odio che la genera è anche arroganza, negando il parere altrui. L'ira è inevitabile, se si cede a questo.

Davanti alla basilica della natività. Il poliziotto acconsente a far entrare i ventidue. La chiesa è quasi buia all'interno, con la navata centrale a quadrati scoperchiati. Per mostrare l'archeologia. Si tiene la destra e ci si mette in coda. Quasi arrivati si deve attendere: un gruppo di ortodosse, probabilmente russe, si è bloccato, e non vuole proseguire. Per loro deve essere un sogno realizzato., talmente forte da cadere in una sorta di rapimento. Tentare di smuoverle sembra difficile. Si attende, dunque. A sinistra, lo splendore dell'iconostasi. Le chiese sono in comproprietà. Questa parte anteriore è degli ortodossi. Così accade, che per troppo amore si è gelosi. E ogni giorno occorre ripetere la cerimonia, altrimenti, pare, lo si perde. Occasione per mostrare il proprio attaccamento ai luoghi più sacri, pur nell'apparente esagerato legalismo. Certo, può scandalizzare, e molti rimangono delusi, e dicono che il sacro non si trova qui, perché non lo si riesce a trovare, tutto sembra così dissacrato. Il proprio amore viene trovato meglio in chiese più nostrane, a cui si è abituati. Qui sembra che ci sia stata troppa distruzione, troppo sangue versato. Come un potere sottile di stanchezza che pervade tutto. Del resto, per il cristiano Dio è comunque più vicino là dove si trova meglio il nostro cuore. Almeno, questo dovrebbe essere il senso della parrocchia, e della diocesi.
Eppure l'uomo qui si commuove di più

L'idea stessa che Dio qui si rivestì di carne, e pianse quel pianto di bambino nato che tutti ci contraddistingue, quando lasciamo il ventre materno; un'idea viva, che si agita per danzare.

Betlehem, la casa del pane: quale destino per chi ha detto: "Ecco il mio corpo", e innumerevoli schiere lo ricevono in forma di pane. Veramente il luogo di nascita fu profetico. Ma come sono i miracoli? Forse solo l'espressione di questa fede? Se lo sta chiedendo l'uomo. Non può parlare, solo contemplare. Il flusso di pensieri lo attraversa, e vive un po' vigile, un po' come in sogno; forse perché siamo veramente svegli solo nel dialogo, o nella lettura, che è poi lo stesso. O in metafore della lettura, come l'ascolto musicale

E' quasi il momento di muoversi. Eppure come lo si vorrebbe, ancora un momento! La bellezza ha qualcosa di forte. E tutto ciò che è forte va bevuto a piccoli sorsi.

Il mistero piace. Poche parole hanno indotto grandi fantasie. Vivere è anche questo. Prendere il largo, farsi cullare dalle acque. Tutto è calmo, senza sentore di tempesta. Perché il mistero ha qualcosa di calmo?

Forse perché suggerisce una possibilità: può esistere l'ombra delle cose, il qualcosa d'altro. E questo rasserena.

I magi venuti dall'oriente. Chiamati magi, alla latina, per evitare (o scongiurare) il significato "maghi". E' giustificata la paura della superstizione? Come degrado mentale, sì. Starne alla larga è indice di salute mentale, e di notevole forza. Quando il simbolo suggerisce, non impone, non c'è pericolo. Quando si capisce che già tutto è stato creato si esclude la megalomania di sentirsi Dio; ma occorre luce.

Luce per vedere chiaramente che si è così piccoli da non avere di rimbalzo il tutto. Anche questa è adorazione.

L'estasi come categoria dell'essere. Frasi che altrove sembrerebbero stonate. Eppure qui, almeno per i nostri pellegrini, hanno un senso. Forse perché i miracoli dipendono dalla fede, quindi anche il vederli. E qui ci sono i momenti della fede. Ma non è generale. C'è chi avverte, avvicinandosi dall'esterno, come una lontananza dal sacro. Giustificando tutto con l' oppressione dei palestinesi, per presentarli come appendiabiti, anche di panni sporchi. Così Atea avverte un'avversione di principio, sente lo specchio della desolazione, e vi trova il proprio volto. Non sarebbe mai voluta entrare. Ma la paura di restare da sola. Da sola? In mezzo ai palestinesi, aveva avuto paura di loro! Se ne vergognò profondamente e arrossì. Ma nella cripta della nascita chiude gli occhi e scivola via, inosservata. Tutti gli altri sono intenti alla contemplazione: Sentono come sa essere piena la vita. Un prete definì l'estasi un'ebbrezza sobria, e così viene ripetuto nelle preghiere cattoliche. L'ossimoro regge? A voi la risposta. Per i nostri ventidue l'esperienza era diversa a seconda della persona, ma tutti avevano in comune quell'attimo indiscusso di felicità.

Dono si inginocchia. Piega la testa in avanti e i capelli le scendono ai lati, impedendo di vedere distintamente il volto, lasciando però intravvedere alcuni tratti, per intuire. Così l'uomo cerca di capire. Ma avviene una consonanza. Come uno strumento musicale che, emettendo una nota, ne faccia risuonare un'altra in un altro strumento. La beatitudine tende a espandersi attorno. Improvvisamente, il tutto. Che sia questo, l'estasi, pensa l'uomo. Dopo Dono, tocca all'uomo. L'emozione grande lo paralizza. Quando si vuole il tutto ne si sente il peso. Ma gli altri aiutano. Ci si mette in coda, e le azioni diventano automatiche. Tocca a lui, ora. Gli si piegano le ginocchia, e rimane a contemplare per un attimo la stella; poi abbassa la testa, fino a toccare il terreno. Quante e quali persone hanno voluto rendere così omaggio: in fondo era una famiglia di poveri E, come a conferma, di fronte il luogo dell'adorazione dei magi. Il loro mistero. Chi erano? Dove sono finiti i loro doni?

E' tempo di muoversi. Quando il movimento è un atto dovuto, fa tornare la sensazione del tempo. E' come se si rimettesse in moto ciò che non si fermò mai. Uscire nel vortice della vita. O almeno, ciò che noi siamo abituati a sentire come vita. Automobili, traffico, chiasso. Ma questo è lontano per ora. Si scende nelle viscere della basilica, nelle grotte. Qui pregò Gerolamo. Vengono in mente i quadri a lui dedicati, che uniscono l'atleta della mente all'asceta. La voce della guida, gora severa, si snoda per il sotterraneo. Il sottoterra: quanto è ricco di suggestioni. Sembra umido, e la luce è bandita. "Alla tua luce vediamo la luce" recita un salmo. Qui si è come abolita la luce del sole, se n'avverte un'altra, interiore, visibile solo alla luce divina. La grotta: perché cercarla, perché volersi sentire chiusi da tutti i lati?

In questa basilica è infatti sempre Natale: Ma non ce se ne accorge. E' un'atmosfera troppo lontana. Ci si renderà conto. Alla messa, che è quella di Natale. Ma sarà celebrata alle grotte dei pastori. Ora la visita. La meditazione è obbligatoriamente finita. Altri incalzano. Non si può tener tutto bloccato, come hanno fatto le precedenti. La spinta nel rientro del tempo.

Eppure, mentre si aspettano gli altri, il pensiero ritorna al Natale. La discesa dell'incarnazione. L'apparizione nella stalla. Questa è forse l'immagine più singolare. Gesù è povero, un proletario. Mentre Maometto era un borghese, un mercante, e il Buddha un aristocratico, il principe Siddharta.

Il Natale dovrebbe dare un senso di liberazione. Qui non è così. Si sente, all'opposto, un senso continuo di oppressione. Il clima, la situazione, i controlli, la povertà, la polvere che entra dappertutto, e ce se ne accorge solo dopo. Paradossalmente, Dio sembra lontano. E' quello che avvertono molti. Vero per un'altra divinità, forse, non per Gesù? Così si dice l'uomo. Ha la sensazione di ripetere i pensieri. E' così a non poter comunicare.

E se ci fosse qualcosa di troppo sacro, nel senso di un fortissimo attaccamento, per ben tre delle religioni mondiali? Di troppo sacro, da volersi combattere, senza tener conto dei nemici esterni, come l'ateismo? Esemplare simbologia del cuore umano?

"Ti posso disturbare?" chiede Alessandro.
"Dimmi" Risponde l'uomo.
"Ho pensato al gattino della sera della manifestazione come a un segno, messianico"
"Ebbene?"
"Non so. Mi sembra fatuo"
"Non devi. Anche Giobbe fu convinto da Dio con l'apparizione di animali"
"Lo puoi tu forse capire?"
"Ti ricordi"
"E ora, la forza del cucciolo"
"Già. Sembra un ossimoro, ma è vero"

"Come l'agnello di Dio"

"C'è chi non s'è nemmeno mosso dalla sua comoda casa: O che almeno crede più comoda di questo viaggio. E' che la casa è, per definizione psicologica, il luogo più comodo."

"Vagano i pensieri?"

"Sì, credo che un viaggio qui sia per tutti"

"L'obiezione naturale è che siamo in pochi"

"Bah, godiamoci Gerusalemme"

L'entusiasmo ha radici difficilmente rintracciabili. Eppure è un bene che ci sia: scalda la vita. I sassi sono banali, eppure sembra che ci debbano essere per sempre: Anima Cortese ha questo fugace pensiero. Poi lo scaccia e si serra nel gruppo: C'è in lui un residuo di amarezza, che raggiunge una punta di lieve cinismo. Voler rimanere coi piedi per terra, che sforzo! Occorre caricarsi di pesantezza, e troncare ogni previsione. Sbeffeggiare gli amici per finire col dover adulare i nemici. Ma per fronteggiare questi pericoli, Anima Cortese ha cercato di prendere il volo, viaggiando in Terrasanta: Pure è rimasta una creta qual abitudine, giustificata forse dal bisogno di non voler volare troppo alto, per non cadere troppo dall'altro.

Ci vuole sempre qualcosa in più. Eppure, anche così, la sensazione di delusione, dopo, attende. Chissà cosa ci si aspetta dal sacro. Occorre la forza di vedere le cose. Non è facile. Eppure si sente che questa terra è santa. Nazareth, Betlemme, Gerusalemme. Occorre saperle vedere. Forse dentro di noi, riflesse. Così, nella memoria: Trasfigurate? E' che almeno in qualche parte del mondo ci si aspetta il sacro. Non vederlo qui è un po' volere il presepio tutto l'anno. E' la realtà che è così, e corrode. Entropia. Almeno, se ci si rifugia nell'idea che la realtà è di carta, come pensa l'uomo riguardo ai libri. Alessandro ogni tanto se lo ripete. La realtà è questo sasso, molto di più di… Eppure la teoria dell'uomo ha il suo fascino, deve ammetterlo. Ma sì, e se avesse ragione? Chi se ne frega del sasso? Non è più importante un libro? Alessandro vorrebbe allungarsi su una sedia, e pensare, come prima di addormentarsi: lasciarsi andare al vagare dei pensieri.

Il muro. Un muro che separa le due Gerusalemme. Occorre attraversarlo. Sembra brutto e stupido. E sembra funzionare, gli attentati sono quasi spariti. Se funziona, non lo toglieranno tanto presto.

Inizia la discussione con Dono.

"Hai sostenuto che i comunisti sono i guerrafondai, qui. Siamo perplessi, in merito. Vorresti spiegarti?""

"Bene. Non sostengono che qui la pace sia impossibile? Inoltre, il torto non può essere tutto da una sola parte, come loro fanno con Israele? Inoltre pochi di loro sono stati qui, e quei pochi hanno avuto contatto con gli estremisti, e basta. Attualmente, qual è stato il maggior nemico di Israele, tra i paesi confinanti? La Siria. E la Siria non è sempre stata legata all'URSS? "

"Ci sono però da ricordare anche gli Hezbollah, a Nord, e Hamas a Gaza, che non si possono definire certo dei comunisti, eppure sono stati tra i più feroci nemici di Israele."

"Dipendono dall'Iran, appoggiato dalla Russia."

"Ma la Russia non è più comunista"

"Il loro leader, Putin, ha fatto carriera nel KGB. E' uno di loro".

Le motivazioni di Dono non convincono tutti. Eppure c'è nell'aria lo spettro dell'antisemitismo.

"E il nazismo, Dono?"

"E' l'abbreviazione di nazionalsocialismo. Mi spieghi la differenza tra il socialismo nazionale e il socialismo in un paese solo? Tra il nazionalsocialismo e il socialismo in un paese solo, che differenza c'era?"

"Sì, Dono; ma molti di noi sono perplessi; anche perché in Italia si rischiava molto, a sostenere certe idee"

"Alludi alle Brigate Rosse?"

"Non solo. Sono il lato più prosaico, ma la mentalità è alquanto diffusa "

Le idee di Dono lasciano molti perplessi, infatti. Che esageri? Glielo dicono.

"Sembra sempre esagerato quando si parla di totalitarismo. Lo so, si fa fatica a capire l'abisso".

Parlare di politica è il mezzo più spedito per litigare, pensa Alessandro. Ma oramai la discussione è finita. Alessandro però si avvicina all'uomo per sentire che ne pensa.

"Non credo che gli integralisti islamici siano disposti a venire a patti con i comunisti"

"Però i comunisti vengono a patti con gli integralisti islamici" Insiste Dono.

C'è un mistero che ci attende, ma le parole dette tra noi non lo fanno pesare. Non è che si dimentichi se stessi, anzi ci si specchia, nello specchio dell'amico, e la nostra natura risplende migliore. Il nostro misteri personale è come un basso continuo che esiste anche quando si badi solo alla melodia. Paradossalmente, nella realtà perdiamo la conoscenza di noi stessi, tanto che occorre allontanarsi dalla realtà e chiudersi in se stessi, per assaporarsi. La realtà manda il mistero personale nell'inconscio a forza, a volte con violenza. Ma il mistero vuole essere un ponte. Forse per questo, unite le anime, tende a nascondersi.

C'è qualcosa di tragico in tutta questa desolazione. Come se il sangue avesse chiamato altro sangue, nel tempo e nello spazio. Come se le profanazioni e le distruzioni dei sentieri dei santuari dei luoghi sacri ricordassero, o volessero farlo, le umiliazioni della passione di Gesù.

"Hai notato che dove ci sono ebrei c'è verde?"
"Sì"
"Ci vorrà molta acqua"
"Dici che ai palestinesi..."
Dialoghi come questo echeggiano tra i coraggiosi. Il posto sembra disegnato per impaurire.

I ventidue salgono a Gerusalemme. Arrivano alle mura, al di là si vede la torre di Davide. Ove il re poeta scrisse i salmi, secondo la tradizione: mentre gli studiosi sostengono che si tratti di un minareto. L'ombra della leggenda; se si tratta di sacro, è talmente difficile staccarsene, per i credenti: perché è il mito che si rivela.

Poi vanno verso sinistra, verso la parte armena della città. Però i pensieri sono ancora rivolti ai salmi. L'uomo li ritiene poesie. Poesie scritte e musicate. Stratificazioni o quasi letteralità? Che importa, per chi li usa. La musica è tangente al sublime, e la poesia ne partecipa: unite sono irresistibili. Però è curioso: là dove la religione ebraica e quella musulmana si contendono i luoghi, un minareto e la torre di Davide si identificano. I 150 salmi: le poesie di Dio. Sembra banale dire così, eppure quanto c'è voluto a comporli, a dimenticare la musica, ad annullare le distanze temporali e geografiche, o almeno tentare di farlo. Ripetere i salmi è ripetere la prima invocazione a Dio.

Ma ecco la parte armena di Gerusalemme. Un mistero per i ventidue che si spalanca. Quali mondi nascosti su questa terra: perché cercarne altri, forse ridicoli, nella fantasia? Davanti a una chiesa armena; per tutti i ventidue è la prima volta. L'atmosfera è di una luce sempre ultraterrena, senza contatti con la materia. Non c'è l'idea di una rivalutazione della materia, come nel cattolicesimo (qui chiesa latina): qui tutto è solo dell'altro mondo. Che nome misterioso, l'Armenia. A qualcuno dei ventidue ricorda il paese del Caucaso, con il sogno dell'Ararat, il mondo su cui, dicono, si arenò l'arca di Noè. Ci sono sogni sensibili, con mani e piedi, avrebbe detto qualcuno. Questi hanno un'ombra, e in questa viviamo.

La chiesa è chiusa.

Ci si ferma davanti, Quando si esce si è come in potere di quella luce interna, che sembra far appartenere tutto a Dio, lontano dalla materia.

Ma è tempo di uscire. I quartieri di Gerusalemme antica sono quattro. Occorre uscire dal quartiere armeno.
E lasciarsi alla spalle le immagini del loro olocausto, in Turchia, presenti, e vive d'ora in poi nei ricordi dei nostri.

La porta dei Leoni.
L'uomo pensa al filmato con Moshè Dayan e i generali conquistatori, che si fecero fotografare qui. La conquista sanguinosa. Gerusalemme! Il tuo simbolo è di pace celeste, ma sulla terra per te scorre il sangue! Forse è per questo, che ci teniamo troppo. Pensiamo d'avere ragione, e chi non è d'accordo con noi è un nemico con cui lottare. O forse è più una questione di troppo amore che di troppo

odio. Amare qualcosa è desiderarla così tanto, da far qualsiasi cosa per averla.

"Mi disturba l'idea che qualcuno si uccida per uccidere"
"E si che siamo nella terra che ne ha avuto il brevetto"
"L'odio riesce a divorare tutto"
"Almeno ci prova. Ma credo che qualcosa sopravviva"
"Anche nella mente dell'attentatore?"
"No. Lì è tutto odio. Sarà tra le sue vergini a gridare il suo odio"
"E questo è il paradiso, gridare odio? Mi sembra l'inferno"

Bacco intanto contempla Ilare. Il desiderio diviene incarnato. E' prudente, ma si sente il sesso antropomorfo. Prosegue l'intento a passi lenti, ma una base è sicura per lui: eros. La ricerca del' al di là e lo struggente desiderio della donna: così i passi di Bacco. Il brivido ardente. Come quel sole a picco. Una corte assidua a Ilare. Ma attenta e rispettosa. C'è solo una certa tensione. La giovane Ilare ha un ragazzo, che le invia delle e-mails a Gerico, ma non disdegna la corte di Bacco. Per Alessandro Ilare è un enigma, mentre Energia loda l'atteggiamento di Bacco.
"Fa bene"
Il padre di Ilare dice che è meglio che sua figlia non sia da sola, che
"Non sono posti sicuri".
L'uomo, pensando a questi atteggiamenti di suoi compagni di viaggio, si accorge che c'è un mondo nuovo, perché ha sofferto di repressione. Ora, questo mondo gli sembra molto più equilibrato di quello in cui ha vissuto. Si ricorda il frate inviperito perché gli aveva confessato la masturbazione continua. Ora quest'atto gli sembra una banalità, e il frate un esagitato che stravolgeva il senso. Del resto,

era un atteggiamento diffuso. Quando l'uomo era piccolo, in Italia i film, per essere vietati, bastava che avessero un nudo anche schermato. La violenza invece era lasciata. Indicativo. Non era solo il frate, a cui l'uomo si rivolgeva per calmare i propri sensi di colpa, e scendere invece all'inferno. No, era tutto l'assieme. L'unico peccato era quello, il sesso; seppe che un mafioso aveva ucciso la figlia per corna. Già, s'era sentito un giustiziere; lui, carico di ogni infamia. Ma l'unico peccato era quello. E non solo il magistero dl clero, ma anche l'opposizione comunista era severa in materia. Inoltre c'era il riflusso del '68: erano gli anni '70. Eppure c'era chi ci riusciva. Chi aveva il "permesso di fornicazione", come lo chiamò un arguto scrittore.

Ma l'uomo era rimasto ai margini, e niente sesso. Coltivare la propria sessualità è importante per la maturità affettiva. Questo sentirsi dire dalle varie pretendenti: "Siamo solo amici" l'aveva lasciato solo, e non basta: non solo senza compagna, ma anche senza figli, che avrebbe desiderato. E l'ombra lunga del sogno dei nipoti.

E tutto per cosa?

L'uomo si ricorda del momento della espiazione nelle confessioni, quando ci si carica di angoscia fino a quando non arriva l'assoluzione. "Perché il pentimento deve essere sincero" recitano. Che poi, caricano gli altri di pesi che non riescono essi stessi, spesso, a portare. L'uomo si ricorda di brutte esperienze, Dono invece è all'opposto. Prendiamo solo l' adesso: felicemente sposata, con prole, vive di rendita, ricchissima, per i bisogni di casa c'è la cameriera. Non l'avesse avuta di fronte, all'uomo sarebbe parsa inventata, come le manie di grandezza delle adolescenti. Dono. Un sogno incarnato. Davvero incarnato bene, sorride l'uomo.

"Questa è la Gheenna." La parte tremenda di Gerusalemme. Quella che rimanda all'incubo. Nelle scritture, infatti, è simbolo dell'inferno.

Quante volte, ascoltando o leggendo, la si è incontrata. La guida spiega che è dove gli antichi gettavano i rifiuti. Ecco, si dice l'uomo, è così a gettare via la propria vita, si diventa dei rifiuti, della spazzatura. Cos'è la vita, se non qualcosa che vuole sempre aumentare? Si vorrebbe, sempre di più. Sopravvivere non basta, si vuole vivere. E ne occorre sempre di più, non sazia, anche se non è possibile. Prima o poi, qualcosa fa crollare. Allora o si precipita, o si comincia a sperare.

"Voglio vivere!"

È l'urlo primordiale. Sono le viscere che lo dicono.

La Gheenna, c'è chi nega l'inferno. Che, per quanto si possa deviare, ci può essere solo il purgatorio; una punizione a tempo, insomma. Certo, l'idea di un inferno eterno è spaventoso. Praticamente inconcepibile, per una mente umana.

Certo, è significativo che la Gheenna si trovi a Gerusalemme. Come se la città santa contenesse tutti i segni. Nella santità ci può essere un'ombra lunga. Questa, pur non danneggiando il santo, esiste. Ed è la situazione della Gheenna a Gerusalemme.

Resta la domanda: esiste l'inferno? Molti malvagi scommettono sul nulla. Hitler si uccise. Evidentemente convinto di sfuggire così alla giustizia.

Meglio il nulla alla giustizia degli uomini. Così Himmler. Così Goering, che non si pentì. Nessuno di loro lo fece. Per loro, e per gli altri come loro, come si fa a negare l'inferno, cioè la condanna in seguito a un giudizio? Se non c'è niente dopo, per quanto l'idea sia in sé spaventosa, quei criminali l'hanno fatta franca.

L'avrebbero.

L'inferno. Posto nell'immaginario al di sotto della terra: gli inferi. Si può essere attaccati alla terra, ma non scenderne al di sotto. Questa terra, con il bene e il male, bella e non buona; questa materia col suo peso; il carico del lavoro e il sorriso della sera; la vita che ritorna come in cerchi; il sadismo, mentre l'innocente piange; ma che altro dire, se non provare a scenderne al di sotto, è assaggiare le tenebre? Cosa posso trovare al di sotto della terra? La tradizione medievale scrisse di tenebre e fuoco. E' infatti impossibile immaginare altrimenti il sotterraneo: sappiamo che al di sotto della crosta terrestre c'è calore. Il mito indovinò. Forse perché non poteva essere altrimenti. Il caso è spesso una scusa.

E' in mezzo alla strada. Spalanca la sua merce. Nessuno compra. La guida:
"E' sordomuto!"
Nessuno si volta. La guida si allontana inseguito, borbottando:
"Please, eh, please"

Troppi. Troppi che vogliono vendere. Di tutto, acqua o cartoline sono le due merci più diffuse. Ad ogni angolo un palestinese cerca di vendere qualcosa. La fame ingegna; ma c'è poco da fare. C'è eccesso di offerta. Alla fine ci si chiude in se stessi come per difendersi. Difendersi da un mondo troppo grande, e troppo vuoto, pieno cioè di miseria. Non chiedono l'elemosina, i palestinesi: cercano di vendere. E ci deve essere un tacito accordo con la guida, che porta spesso i ventidue in negozi, sempre di palestinesi. Ora sono in un negozio di ori e di argenti. C'è chi propone due croci cosmiche in oro. Dono le compra, ma l'uomo non se la può permettere, e si allontana, provocando la disperazione del venditore, che scoppia a dirotto. Basta poco per provocare disperazione nei palestinesi, come accade alla persone provate.

L'uomo si sta chiedendo se il suo rifiuto di acquistare zafferano a Gerico, provocando la disperazione del commesso, non sia dovuta al fatto che, così, i coltivatori di zafferano sono a rischio fame.

Troppi. Sempre. Ovunque. Spuntano da ogni angolo. Imperterriti e disperati. La loro caratteristica è la disperazione che insorge facilmente.

"Veramente la pensi come Dono, che sia tutta colpa del comunismo e dei suoi resti?"
"A molti è sembrato maccartismo. Tu che ne pensi?"
"E tu?"
"Che anche la destra israeliana abbia le sue colpe. Questo voler costruire insediamenti; il non voler riconoscere Gerusalemme Est come palestinese"
"E la spianata del tempio, a chi andrebbe?"
"Andiamo prima a vederla"

Gerusalemme, Gerusalemme; per troppo tuo amore gli uomini si uccidono tra di loro, persino. Se le tue pietre sono così, che ne sarà del tuo senso traslato?
"La Gerusalemme celeste, non ti ispira?"
"Come?"
"Intendo dire…"
"Certo che mi ispira. E' la nostra speranza"

"Sì, non avresti potuto dire di meglio: semplice ma completa, la tua definizione"

Bacco non si distoglie da Ilare. Le forme flessuose lo trattengono prigioniero. Bacco trova ciò che cerca, perché desiderando ha trovato il desiderio. Lui sente che siamo rosa come le piante sono verdi, cioè che l'eros è la nostra clorofilla.

L'uomo si chiede, vedendo Bacco, se non abbia sbagliato vita. Sempre che sia stato possibile. Forse di più era impossibile fare. A volte. Ma a volte aveva creduto lui alla castità. E ora? Qui nel viaggio troppa stanchezza, al ritorno avrebbe ripreso la masturbazione. Però continuerà a credere che la propaganda della sessuofobia abbia avuto esiti personali catastrofici. D'altronde, era vissuto in un mondo così: prima suo padre, poi il collegio, poi...
C'è sempre un "poi" in lui, ma si sblocca all'esclamazione di Energia: "Bacco fa bene".

Le primavere negate non tornano più.

La porta dei leoni. Quale simbolo per Israele, dopo che qui si fecero fotografare i generali vincitori. E' sempre la medesima sensazione: sangue per troppo amore. E resta un grave problema. La destra israeliana ora considera Gerusalemme unica e indivisibile. Posizione inaccettabile per il mondo arabo.

"Ho sentito quei due dare la colpa della situazione alla destra israeliana, non ai comunisti come Dono"
"Quindi?"
"Che ne pensi?"

"Che molta colpa ce l'hanno gli estremisti islamici. Considera il colpo di stato di Hamas a Gaza. Hanno scacciato con le cattive Fatah di Abu Mazen"

"Già"

"Inoltre sono contrari ad ogni trattativa con Israele, che vogliono solo distruggere"

"Però sembra un serpente che si morde la coda: gli estremisti islamici, coi loro attentati, spingono gli elettori israeliani all'estrema destra, e da noi alcuni soffiano sul fuoco. Avete ragione tutt'e tre, credo."

"Eppure anche questa mi sembra una semplificazione"

"Nel senso che?"

"Forse non c'è logica, ma solo caos"

"Questa sì che è una semplificazione"

"Dici?"

"Sì, la maggiore. Di più non è dato"

"Hai strane espressioni: dovrei risponderti: dato da chi?"

"Dal problema stesso. Ma siamo in un luogo in cui tutto, con ragione, tutto sembra provenire da Dio"

"Eppure mi pare che non siamo in un gruppo molto clericale"

"Quindi è più chiesa il popolo che il clero"

"Che il clero?"

"Almeno, che il magistero"

"Faccio fatica a seguirti"

"Perché il popolo ascolta e agisce, però in altra maniera, come per la sessualità. Il clero sta scoppiando, ma il popolo cristiano vive"

"Eppure molti, anche qui, vogliono stringersi attorno al loro pastore, e seguire i dettami del magistero"

"Mi vedi un ribelle?"

"Mi rendo conto che sei un rappresentante della maggioranza"

Il padre di Ilare chiama gli altri per lo spettacolo dalla sua finestra: l'addestramento di soldati palestinesi. Durissimo. Punizioni frequenti ed esemplari, allenamento pesante. Il fatto è che l'albergo di Gerico è molto alto, e così si può vedere la caserma dall'alto. L'uomo, Alessandro, e il padre di Ilare stupiscono.
"Contro chi si stanno allenando?"
"Però è indicativo che la caserma sia praticamente attaccata all'albergo"
"Già, il quartiere sicuro"
"Di qui non possiamo uscire: una prigione dorata"
"Molto dorata. Non lamentiamoci"
"No certo. Poi, la situazione è quella che è"
"Cioè una tragedia totale. Di popolo; anzi, di popoli"
"C'è da sentirsi più sicuri con questi soldati vicini?"
"Penso di sì"

Oh Gerico, Gerico: ben canta di te lo spiritual. E in tante migliaia d'anni nulla è cambiato: guerra e guerra.
Sembra che la guerra non voglia mai allontanarsi da qui.
Eppure c'è qualcosa di strano: il silenzio. Il silenzio con cui i militari palestinesi vengono osservati. E' artificiale, certo. Visti dall'alto, inoltre. Sembra di aver potere, di essere insomma angeli.

In un quadrato continui ordini, mosse scattanti e aggressive; fuori dal quadrato alcuni, tremanti, guardano il muro. L'attesa per la punizione li sta distruggendo. E' notte fonda.

L'uomo ne ha abbastanza ed esce, seguito da Alessandro. Sonni inquieti. Qualcosa turba. Un presagio? L'uomo vorrebbe scacciare la superstizione, ma ne è avvolto. Ne esce parlando. Il dialogo è spesso salvezza.

"La notte nel deserto"

"Come?"

"Mi sembra tutto così silenzioso"

"Non ti senti banale?"

"Ho visto l'alba nel deserto, il tramonto, e adesso la notte"

"Conclusioni?"

"In questa terra cielo e terra si incontrano, è vero. La terra chiede ancora sangue, come nei riti di millenni fa di Canaan. Il cielo è misterioso: l'alba, il tramonto, la notte"

I sogni sono una necessità. Guai a non averli con sé.

"Ma cosa ti piace di più a Gerusalemme?"

"L'aria"

"Mm, l'atmosfera?"

"Qualcosa di ineffabile, sì"

"E se ti chiedessi chi?"

"Chi mi ha colpito!"

"Sì"

L'uomo si blocca e non risponde. Alessandro non insiste: occorre stare attenti con i pesi. Cosa si può dire ancora? Resta nell'aria la lingua.

"Sono stufo di vivere"

"Come?"

"Hai sentito"

"Mi preoccupi!"

I pensieri di morte possono dare l'ombra delle cose. Ma se non ci fossero non potremmo ricordarli con serenità nei momenti di pace, essendo così sicuri che è vera quiete. Fantasmi. I fantasmi più funesti sorgono dai nostri propri abissi, però, stimolati da esterni. Incubi, a occhi aperti; no, perché gli incubi sono interni, e vogliono parlare. Questi fantasmi, invece, spinti dall'esterno, causano una reazione a catena con risultati imprevedibili. C'è sempre un effetto domino negli equilibri instabili. Anche nel bene. Infatti, se si avverte un affetto c'è una corrispondente spinta interna per corrispondere, troppe volte repressa.

La notte è il mistero. Per qualcuno, come per l'uomo, anche un incubo. Ma c'è qualcosa, nella notte, per tutti. E' il mistero. Anche i rumori sono soffusi, non solo le cose sono soffuse. In effetti, il rumore è assolutamente contrario alla notte. Sopportato di giorno, di notte è una tortura. Il riposo presuppone raccoglimento. Lo sferragliare del tram è l'innaturalità della modernità; il disumano *homo technologicus* del futurismo, non a caso movimento favorevole al totalitarismo, sia fascista (Marinetti) sia comunista (Majakovskij). *Homo technologicus* deve essere asservito: se un motore è più bello della Nike di Samotracia, anche quello di un tram che ti turba il riposo. Le cose non sono mai semplici, e io non saprei come tornare indietro. Però, adesso che mi sposto poco, basterebbe un calesse. Se non con un cavallo, almeno con un asino. Ah, il rapporto con l'animale! Perché non recuperarlo, pur mantenendo la tecnologia? Forse perché l'animale *sente*, la macchina no? E' questo che fa paura? Sì, perché la paura generalizzata fa molto moderno. Siamo nell'epoca del terrore. Il nemico viene ad essere il terrorista, non più uno straniero invasore. Il terrorista può essere uno di noi, non più un esterno, insomma.

Gerusalemme ha commosso anche gli altri dei ventidue. Non sanno il perché, e non se lo vogliono chiedere. Atea ha avuto un sussulto, subito represso, subito dimenticato. Gli altri passano dall'emozione all'abitudine. Come si adegua l'animo umano alla banalizzazione! La meraviglia del primo giorno si trasforma, presto, in routine. Che sia questa la causa del logoramento del quotidiano? Tutto diventa scontato. Si perde la meraviglia. Eppure si è entrati dentro, e la si fruisce. Ma sempre nuove meraviglie appaiono davanti a noi. E questo ci salva dalla tremenda abitudine. L'abitudine è come una camicia lavata, della quale una volta indossata non ci si fa più caso.

L'attesa. Il contrario della frenesia. Esercizio di pazienza. L'esercizio fondamentale, quello che consente poi di vivere, la pazienza. In una burla continua, risulta utile. Sì, Lepricaun continua a ripeterlo: l'assedio della burla. Eppure ha voluto alzare lo sguardo. E vede l'iconostasi. Ha l'impressione di essere visto. Come se la materia perdesse il suo spessore, diventasse trasparente, e lasciasse vedere il suo oltre. Esiste solo quell'oro, e quelle figure che in quel mare d'oro si stagliano. Oro perché luce, luce senza fine. La prima e l'ultima luce esistita.

E' sempre stata presente. Implacabile ha attraversato i secoli ed è approdata a noi. Gemella dell'indifferenza, a volte una si confonde con l'altra. E il Cristo vorrebbe sempre nascere, ma così è come se non accadesse mai niente. La polvere resta polvere, i sassi restano sassi. I malati sembrano che non possano mai guarire, ecc. Perché? La domanda non può che essere spontanea: perché? Una risposta possibile è l'ignoranza. Quando muore la curiosità intellettuale, attorno tutto è come morto, perché non gli si dà valore. L'ignorante vuole il deserto. E persino l'eventuale cactus gli dà fastidio. Parliamo naturalmente dell'ignorante volontario. Ma, forse, esiste solo questa specie di ignorante, Rientrano inoltre nell'interesse del potere, perché facilmente dominabili. Basta dargli da mangiare un luogo comune. E' subito sazio. Ah, certo, bisogna essere leggeri, dicono. Il pesante annoia. Eh, guai alla forza di gravità. E' inutile ribattere che così non si ha baricentro. E' così facile cedere al male. Ogni tanto occorre guardare in alto, non solo davanti a sé, o peggio, in basso.

Ma la notte stessa è un sogno. Prevedono che all'ultimo risveglio non ci sarà più.

E non riesce ad essere una parentesi, perché ci sono i sogni. .

Gerusalemme, Gerusalemme! E' vera, questa, di pietra, o quella desiderata? Ma ora siamo qui, per andare al muro del pianto. Per accedervi, c'è un check-in, con metal-detector. Poi, alla fine si arriva. E' diviso in due, uno per le donne, uno per gli uomini. I ventidue si dividono allora in maschi e femmine. I maschi devono coprirsi il capo. Il perché l'uomo lo chiese una volta, visitando una sinagoga. Gli fu risposto che occorre sentire la mano di Dio sulla testa. "E le donne no?" Chiese ancora. "Sono già abbastanza umiliate" fu la risposta.

Ora è lì, dove si infilano i messaggi per Dio. L'uomo stende le braccia, tocca le mura del pianto e invoca mormorando "Aiutami, aiutami, aiutami!"

Un ebreo osservante lo fissa, toccandosi la barba. Ha un cappello nero a larghe tese, è tutto vestito di nero, ha i capelli e la barba lunghi, e i cernecchi.

Si avvicina all'uomo, parlando inglese, e lo invita a sinistra del muro del pianto, dove c'è un'entrata nel buio.

L'uomo comincia ad esaltarsi.

"Here, the holy of the holy"

E l'ebreo continua a rispondergli.

"Yes!"
Poi lo porta a sinistra, tra altri come lui. Gli prende la testa con una mano e la spinge in giù, recitando qualcosa. L'uomo oppone resistenza. Finché l'ebreo si distacca, ed esclama:
"A benediction, a benediction for Israel!"
L'uomo cita l'incipit di un salmo che sa a memoria:
"Hine ma tov uma naim sce…."
E l'ebreo prosegue ad alta voce il resto del salmo:
"Quanto è bello
E buono
Che i fratelli
Siano insieme"
Questo l'incipit che gli torna alla mente, quando l'ebreo gli si rivolge come a un fratello, chiedendogli dei soldi per andarsene da lì. L'uomo gli dà cinque euro, e fa per uscire. La guida si precipita su di lui.
"Che hai fatto?"
"Ho ricevuto una benedizione ebraica"
"Come…? E il peggio è che alcuni del gruppo l'hanno seguito. "
L'uomo cerca di non dare troppa importanza alla cosa, e rientra nel pullman. All'entrata, però, è bloccato dalla coppia di Signore e Signora:
"Forse è stupido"
"Anzi, senza dubbio"
L'uomo reagisce con ira, e i due si scusano. Ma ormai il dado è tratto: si accorge con angoscia che la guida l'ha fatto passare per scemo. Arriva Alessandro, perplesso.
"Si è trasfigurato"
Dice la guida al microfono del pullman, alludendo all'ansia che attanaglia l'uomo.
"Si deve confessare"

Afferma la guida davanti a tutti.

Che fare? L'uomo ne parla col prete che accompagna una parte dei ventidue.

"Credo che abbia reagito così perché punto dagli scherzi tuoi e di Alessandro. Non ne poteva più. Io, personalmente, non ne vedo un problema nel farsi fare una benedizione ebraica, quindi la vera causa deve essere questa."

Si vorrebbe credere in un al di là, sperare. Spesso c'è però paradossalmente l'ostacolo del clero, si dice. L'uomo e Alessandro hanno cercato di reagire al problema come hanno psicologicamente potuto. Vedono qualche punto. La donna. Continua misoginia della guida. Deride le soldatesse solo perché donne. Da cui le critiche dell'uomo e di Alessandro. All'uomo pare l'elenco dei peggior stereotipi contro il matrimonio, risalendo ai padri della chiesa, e anche a ben prima di loro, ai cinici.

Altro problema: il rapporto con le altre religioni: nessuna tolleranza, concorrenza continua.

Poi i rapporti umani: patriarcali vecchia maniera.

Del resto, è il cattolicesimo che attualmente è così. L'uomo, anche se gli scoccia esser definito stupido, ed angosciato sotterraneamente da un oscuro senso del peccato che cercava di scacciare dall'inconscio, anche con queste conseguenze per il carattere sanguigno della guida, è tuttavia convinto che questa sia una persona con qualche qualità positiva.

Ma fatica a scacciare l'angoscia. Cerca di rinchiudersi, pensando al significato del muro del pianto. Dono lo lascia stare, comprendendo. Ha degli amici. Avvertirlo scioglie l'angoscia. Ma è tempo di ascendere alla spianata del tempio.

L'uomo è immerso nei suoi pensieri; si chiede se la speranza nell'al di là valga il sopportare tutto questo: uno si converte dall'ateismo, com'era successo a lui; e se è vero che aveva vinto la disperazione, gli era però sopravvenuta l'angoscia. Quante cose proibite! Il peggio è stato forse la sessuofobia. Crescere così, con tante proibizioni, e un disequilibrio affettivo conseguente. Cioè la solitudine. Ci si sbarazza di tutto per piangere poi che il dolore è inutile, e sperare che qualcuno gli dia un senso. E questa coda, intanto, non si smuove. Si è a mezz'aria, nel corridoio che conduce alla spianata del tempio. Si può vedere, a sinistra, il muro del pianto. Ma come hanno reagito gli altri dei ventidue? Molti a confessarsi, pare. Il potere del clero su cui l'uomo dubita, ritenendo ormai di doversi muovere da solo. Occorre accettare il proprio destino, anche se è quello di essere soli perfino nella fede, si dice l'uomo: non c'è niente da fare. Non riesce a farsi accettare.

Si è lì, bloccati a mezz'aria, ognuno sembra solo, in preda ai propri pensieri. Poi, finalmente, si arriva all'apertura: un gruppo di soldati staziona davanti; sono seduti, e sembrano tranquilli; non si sa se rassegnati. Il militare sta diventando una presenza comune e dà abitudine. Le grosse armi militari non danno più paura, se non assuefatta, Il mondo da quel che il mondo conosce.

Il tempio: il resto fondamentale di tutti i luoghi sacri, il cui riassunto, la realizzazione del luogo unico per il Dio unico. Macrocosmo e microcosmo. Quindi come il nostro corpo. Si dice che ci si perde nell'immensità dello spazio, eppure anche il nostro animo è insondabile. Si dice che siamo su un puntino sperso nel cosmo, ma ancor di più che non possiamo più sentirci al centro dell'universo. Sembrerebbe vero, se non ci fossero anche motivazioni politiche su queste affermazioni. Meglio lasciar alla scienza il suo corso, senza tirarle la giacca per i propri interessi ideologici. Si vuol dire che il rapporto microcosmo/macrocosmo può ancora affascinare. Il centro del cosmo? Il tempio di Salomone, almeno in senso lato. La direzione nella quale invocare. E i nostri sono lì. Non c'è grandezza, per quanto alta, che non possa essere riassunta. E ciò accadde in questa spianata. L'impressione di essere tutto, di sentirlo cioè riassunto nel corpo come microcosmo. Il rapporto perfetto tra due mondi. L'universo e il corpo.

Già, il corpo, pensa l'uomo. Si avvicina Bacco.

"Sei afflitto?"

"Abbastanza"

"Per l'episodio del muro del pianto?"

"Sì"

"Devi innalzare il corpo. Sai come la penso."

"Lo sappiamo tutti"

"Ricupera il tuo corpo. Eros è felicità, che ti può lenire il dolore. Altro non abbiamo"

"E come fare, qui?"

"Hic et nunc, eh? Mi sa che dovrai aspettare il ritorno; ma ricordati delle mie parole"

In cerchio, ora, tutti, per ascoltare le spiegazioni.

Ma c'è il passaggio per la Gerusalemme musulmana, da dove Maometto ascese al cielo: la moschea costruita sul tempio.

Bacco stringe Ilare e viene sgridato dal guardiano della moschea. Si vorrebbe visitarla, ma l'entrata è proibita ai cristiani. Gerusalemme, Gerusalemme, tu che dovresti unire!

I ventidue sono silenziosi. Hanno come un certo timore di quegli ambienti musulmani o forse è la tensione sacrale che danno al luogo, che contagia. Una religione di fuoco, in cui si entra per sentire tutto il peso di Dio. Ma lo scontro, col culmine dell'undici settembre, ha riempito di paura. Le maniere gentili degli arabi sono viste spesso con precauzione.

Le due esclamazioni conosciute. Insciallah, e Allahu akbar. L'uomo se ne sarebbe ricordato anni dopo, vedendo la rivolta dei giovani iraniani, al grido di Dio è grande, il grido che risuonerà su tetti delle case delle città iraniane, la notte. Un grido di lotta e di rabbia. Ogni tanto emergerà il refrain. Che la rabbia dei musulmani cresce.

Ma ora qui, davanti ad Al-Aqsah. Veramente si capisce il senso di Al- quds, la città santa Di come lo sia anche per i palestinesi, e di quanti desideri siano intessute queste pietre. Quanto sangue scorse nella guerra dei sei giorni, per il possesso di Gerusalemme. Qui la battaglia più accanita, e si capisce il perché. Come in tanti secoli, quante morti, quante distruzioni. Stupisce, ad un primo momento, che le chiese qui siano quasi tutte del Barluzzi, architetto novecentesco. E quelle di prima? Perché una religione vuole purificarsi da un'altra così? Volere la purezza può essere pericoloso. Si può capire il primo scatto di sorpresa per la diversità, ma occorre superare l'indignazione. Anche per noi stessi, perché la coscienza si può risvegliare, ed essere un carnefice. Si può forse addormentare in una falsa coscienza, ma è un inferno da cui è quasi impossibile uscire. Dapprima lasciando respirare. Una cosa che ogni amante sa. Vivere è respirare. C'è chi dice che non basta, che vivere è volare. E c'è anche così anche chi continua a precipitare per voler vivere. Difficile è capire gli uomini. E' difficile persino capire se stessi, come farlo per gli altri? In questo luogo si può sentire il fiato dell'assieme, e la nostra mano sul capo. Quella mano, divina. Oh, Gerusalemme, Gerusalemme, forse è per questo che tanto ti amiamo! Ma quante ragioni ci sono per amarti!

Intanto l'uomo è preda dell'angoscia; va e viene. Ma non riesce a controllarla. E si cade così negli abissi più ampi. Come quando gli viene in mente che nell'assicurazione è esclusa l'assistenza per malattia mentale: E questo gli fa esplodere l'angoscia. Poi ritorna calmo, ma non sa fino a quando.

C'è poca gente sulla spianata delle moschee. Il terzo luogo santo dell'islam. Dicono che all'inizio Maometto pregasse in direzione di Gerusalemme, e solo in un secondo momento verso la Mecca. La presenza musulmana era però evidente a Nazareth, e a Gerusalemme Est. Qui tutto sembra rarefatto, persino l'aria. L'immensità del tempio è evidente. Tale grandiosità è adatta al Dio biblico immenso. "Il cielo è il mio trono, la terra lo sgabello dei miei piedi" Viene da paragonarlo ad Allah, il Dio musulmano totalmente altro, che, essendo uno, è lo stesso Dio. L'accesso alla spianata delle moschee è limitato, si pensa, di qui la scarsità di gente. L'ossessione per la sicurezza è il peso maggiore della visita. Fino al segnale stradale più strano del mondo: divieto di parcheggio per carro armato.

L'uomo è sempre più angosciato Vecchi dolori gli vengono in mente. Cerca di non pensarci, ma è come se si fosse aperta una crepa in una diga. L'acqua scorre sempre più forte, finché tutto crolla. Basta così poco? La tipica goccia che fa traboccare il vaso, in un soggetto già provato? Si chiede chi l'abbia fatto fare, questo viaggio; in fondo, non cercava un pellegrinaggio vero e proprio, ma voleva visitare Israele. Poi, la necessità di essere più vicini, e di viaggiare quindi in gruppo. In fondo, erano mete desiderate. In più, l'inclinazione al religioso. Però è rimasto scottato dai rapporti col clero, nella sua vita. Convinto, ormai, di dover procedere da solo. Spegne sul nascere i ricordi. Riesce a non farli affiorare. Sta meglio. Fino a quando?

La trappola dei rimpianti. Come sfuggirle? Rimorsi e rimpianti sono la trappola della coscienza. Riderne non serve. Ritornano quando c'è un momento mancante, o di forza o di lucidità.

Ilare è abbattuta, dopo la doccia fredda del rimprovero del guardiano della moschea, per l'atteggiamento suo e di Bacco. Stava cominciando ad eccitarsi, quando improvvisamente dovette cedere. Ora è irrigidita, ripetendo a Bacco che ci vuole rispetto, anche per credenze diverse dalle nostre; se la pensano così...
L'uomo, sentendo, esce dai suoi problemi per un attimo, per dirsi: "beata gioventù". Anche Alessandro è teso. Sente come un'aria di temporale. Teme per l'uomo.
"Come va?"
"..."
"Non te la stai prendendo troppo?"
"Voglio crederti"
"Pensa in che luoghi siamo. Uno dei tre centri dell'islam"
"Già"
"La paura del ridicolo apre trappole"
"Pensiamo all'islam, è meglio"
"Sì. Come vedi questa religione?"
"L'abbandono a Dio, la conclusione sul monoteismo"
"Vuoi convertirti?"

"No. Però ha dei lati interessanti"

"Quali?"

"Il paradiso, per esempio. Viene descritto, mentre per i cristiani tende ad essere un mistero"

"Sì"

"Poi, convertirsi. Anche ammesso che la si consideri vera, ci porrebbe di problemi. Non è un semplice travaso"

"Quindi?"

"Forse la parola convertirsi, come l'hai usata, è ambigua"

"Gesù è Dio?"

"Se sì…"

"Sei cristiano"

"Se no, o sei musulmano o ebreo. Anche gli ebrei non credono che il Messia possa essere Dio"

"Inoltre, c'è il problema della violenza. Le frange estremiste islamiche fanno paura".

Si sta per uscire dal perimetro della spianata delle moschee. Al-quds. La santa. Come chiamarti altrimenti, Gerusalemme? Si ritorna lentamente in un mondo cristiano., con la guida che conduce alla piscina probatica. Qualcuno si volta indietro, per ammirare ancora la splendente Al-aqsah, luce senza immagini. Difficile da concepire per un cattolico, con chiese rilucenti di quadri e statue. Imponderabilità dell'arabesco. Un qualcosa che dice, perché sono versetti del Corano. Eppure non raffigura. Persino il volto di Maometto è velato nelle miniature. Il volto nascosto per eccellenza è quello di Dio, però. I ventidue, educati al cattolicesimo, sono abituati a considerare il volto di Gesù come il volto di Dio. E qualche pittore che si era avventurato nel cercare di concepire l'abisso del volto del Padre, come i rinascentisti. Per il musulmano l'arcano resta arcano. Il cristiano vuole svelare. Però anche il totale abbandono in Dio ha il suo fascino. Un mondo quasi ipnotico. Questo nostro piccolo pianeta ha incredibili e ricche differenze, ma ricche che arricchiscono, anche i diversi.

"Il mondo è bello perché è vario"

"Come?

"Niente. M'è venuto in mente un verso di Orazio"

"Ah, ti stai riprendendo. Cosa dicono i versi?"

"C'è a chi piacciono le bionde, a chi le more, e a chi le zoppette. E' per questo che il mondo è bello, perché è vario"

"Beh, è vero. Ma a che pro?"

"C'è una varietà qui incredibile. Strati e strati di storia, che hanno lasciato tradizioni diverse"

"E questo, secondo la tua citazione, è bello"

"Perché, tu cosa dici?"

"Confesso: è bello"

Oh, l'affetto. Tutto si ferma e gli ruota attorno! Lo sforzo per raggiungerlo è sempre benedetto, perché anche frustrato protegge.

Ma finalmente qualcosa distrae l'uomo. Siamo giunti di fronte al decumano di Gerusalemme. Gli scavi sono giunti fino alla parte araba, dove i musulmani non hanno voluto che si proseguisse. Si scende di fronte a delle imponenti colonne. Il decumano era la via principale della città romana, e Gerusalemme è stata anche questo. Fu proclamata anche Aelia Capitolina.

Un mosaico indica la città romana, appeso al muro. Il cardo, il decumano, i quartieri. I monumenti…

Ci si scuote: si va nel ventre della città, un sotterraneo andare. Negozi d'ogni tipo: danno un rimbalzare di luci.

La guida raccomanda l'acquisto di abiti di cotone israeliano, di ottima qualità. L'uomo ne cerca uno con la croce cosmica. Gli piacerà portare in sé, con sé, questo simbolo. Tenerlo nella sua preziosità soppesata. Insomma, indossarlo. Indossare è anche rendere qualcosa visibile su di noi, per gli altri che ci guardano. E' come il confine tra noi e l'esterno. E spesso siamo giudicati da come siamo vestiti. Cercare di dire qualcosa coi vestiti. E' quasi sempre il contrario: annullarsi nel grigio, nel blu sfumato, o in degli stracci. Eppure anche in questo si cerca il meglio.

I sotterranei di Gerusalemme. Le luci artificiali. Per fortuna non c'è la metropolitana, avrebbero fatto uno scempio di antichità, come a Roma, pensa l'uomo. Ma viene distratto.
"Eccoti le maglietta"
"Simile a quella di Nazareth"
Lo scambio di battute lo svuota. La ricerca di una T-shirt con la croce cosmica l'ha distratto per un attimo dai cupi pensieri. Le piccole cose non sono così da disprezzare. Possono essere un'ancora gettata dalla divinità. Certamente un'occasione.
Questi strati di civiltà possono dare l'illusione di passare da un'epoca all'altra con facilità. Ma è un qualcosa molto più reale di un'allusione, anche se nella realtà ci si trova solo nel XXI secolo. Più reale perché le rovine sono vere, reali. Manca una parola adatta.
Imponente, a lato della piscina probatica, la chiesa crociata di Sant'Anna. Nella piscina fu guarito un paralitico, che non poteva arrivare alla potenza di un angelo. Un po' come noi quando sbandiamo: non sappiamo arrivare alle potenze nascoste, e abbiamo bisogno allora dell'intervento divino.

La chiesa è impressionante, per la sua pesantezza che dà un'idea di stabilità. Ed è così: è lì, ancorata ai secoli. Le chiese costruite dai crociati hanno il fascino del grandioso, che riescono a suggerire con "semplici" tocchi, "semplici" perché lineari diritti, lisci. Si sente che è composta da un canto corale.

Perché la furia, a cui si salvano poche cose? Perché l'odio che travolge? Così abbiamo da ricostruire, dovettero dire i frati al Barluzzi. Ma ora si entra in chiesa. Il gioco di luce è impressionante. Non è una luce soprannaturale come nel gotico, è la luce di un momento prima. Come a voler esprimere la continua possibilità che avvenga. E' l'attesa di una luce che sicuramente verrà, perché già la si intravede. Le pareti sono assolutamente nude. La chiesa pare guardare dal cielo, all'interno. Incombe una presenza. Ma è il momento di andare oltre. Quel momento insegue: c'è sempre il momento dell'oltre. E dietro le nostre spalle, e quando ci voltiamo è lì, ed è ora di andare. Si colloca la meraviglia in un angolo della mente, in cui ritrovarla, e si va.

"Non me l'aspettavo"
"Cosa?"
"Che i crociati fossero una civiltà così progredita"
"Certo, facevano parte di una civiltà ancora misconosciuta"
"Come mai?"
"Pregiudizi"
"Basta questo?"
"Se chi ha in mano le leve del potere fa così, ora"
"Cosa si può fare?"
"Informarsi da soli, è l'unica"
"Ad avere il tempo, però"
"E la voglia"

"Come si fa?"
"Vivere è così"

Pausa. Ci si siede ad ascoltare le spiegazioni. L'uomo è seduto tra Ilare e Dono, e si sente compartecipe della bellezza. Esiste la perfezione? Un bel corpo femminile sembra suggerirlo. Che ci sia anche sulla terra qualcosa che suggerisce la perfezione. Ma è solo un desiderio, quindi un sogno. Eppure l'amore è così: un desiderio non raggiunto. La soddisfazione potrebbe essere un punto finale.
"La guida ha finito di spiegare. A che pensi?"
"Al desiderio"
"E la tua realtà di carta?"
"Dice appunto questo: che in occidente i poeti pagani scrivevano di sesso, i cristiani invece di desiderio"
"Ma la carta scritta non è l'opposto del desiderio, della carne?"
"Per qualcuno possono compenetrarsi"
"Mi sembri sempre più matto"
"Eppure le parole sono importanti, soprattutto in amore"
"Vuoi avere sempre ragione?"
"Come diceva Kayyam: Suleika, le tue labbra vincono tutte le parole dei dotti. Quindi cedo"

Intanto la guida ha ripreso a spiegare: la piscina probatica, il miracolo del paralitico. La storia di uno handicappato che non riesce a raggiungere la cura, e Gesù interviene. Il messia che interviene nella storia. Quante lacrime per gli handicap! Sperare in un mondo diverso, dove siamo tutti sani? Sarebbe veramente il regno di Dio. I cristiani dicono che c'è già stato, per un certo tempo, con Gesù. Adesso però siamo qui con questo tremendo problema, con i pallidi supporti della scienza. Una condanna spaventosa su un innocente. Un innocente da cui si tende ad allontanarsi. Per proteggere la propria tranquillità. Resta un prezzo alto da pagare con la propria coscienza. Perché chiedono aiuto anche in silenzio. Gli unici muti che gridano.

E' ora di andare. Per noi che possiamo. L'uomo si volta a guardare Eroe. Arranca sulla sua gamba che non funziona. Una sola e il bastone non sono sufficienti a non soffrire. Eppur si muove. Come un mondo, perché c'è un mondo in lui. L'uomo fa per parlargli, ma si sente sazio da tanta forza, e non sa cosa dire. Le parole sono forse tutto per l'uomo, ma in questo momento gli mancano.

Una prova molto dura attende i ventidue. E' lo Yad Vashem, il museo della Shoah. Ricordi tristi ghermiscono l'uomo, che visitò il Lager di Majdanek, vicino a Lublino. Nelle baracche rimaneva la pestilenza dello Zyklon-B, il gas usato per uccidere, dopo tanti anni. Dava ancora il vomito. Le baracche, l'orrore dopo l'orrore. Un gigantesco rullo che i prigionieri dovevano muovere a forza di braccia. Miseri resti di cenci. Al contro, un gran disco con le ceneri. Quando l'uomo lo visitò c'erano anche degli ebrei in visita. Come l'avranno spiegato? Solo perché sei ebreo. Non importa se sei ateo o agnostico. Sei ebreo. Sì, è vero, c'erano anche altri, zingari, omosessuali, testimoni di Geova, oppositori, ecc., ed è giusto ricordarlo. Ma la metà era ebrea, e siamo ora in Israele, ora.
La coda di fronte all'entrata. C'è in visita l'ambasciatore della Mongolia: fotografie sorrisi, strette di mano. Sì, si può suggellare l'amicizia anche dove c'è solo da piangere.

Vicino all'entrata un pezzo di terreno coperto dove c'è una lastra per tutti i campi di concentramento. L'uomo legge

anche Majdanek, e si rattrista ancora di più. Vorrebbe dire
qualcosa
"Sono stato a Majdanek"
"In altri posti era anche peggio"
Gli risponde la guida.

Non c'è limite al peggio, dicono.

Poi si giunge al monumento dei bambini morti nei campi di
concentramento. Si entra al buio, L'uomo prende la mano
di Dono che lo precede, e stringe quella di Alessandro che
lo segue. Sotto una vasta cupola brillano moltissimi punti
luminosi, come stelle. Si sente una voce femminile che
recita i nomi dei bambini.

Non c'è limite al peggio, dicono. Un milione di bambini,
morti così.

Fin dove può spingersi il sadismo di massa. La disumaniz-
zazione completa.
Uomo, come sei bello quando sei veramente uomo. Come
sei brutto, quando non lo sei più.

La tristezza prende tutti. C'è qualcosa di spropositato, di
immane, in tutto questo. La tragedia degli ebrei d'Europa è
stata così grande e pesante che sotto questo peso tutto crolla. Al pensarci vivere diventa insopportabile. Dove sono
le vanterie delle conquiste della scienza del Novecento?
Non sarà forse ricordato piuttosto come l'epoca dei campi
di sterminio? Era una notte buia e tempestosa: quella del
totalitarismo. All'uomo viene in mente il Forte Nove in
Lituania. Prima Gulag del comunismo, poi, quando arriva-
rono lì i nazisti, Lager del Reich, poi ancora, sconfitti, ridi-

venne Gulag comunista. Si ricorda, coi colleghi di lavoro, delle discussioni di quanti condannavano la bestialità del nazismo, per esaltare un'ideologia che presupponeva i Gulag. L'uomo è un insegnante, e i tentativi di denuncia gli procurarono solo odio. Della maggior parte degli studenti, dei colleghi, del preside. Dovette rassegnarsi a diventar muto, pur rimanendo bollato. E' stato pericoloso dire ciò che oggi appare come una verità banale.

Ma ci si scuote, qui, dai propri problemi. La tragedia è così vasta che supera ogni miseria singola. E' come un canto corale dei morti che ricordano, che vogliono essere ricordati, fosse solo per un puro nome, che è, in fondo, un accidente, e non esprime l'essere della persona. Eppure non abbiamo altro. Come per le tombe. Io sono... e segue un suono senza senso. Un tempo si davano dei soprannomi, almeno, nei tempi antichi il nome voleva significare la personalità. Ora più nulla. Il nulla permea la nostra epoca da ogni parte.
Ma che non si spengano quei nomi, dato che non abbiamo altro.

Il totalitarismo. E continua implacabile in molti paesi. Nomi esotici, o che associamo a prodotti che consumiamo in gran quantità. Prodotti magari fabbricati proprio da detenuti per motivi di opinione, in campi di concentramento contemporanei.
L'orrore continua.
L'Europa è sopravvissuta alla shoah? Solo tollerando altrove altri campi di sterminio? E il resto del mondo?
Dice un proverbio cinese che è meglio accendere una luce che maledire il buio. Non fanno così queste migliaia di stelle, questo milione di stelle, che ci guardano da questa

cupola buia? Non è la loro morte ad aver sconfitto il totalitarismo, ma il loro ricordo. La loro luce, appunto. La luce che ha dato la forza di combattere il nemico fino a vincerlo, a fargli aprire i campi, a mostrare l'orrore. La pietà si copre gli occhi, qui.

Dopo Auschwitz sembrano scomparsi i vecchi sogni di armonia, del vero del bello e del buono.

O ne abbiamo visto l'opposto, specchio capovolto. Un uomo che non è più un uomo ha ancora un volto? La vittima sì, ma il carnefice è difficile da immaginare, tanto che quando se ne vede uno in fotografia si resta stupiti.

Ma il pensiero torna al ragazzo che apprende la storia. E scopre che si è comunque condannati. Un esempio ne è il ghetto di Venezia, il primo, fatto per proteggerli, diceva la Serenissima. Non fosse stato vero, erano perseguitati dalla Repubblica. Se, invece, era vero, erano perseguitati, quindi difesi dalla Serenissima, come diceva l'editto.

Ma l'ebreo è contraddistinto dalla religione, o non è piuttosto il vicino prossimo del perseguitato? Non è che verso la sua figura tendono gli oppressi, come a darsi la mano? L'ebreo errante che non ha casa, e che va dappertutto.

Quante volte si son detti: la prossima volta a Gerusalemme. Sembrava un sogno. Perché erano erranti. Erranti perché perseguitati. Chi non ha casa può essere affascinato da questa leggenda.

La vita scorre. Come un fiume di cui ci si dimentica della sorgente e non si intravede la foce. Però l'acqua può essere inquinata. Così pensa l'uomo nello Yad Vashem.

Vari i pensieri degli altri ventidue, che, spesso, vedono negli occhi degli altri visitatori il proprio stesso sguardo, l'abbattimento, l'orrore. Si ha l'impressione che siamo stati dimenticati, tanto la nostra epoca è tronfia. E ne copre il ricordo e la presenza, se non a fini politici.

E pensare in questi ambienti è difficile. La lacrima è nemica del pensiero.
Quanto è pesante la terra! Ha questo sul gobbo, e diventa così troppo pesante. La gravità diventa immensa, e le teste si piegano. Non si viene a stare erti. Anche perché non si riesce a guardare il cielo.

Si diceva che non c'è limite al peggio. Forse invece sì: qui è stato raggiunto. Peggio del Lager non c'è niente. Il male ha raggiunto il suo fine: l'inferno sulla terra per gli innocenti. Tre bestemmie in un colpo solo. L'inferno lo è di per sé, una bestemmia, sulla terra, poi, è un'altra bestemmia, perché sulla terra la giustizia è rara, quindi anche la punizione. Inoltre queste due bestemmie gravano sulla terza, la peggiore, la condanna degli innocenti. Per questo mi sembra impossibile andare oltre.
Curvi e dolenti, escono. Il dolore è contagioso e occorre disumanizzarsi per non sentirlo. Accadde nei Lager alle SS. Il carnefice che diventa, da uomo, diavolo.
La luce esterna è quasi un'offesa. Gli occhi si abituano, però, suggerendo così che può essere, la luce, la destinazione a cui abituarsi. Una consolazione in mezzo all'orrore visto. Per alcuni è così.
A qualcuno viene in mente che chi vuol negare l' al di là anche per questi bambini morti nei Lager, stia troppo bene. E' attaccato ai suoi beni, nega per sazietà. "Ancora? Basta!"
L'ipotesi è lanciata, se ne discute. Ma le parole sono pesanti, è l'effetto del luogo.

Al di fuori, il giardino dei giusti. Qui è stato piantato un albero per ogni persona che abbia salvato degli ebrei. Per ognuno di loro un olivo e una targa. Si stupiscono nel vedere tanti nomi di preti ignoti, oltre a quelli ben conosciuti, come quello di Perlasca.

Un giardino, e la sua pace. L'opposto. Siamo all'opposto dei campi di sterminio. Qui, tra gli ulivi, tutto è armonia; con la natura è una riconciliazione. Il giardino dell'Eden non deve essere molto dissimile: i giusti, e la pace ritrovata.

Si potrebbe dire: dopo l'inferno, il paradiso. Ma se è così, perché gli inferni terrestri colpiscono soprattutto gli innocenti, e questo contraddice l'idea di punizione. Sulla terra ora c'è giustizia, urlano. Ci restano solo i giardini.

E' ora di andare. Di lasciare il luogo delle lacrime e della grandezza, dove l'uomo ha realmente saputo essere uomo. Nella più buia tempesta i lampi improvvisi illuminano. Squarci buoni di luce, ma che rammenta che esiste, e soprattutto, è così intensa e abbagliante perché è durante una tempesta.

Addio, eroi, riposate in pace. C'è chi dice non eroi, ma gente normale. Eh no! La "normalità" fu quella di Eichmann, e della banalità del male, come ben disse la Arendt. Addio, eroi! E' tempo di lasciare il vostro giardino incantato, dove regna una brezza gentile, per ricordare il vostro spirito.

Il giardino dei giusti ha risollevato gli animi dei ventidue. Le loro luci nel buio totale sono le uniche stelle che ricordino la speranza. La indicarono, e la indicano ancora, oggi, per chi ha saputo immedesimarsi.

Si ritorna a duemila anni fa, dopo gli orrori del Novecento (praticamente l'altro ieri). La chiesa del Galli Cantu.

Il ricordo del sadismo senza sesso del nazionalsocialismo svanisce, se possibile. Si è ancora ai tempi dell'impero romano: la vicenda del Cristo. E dei suoi discepoli. Pietro, che lo rinnegò tre volte, eppure lo amava più di tutti gli altri: Gesù gli chiese tre volte se lo amava, e alle risposte entusiaste di Pietro, gli rispose che "prima che il gallo canti, mi avrai rinnegato tre volte" E qui è il punto in cui il gallo cantò. Da cui Galli cantu: in latino.

Pietro, il simbolo della fede, la pietra, e il venir meno della fede fino a rinnegare Gesù nel momento del più alto bisogno. Scapparono tutti. Pietro aveva reagito: aveva staccato con un colpo di spada un orecchio a un servo. Ma scegliere la croce l'aveva atterrito. Gesù aveva pianto sangue, Pietro ha avuto paura, da nascondersi da tutto e da tutti, fino a quello sguardo, quando incontrò gli occhi di Gesù che veniva portato via.

Pietro: "Su questa pietra fonderò la mia chiesa", gli dice Gesù. Il ricordo di quel rinnegamento non l'avrebbe più abbandonato. Quello sguardo. Forse l'ultima volta che vide Gesù prima della resurrezione. Un ricordo eterno.

La chiesa è tenuta da un ordine francese, con una suora tuttofare. Si passa nel negozio attiguo dove l'uomo comincia a parlare in francese con la suora. Si lamenta, lei, della miseria dei palestinesi. L'uomo chiede se è a causa del muro. La suora risponde anche. Dono è stupita che l'uomo parli anche il francese. Ma ora si scende nei sotterranei dove fu la prigione del Messia. Dove passò la notte, e all'esterno c'è ancora la via su cui si inerpicò.

Com'è tutto così reale. Come sembra di toccare la Storia con un dito. Il privilegio del viaggio; la realizzazione dei fatti. E ora si può lasciare che il tempo scorra.

La Scala Santa. I nostri piedi passano dov'è passata la Storia. Sembra di calpestare la stessa polvere. Certamente le stesse pietre. Un mondo antico tende a entrare nell'eterno. E' così definito. Mentre il divenire dell'attuale lo rende sdrucciolevole. Qui passò il Messia. Con la sua corona di spine. Ma forse ogni altra corona è falsa, sono solo queste spine che potranno tramutarsi in oro, in un oro da corona. Anche per noi.

La condanna. Com'è fatale sentirla sul dorso, quando si è colpiti da tanto dolore. Ma chi non ha sofferto ? Chi può dire di aver sempre riso? Come!, c'è chi fa una bella vita, come Dono. Ma cosa si nasconde dietro il suo sorriso misterioso? Le mani sono tormentate, come avessero subito dure violenze. Chi sa, chi conosce la lunga ombra dentro di noi?

Il dolore è inevitabile. Lo si può accettare o no. Lo si può trasformare. Nelle alienazioni è tanto trasformato che non li riconosce più. Capita di farsi male.

Il dolore che viene dall'esterno. Come in una flagellazione, e a volte si è innocenti: o almeno in quel momento. Sì, forse soffrono proprio tutti, ma in un grado certamente diverso.

Eppure la pace, la serenità, la calma, a volte si nascondono. Hanno questa tendenza. Certo che le differenze di dolore sono impressionanti. Ci sono sofferenze inenarrabili e c'è chi sembra ("sembra") avere tutto. La differenza, per esempio, tra un sordo cieco e un milionario. "Avete già avuta la vostra consolazione" echeggia il Messia a questi ultimi.

Ma la discussione tra i pellegrini finisce. Si deve andare. Prima, l'uomo nota un segno in terra: è un resto di un gioco. Tirarono a sorte qui la confisca del vestito del Messia?

Via dolorosa. Il nome latino è identico in ebraico, anche se traslitterato, sull'indicazione stradale. Qui inizia la via Crucis. La guida avverte che non è forse quella originale, e che comunque avremo delle sorprese. Cercare di restare saldi al massimo.

L'uscita del Messia sotto il peso della croce, piegato e umiliato. Chi ha sofferto, chi è stato umiliato, cerca di sperare, che Gesù sia stato davvero il Messia. Così da associarsi a lui, di sentirlo vicino, e di avere un risarcimento per i dolori e le umiliazioni. L'essere compartecipi.

Il fatale andare. Lo si ripete nelle chiese di rito cattolico romano. Aggirarsi nella chiesa vuol significare il vedere la via crucis. Ora siamo qui, di fronte all'archetipo.

Ci si ferma. Alle parole della guida subentra il dubbio nell'uomo. E se fossi solo un ingenuo? Si chiede. Se tutto fosse basato sull'ingenuità di chi ci crede? In fondo, è mai possibile?

Ma cosa fare d'altro? C'è un'altra via? Sì, ci sono altre religioni, ma il risultato è sempre questo. E l'ateismo? Provato da giovane: tremendo. L'uomo vide morire suo padre in una lenta e dolorosa agonia, ed era sicuro che tutte le sofferenze fossero vane: ateismo.

Questi sentimenti agitano l'uomo. Ma la sintonia con Atea è durata un attimo. Poi viene risucchiato dalla loquela della guida. I pensieri svaniscono. Si ascolta solo.

E' bello lasciarsi accarezzare da una voce. Una voce che allontani i fantasmi, come una luce che si accende nel buio.

E' l'ora della passione. Tutti si allontanano. E l'uomo l'ha avvertito in se stesso. Superato il momento, non resta che seguire. E' il momento dell'ascolto. Se la via crucis è ben nota ai frequentatori delle chiese cattoliche, qui tutto sembra diverso. Siamo lontani dall'incenso.

Un immenso mercato. Dove si pensa sia passata la più grande sofferenza della storia: grida e merce. Se c'è un punto in Gerusalemme che non ha nulla di sacro, è la via dolorosa, la via crucis. Per i musulmani Gesù non è morto in croce, però questo non giustifica l'assoluta mancanza di rispetto, secondo i nostri pellegrini. La guida tenta il più possibile di calmare gli animi in ebollizione costante, che procedono in fila indiana, tanta è la merce accatastata sui due lati della strada, mentre echeggia nell'aria un grido ovattato: "Italia", "Italia", in eco.

I particolari della va crucis di Gesù si perdono. Tra la merce. Tra le grida. La sensazione è di straniamento.

Qualcuno dei ventidue mormora: vogliono le moschee da noi, e non rispettano i nostri luoghi santi. E' curioso! E' proprio il punto in cui Gesù disse a Pietro: "Rimetti la spada nel fodero, perché chi di spada ferisce di spada perisce" Qui ritorna l'eco: attenzione a gettare il seme dell'odio, poi torna, e divora.

La fila indiana prosegue, tra i cumuli di merce. I ventidue non osano parlare. Rassegnati. In un alone di straniamento svaniscono le stazioni della via crucis. Ognuno tenta di concentrarsi come può, ma è difficile. Emergono dalla nebbia del mercato le figure del Cireneo, della Veronica, la caduta di Gesù, l'incontro con le donne. L'uomo non riesce a concentrarsi:

"Ci fosse meno mercato venderebbero di più"

Dice a Alessandro, come per distrarsi dagli allettamenti.

"E i mercanti del tempio, che Gesù scacciò?"

Risponde Alessandro, che dopo una pausa riprende.

"Ci vorrebbe reciprocità"

Ma incespica, si blocca. Il suo pensiero ritorna ai mercanti del tempio. Possibile che l'ambito religioso debba attrarre così tanto chi vuol far soldi?

"I palestinesi hanno bisogno di soldi. E va bene. Si può capire. Ma…"

E Alessandro rimane appeso a questo "ma", come se gli mancasse la parola, "più tatto", "più…", sì, come vogliono fabbricare moschee da noi, così se loro… Invece si blocca perché vuole la liberazione, cioè che tutto questo finisca, che queste montagne di merce scompaiano, e lascino almeno passare la gente.

Intanto la guida, in uno spazio finalmente libero, parla del Cireneo. Colui che portò la croce di Cristo, perché non ce la faceva più, il Messia. A volte sembra che Dio non ce la faccia più. E aiutarlo nella sua fatica, quando sembra eclissarsi? O voltarsi dall'altra parte, e far finta di niente? Si ha questa scelta. Se tocca a noi, fare il bene o il male? Le disquisizioni sofistiche, in proposito, sono pericolose, almeno per chi subisce il male.

Portare il peso di Dio. Il senso del Cireneo. E il peso di un Dio è la croce. Il dolore. Sollevare qualcun altro dal dolore, riuscire a consolarlo! Portare la sua croce. Magari noi siamo più forti, ma ci costa così tanto portarla. Ed economicamente siamo spesso più forti. Diceva giustamente un filosofo che dare è togliersi il pane di bocca. D'accordo. Ma dopo aver mangiato offrire una pagnotta che butteremmo via.

Eppure ha ragione il filosofo. Tante volte ci si priva per donare. Esistono i generosi. C'è chi si toglie il pane di bocca. Probabilmente la maggioranza di chi dona. Ci si può sentire legittimamente come il Cireneo. "Chi aiuta uno di questi piccoli aiuta me". Chi volesse fare come il Cireneo, oggi, ha solo l'imbarazzo della scelta: fame, povertà, malattie, debolezze, crisi mentali, ecc. Fare il lavoro di Dio, con l'altro che diventa Dio. Fare il lavoro di Dio e fare il lavoro per Dio. Il Cireneo.

Intanto il mercato urla le sue richieste. Alla fine è sempre così. Ci si vorrebbe astrarre, ma il misticismo viene disturbato. Dal denaro, dalla sua circolazione, nelle sue varie flessioni. Ma per il denaro cosa c'è di sacro? Ritorna l'immagine del Cristo che scaccia i mercanti dal tempio. Che proclama che non si può servire Dio e Mammona.

Ma questo è il mondo in cui viviamo, in cui l'affare si protende in avanti, e, è triste pensarlo, a volte solo per poter arrivare a domani. Come per questi palestinesi. Poi la merce si carica sulla merce. L'abbondanza sull'abbondanza. Piove sul bagnato. E si accumula, la merce. Si potrebbe paragonarla alla neve, che tutto copre uniforme. Solo che è tutt'altro che monocolore.

Occorre andare. E l'uomo si sente un personaggio dantesco, in una viaggio fatale. Vorrebbe dirlo a Alessandro, poi si ferma; ha paura di apparire pedante. Ma cosa assomiglia di più alla realtà, l'andare o lo star fermi? L'uomo si risponde andare, perché quando si sta troppo fermi le cose sembrano girare attorno, ed è un'illusione.

Cataste enormi di merce. Mucchi e mucchi che nessuno dei ventidue guarda. Proseguono con gli occhi a terra, in fila indiana. Vergogna!, pensano. Per i musulmani Gesù non è morto in croce, quindi la via dolorosa è una leggenda, per loro. Basta, per ammettere la mancanza di rispetto? Si chiedono.

C'è chi crede nel progresso. Che adesso le cose siano migliorate. Mah. A me sembra che valgano comunque le regole del contrappunto in musica: se si suonano assieme due scale, una deve essere ascendente, l'altra discendente. Così, sono assieme. Se qualcuno sale, qualcuno scende. Così si dice l'uomo meditando in solitudine, in fila indiana, vedendo la via dolorosa e il mercato.

La sofferenza. Può un Dio soffrire? E' un ossimoro. Eppure, per chi accetta la divinità di Gesù. Un Dio come me? Che può soffrire?

L'uomo fu ateo. Poi si convertì. Perché? Misteri. Tuttavia, a un certo punto, si mise a gridare: "Hai sofferto anche tu! Sei dunque il mio Dio!"

Ora se ne ricorda. E' piacevole, ogni tanto, lasciarsi cullare dai ricordi. Sì, cullare è la parola adatta. Con la culla ondeggiante di un bimbo che si accheta. Anche se erano momenti drammatici. Ma il ricordo decanta. E distilla un così piacevole liquore. Inebria. E ci si sente meglio. Il dolore si attenua.

Disinfettare il ricordo: il modo per non avere rimpianti.

Camminare nella sofferenza. La passione del Cristo è anche questo. Fino all'agonia finale. L'uomo si copre gli occhi. Gli sembra un dolore indicibile, insopportabile.

E gli altri? Nonostante il mercato, hanno momenti di raccoglimento. La partecipazione al dolore del loro Dio, a volte, anche in loro, ha bisogno di un limite, tanto è forte. Il mistero del dolore esplode: i visi cominciano a contrarsi, qualche lacrima esce a fatica, come troppo trattenuta. Qualcuno cede di schianto, come Gigante, il solitario. La solitudine fa sì che in un momento si possa riassumere il dolore. E in questi momenti ognuno è solo: o ad ascoltare o ad andare in silenzio in fila indiana tra i mercati.

Tutto ispira. Dai monumenti alla gente al clima. Occorre veramente chiudere gli occhi per non farsi soggiogare; o abbassare lo sguardo, fino a terra. Ah, la terra. Viene in mente il mito di Anteo, che traeva forza da essa toccandola. Basta guardarla che ci si isola da tutto. E' forse il primo rifugio, e a volte l'unico che ci resta. E' vero che la terra è la madre!
Frastornati, i ventidue escono dalla via dolorosa e dal gran mercato. E' rimasto loro poco in testa, purtroppo. Ma le merci, e quindi il denaro, hanno anche questa caratteristica: di far evaporare.

Di fronte alla basilica del Santo Sepolcro. Così, d'un colpo, come uscendo dalle nebbie. La consapevolezza di un arrivo.
La chiesa sembra che si sia conservata come ai tempi dei crociati. Restauri. Appare da un lato la scala incompiuta che avrebbe dovuto portare al luogo della crocefissione. Spoglia e solenne, come si addice a una sopravvissuta.

Il luogo più sacro della cristianità: Qui è nato tutto. Crederci e fidarsi, o no. Comunque qui è il punto.
Non c'è tempo per ammirare l'esterno. Dopo. Si deve entrare perché c'è coda. All'entrare, il buio
Ma si è arrivati. Ci si abitua. Una scaletta porta al luogo della crocifissione. C'è da attendere, da incolonnarsi. L'uomo ripensa all'esterno, intanto, al suo apparire antico, solenne,come intangibile. La sua fissità. IL ritmo cosmico delle arcate. C'è qualcosa di eterno sulla terra? Almeno come rimando. Una cosa che suggerisce un'altra, questo può esserlo, per eccellenza, la pietra lavorata.
Quando si riversa l'amore.

L'amore, su ogni granello di polvere di quelle pietre, solo perché è il sepolcro di Dio.

E così via a spartirsi ogni angolo, persino il tetto, per confessione religiosa: io stringo il mio signore, sembrano dire. E cercano un modo per dimostrarlo, tangibile. A volte si picchiano e deve intervenire la polizia israeliana. Perché? Basta poco, quando si è ligi, e tutta la propria vita è lì. Implacabilmente lì.

Ma si arriva al punto. L'adorazione sul punto di crocifissione. Dono precede. Il momento tremendo: la croce. Come confrontarsi con la croce? Simbolo di religione, oggi, invece simbolo di tortura per il passato. Era il supplizio peggiore, e il più infamante. Come se Dio fosse stato ucciso da una bestemmia.

Questo era la croce. I Vangeli dicono che, mentre Gesù era crocifisso, alcuni sotto la croce bestemmiavano. Ogni bestemmia è così riferita a questo Dio torturato. C'è una forte repulsione a pensare a degli insulti verso un innocente torturato.

"Perché m'ha convinto?" Si chiede qui l'uomo. "Perché ha sofferto, come è toccato a me?" E' stato quest'urlo, a bastare? "Attirerò tutti a me"" sulla croce.
Solo il male insulterebbe uno in croce? Il male esiste. Non vince, però, benché c'è chi lo crede, ubriaco. Già in questo sta perdendo. Anche se è niente rispetto alla sconfitta finale.

Dono si inginocchia. L'uomo si scuote dai propri pensieri, e la fissa. L'osservazione è anche fissità. E' l'attimo di adorazione. Non può durare a lungo a causa della coda. Ma l'attimo è intenso. Non si può sapere cosa pensa, si può intuire cosa prova. Gli occhi chiusi, la bocca semiaperta, la mascella squadrata. Una partecipazione intensa. Un'estasi? Con Dono l'uomo ha parlato poco o niente di religione. Raramente fa l'eucaristia. Eppure ci tiene all'adorazione. A questo chinarsi di fronte all'assoluto. Chinarsi: un segno di accettazione perché si riconosce il proprio limite. L'uomo si deve scuotere. Sa che si sta innamorando. E sa anche che tutto finirà col viaggio. Lo sente. Sente che appartiene ad un altro mondo. Lei è ricca, lui no. "Devo pensare a questo, mentre aspetto?" Si chiede. Ma è lì. Tocca a lui.

E' solo. Solo di fronte al mistero. La coda ha questa caratteristica: si adora uno per uno. Per qualche istante si è soli di fronte al Luogo. Soli di fronte a Dio: E' l'unico momento, forse, in cui questo è concesso.

L'adorazione: io sono fermo mentre il mondo attorno a me gira. Specialmente ora, che sono solo di fronte al luogo della croce.

Che posso fare? Chinarmi, come tutti, chiudere gli occhi. E sentire. Sentire qualcosa che sale dal profondo, dal buio degli occhi.

"Quando verrò innalzato sulla croce, attirerò tutti a me" Tutti, uno per uno. Ecco cosa sale dal profondo: l'attrazione.

Il momento della sofferenza. Quando siamo sbranati dai demoni. L'agonia. Qualcosa di sommamente atroce. Ma il dolore è un problema irrisolvibile. Però se lo si supera, accresce. Pian piano. Come un rito di passaggio. L'agonia. L'ultimo atto del diavolo.

Scuotersi: occorre scuotersi. Lasciare il posto ad altri. Il tempo concesso è breve. L'uomo si rialza e raggiunge il sorriso di Dono.

E' un'altra riva. Uscire dal dolore è davvero rinascere. Al sorriso fa da specchio un altro sorriso.

Il luogo è cupo: L'interno quasi buio. "Questa è l'ora delle tenebre". Diceva Gesù per la sua passione. Qui le tenebre sono letterali. Ma forse sono solo la necessità di un raccoglimento. Nel buio non si vede. Si è soli. Soli di fronte alla divinità, come in questa penombra? Come in questo luogo? Qui accadde! Dono è come presa da un'estasi a differenza dell'uomo, calmo.
E' il momento di dirigersi verso la tomba.

La tomba. Il tempo. Due concetti legati. Eppure. Eppure la causa è l'entropia, non forse il tempo, che potrebbe persino cullare. Il pendolo, l'altalena e la culla. Tre movimenti identici. Il pendolo e l'orologio. Ma anche il pendolo è anche un orologio. Non siamo abituati a connettere la culla e l'altalena col tempo. Ma col ritmo. E il ritmo, però, in musica è il tempo. Si direbbe che l'idea del tempo sia il ritmo. Così colleghiamo i battiti dell'orologio, regolari, quindi ritmici, al passare del tempo. L'oscillare: movimento che calma, nella culla, come nell'altalena. E forse potrà essere così anche per il tempo. Un cullarsi, perché il tempo potrebbe anche non esistere, ed essere solo il mezzo per avvicinare o allontanare le cose.

La tomba. Il tempo. Che ora sarà? Non importerebbe, se non si avvicinasse il tempo di chiusura. I ventidue hanno perso la nozione del tempo. Ma il piccolo guardiano incalza:
"Quickly!, quickly!"
"Look!"
Guarda la tomba vuota.
Ormai il tempo ha fatto il suo corso.
Guarda la tomba vuota.

"Dobbiamo uscire". E' tornare al tempo, che riprende a scorrere. Il ritaglio di eternità è stato davvero fulminante: sembra durato tutto lo spazio di un attimo, eppure si son fatte due code per due adorazioni. L'uscita è gaia, e ci si ritrova tutti. Si decide per la foto sulla scala incompiuta che conduce al Golgota. Poi è tempo di riprendere il cammino. Riprendere il cammino è reimpossessarsi dell'orientamento. Nella stasi la bussola riposa. Poi, il moto, e occorre considerare ciò che sta attorno a noi. Dalle cose più minute alle stelle del cielo. Dal nostro microcosmo, interiore, al macrocosmo, esteriore. Si sente che c'è una corrispondenza. Un'armonia. E l'orientamento fa parte di questa armonia. Così due occhi possono avere uno sguardo parallelo. Eppure mai i due occhi si somigliano, in chi ha vissuto. Però, lo sguardo delle due parallele è importante. E' più "equilibrato". Ma tutto in noi risente dell'equilibrio. A cominciare dalla posizione eretta, a differenza del solido quattro zampe degli animali. Ma è tempo di riprendere il cammino.

La scala incompiuta. Una scala esterna per ascendere. Vengono in mente le scale delle civiltà americane, con due simboli uniti: la scala e la piramide. Alla fine, l'incontro col cielo. La scala. Il senso di salire, di ascendere gradino dopo gradino a qualcosa di più alto, finché oltre non sia possibile andare. Di questo non ce se accorge, in una scala di condominio. Tutto sembra aver perso di significato. Una nuova religione, la fede nel nulla, si è imposta, cancellando ogni senso e significato, alla fine è rimasto solo il nulla, cioè non è rimasto niente. Si va fino in Centro America per guardare una scala, e magari salirla. Allora se ne avvertirà il senso, in tutta la sua maestà.

La scala incompiuta. Forse è come la religione stessa: una scala a cui manca la fine. Che dobbiamo aggiungere noi.

Un ponte congiunge due stati differenti. Ma orizzontali. Una scala congiunge due stati differenti, ma verticali. La scala riguarda sempre l' al di là. E può dare vertigini.

Il pullman attende, con il motore acceso. Ci si imbarca per tornare a Gerico. Il self-service del cinque stelle è pronto. Ci si siede per mangiare. Attorno a un tavolo ci sono l'uomo, Dono, Energia, Alessandro, e il sacerdote, che tocca un nervo.

"Quando vedremo tutti convertiti alla fede in Cristo?"

"Non vedo il perché" risponde Dono.

"Come?"

"Dico che non vedo il perché. Il Dalai Lama sostiene che ognuno deve coltivare la fede in cui è stato educato"

Il giovane prete è sbalordito. Diviene pensieroso, mentre Dono continua:

"Lo so che non può accettare che una religione equivalga a un'altra. Ma penso che Dio sappia bene ciò che ha fatto, permettendo a tante religioni di proliferare. Se non avessero fondamento non potrebbero sopravvivere. La gente ha bisogno di risposte, e se una religione non può darle, muore. Al contrario, se vive è perché è ben fondata. Lei può trovare scandalosa questa opinione in una pellegrina, eppure l'idea che una sola religione dovesse prevalere ha portato ai disastri del colonialismo."

L'uomo consente.

L'albergo è un'isola perduta in mezzo al deserto: La notte sembra tutto. Ma anche la notte può avere le sue luci: la luna e le stelle. E' così che si cerca l'orientamento. Quanto necessario in momenti come questi! Di chi fidarsi? Insomma, che fare?

Si esce: Gerusalemme di notte. Nel viaggio l'uomo ripensa alla discussione della cena. Dono ha una visione molto indiana, comprendendo e accettando tutte le fedi come paritarie. L'uomo sa che è stata in India.

"Quante volte sei stata in India?"

"Molte volte. Vado spesso, appena posso"

Sono idee difficile da accettare, a casa, pensa l'uomo. Che Dono si sia recata in India e sia stata permeata dalla cultura del luogo. Se va spesso ne è innamorata, e in amore si lascia molto per accettare. Del resto, l'atteggiamento distaccato ma fatalmente mistico di Dono ha un qualcosa di indiano.

L'uomo ha dell'India una conoscenza libresca, come anche per il resto, comunque; a parte pochi viaggi reali. Ma si può viaggiare in un libro? Secondo lui, sì, anche se in un altro modo. Il sapere libresco è il più potente per lui, se fosse stato aggiunto il pregnante aggettivo "reale", o meglio, più reale.

Superati i posti di blocco e il muro si ascende a Gerusalemme antica. Per dire che si arriva a Gerusalemme si può usare solo il verbo ascendere, anche se a volte si scende, essendo stata costruita su delle colline, Ma è giusto così. Per andare a Gerusalemme non si può che salire. Biblicamente si usa salire per indicare un cambiamento di status in meglio. Quindi, per andare a Gerusalemme, logicamente non si può che salire.

Si è davanti al metal detector del muro del pianto. Il sacerdote viene bloccato con la sua bibbia. Chiede:

"Perché?"

"Perché voi alterate le cose"

E' la risposta.

L'alterazione delle scritture. Un lungo problema. Da cui spesso nascono nuove religioni.

Ma perché avere paura della differenza? La differenza può procurare nuove religioni, è vero, ma le divisioni ci sono comunque anche all'interno delle stesse. Per esempio, tra i cattolici il monaco benedettino fa il voto di stabilitas loci, di stare sempre in un posto, per il francescano è contrario, cambia sempre. Tra gli ebrei ci sono Sefarditi, Ashkenaziti, ecc. Quindi, la differenza può essere una ricchezza. Può apparire esagerata, e forse è uno stimolo. Certo quando divide può portare all'orrore estremo, come l'attentatore suicida: Se si vuole rivalutare il mondo, non si può farlo distruggendo. Se in principio era la parola è meglio usarla.

Superato lo sbarramento, si avvicinano degli uomini vestiti da ebrei ortodossi chiedendo denaro. La guida indica l'uomo e prorompe:

" Perché non dai altri soldi? Ti piace? Ne godi?"

L'uomo si sente esposto allo scherno. Sente un mormorio tra i ventidue. Vede Dono triste, e sente che è per lui. Anche Alessandro è imbarazzato. Inoltre molti dei ventidue si chiedono il perché.

Perché tante barriere tra le fedi? Un nome che non piace: sincretismo. Si teme la contaminazione, come se ciò mettesse in dubbio le proprie certezze. Come la guida, con sempre in bocca una frecciata per le altre fedi, o per altre confessioni cristiane. Resta la domanda: perché? Sembra che ogni fede voglia escludere l'altra. Ma non dicevano, si sta chiedendo qualcuno di ventidue, non dicevano che ci si deve aprire a tutti gli uomini di buona volontà? Non dicevano che dobbiamo informarci anche sulle scritture di altre religioni, specialmente per i libri sapienziali? Qualcuno pensa che questa è una facile esca per critiche di atei aggressivi, che comunque così facendo confermano che una fede, la loro, deve prevalere.

Resta il dramma dell'uomo. Lo si potrebbe prendere come uno scherzo, ma lui non ne è in grado. Antichi echi gli risuonano alla mente. E la solitudine le accresce: Torna la lucidità, e gli salgono alla mente i problemi di coscienza. Vedrebbe donne ordinate sacerdoti. Vorrebbe amati anche gli omosessuali. Vede la ricerca sulle staminali come una speranza. Come andare d'accordo con la gerarchia? E non sono che tre esempi. E perché negare l'anima agli animali? E i problemi dei separati? Ecc. ecc. Le domande emergono a caso; o, per meglio dire, dall'inconscio. La coscienza è ora addormentata in un incubo. Meglio ritirarsi in se stessi, e attendere. Così pensa e fa l'uomo. Star fermi, mentre attorno tutto il mondo si muove. Come urla lontane nella notte, forse di innocenti, che disturbano la quiete del sonno, così è il rumore del mondo, ora. Attendere: il verbo che comincia con la pazienza. Ma come essere abbastanza forti per ignorare la tempesta attorno? Non rispondere. Non cercare lo scontro. Inutile palesare le proprie convinzioni che cozzano contro chi si è obbligato all'opposto. Quante volte è accaduto, all'uomo, di sopportare. Alla fine, però, quando Signore e Signora iniziano a trattarlo da stupido, reagisce. Da allora, Signore e Signora lo apprezzeranno per la sua intelligenza, per le risposte che ha dato, profonde, oltre che ferme e decise, il che avrebbe anche potuto essere scontato. La profondità invece li ha sorpresi e commossi. Da questo punto la stima s'insinua e s'aggira, verso l'uomo.

Si rientra. L'uomo è in fondo, cupo. Nemmeno Dono osa parlargli. Molti si chiedono cosa fare: Ma c'è una sola soluzione: il sonno. Gettarsi nel letto e aspettare che questa notte passi, e che il sole torni a sorridere. Il sonno riposa. Si dice che il tempo sia medico. Il sonno può concentrare il tempo.

Dormire. Abbandonarsi. Occorre fiducia per dormire bene. L'uomo fatica. Un po' di insonnia. Le gocce, di sonnifero, immancabili. E sprofonda. Ma riposa. Il riposo è essere cullati senza saperlo.
I sogni possono essere pesanti. L'uomo non ne ha. O meglio, ne rimanda il ricordo. Al risveglio gli sembra di uscire dal nero. Si rende conto di uscire solo da una censura, che è l'unico nero notturno.
C'è un altro nero, spaventoso, che nasce dal ricordo. Variante dell'incubo. Emerge specialmente in solitudine. L'uomo vede il sorriso di Alessandro, e tutto svanisce. Un compagno di stanza può servire. Davvero.
Sorride anche l'uomo, e si stira al sole. In quel deserto, non solo senza fiori, le lacrime dell'uomo hanno innaffiato. Nei compagni di viaggio è nato qualcosa. Ma che si può solo avvertire. La vera stima è rinata.
Dicono che in questa terra ogni emozione sia interna. E' quando tutto vive. E basta sollevare una pietra. Non importa quanto pesi.
Il mattino è il sorriso. Il benessere è ormai evidente, e l'alba carica di forza. Solo l'insonnia inverte questi fattori.
Sentire l'appoggio. Avere la sensazione che si condivida i propri problemi. L'uomo aveva questo. Qualcuno era scivolato via, in molti dei ventidue sono con lui. Sensazione avvertita a colazione.

La solitudine sparisce all'alba. Nel pullman regna una certa calma, ma non di rassegnazione, piuttosto di esperienza condivisa. Anche se si sente serpeggiare qualche sentimento ambiguo. Energia si avvicina infatti alla guida per chiedere:

"Noi non abbiamo mai dato problemi?"

Dice di sé e di Dono.

La guida avverte la stanchezza. Si è inutile bersaglio di scherni per la troppa chiusura. Sa che deve rappresentare la posizione ufficiale della Chiesa, e non può far altro. Ma l'uomo esprime istanze molto diffuse tra i fedeli, che molti dei ventidue condividono.

Gerico si allontana. Nel pullman l'atmosfera è rilassata, stranamente. La guida dà informazioni storiche. Ed ecco che si sale a Gerusalemme.

"A cosa pensi?"

"Alla crocifissione. Se Dio viene in terra, ecco come lo trattano"

Il sole domina su tutto. Perché tutto lo riflette e ne risente. Solo nelle chiese il suo potere arretra, nella penombra e al fresco. Siamo nell'orto degli ulivi. All'esterno.

Alcuni ulivi pare siano di duemila anni fa. All'interno della chiesa, il luogo del pianto di Gesù.

Dovette soffrire fino all'inverosimile, per piangere sangue. La solitudine. La ricerca di conforto, e trovare i discepoli addormentati. L'indifferenza al proprio dolore. Come un muro. Gesù prova l'angoscia, il dolore che conduce alla pazzia. La follia tramuta il sudore in sangue. Poi il rinsavimento. "Tutto è compiuto"

Pietra. Indicata come fondamentale. Addirittura come indice di verità universale. Del sasso che parla, che respira. Questo si sente, o sembra sentire. Certo è che il sasso parla, racconta. Anzi, "canta". La solitudine dei contemplanti attorno si alza al ricordo di un solo, di un abbandonato. In quel momento tutti l'hanno lasciato.

"Chi non ha avuta un momento in cui è stato abbandonato?"
"Parecchi. Guarda le dive."
"Eppure si parla della loro solitudine."
"Che comunque non è certo la nostra."
"Forse è di tutti, però."
Il momento dei sussurri finisce Si deve infatti uscire. E il sole romba attorno all'uscita. Gli ulivi, alcuni vecchissimi, con il legno torto, come se due millenni si fossero accaniti a tacere. Sembrano carichi di pianto. Eppure sono il simbolo della pace, anche. E lo diventano anche qui, non solo ad Atene, Qui c'è stato il sospiro di Gesù rassegnato al suo destino. E' così anche per noi? Quando ci rassegniamo al nostro fato troviamo la pace? E' forse il modo migliore per aver fiducia nel futuro?
Quante sensazioni, quante domande nei nostri ventidue.

Le domande aleggiano nelle nostre menti come nuvole foriere di pioggia fecondatrice. Gigante ha quest'idea. Le certezze secondo lui possono essere pericolose, come pesi eccessivi su un'architrave, che crollano alla scossa di un terremoto. L'orto degli ulivi è per lui fondamentale, perché è il giardino del dubbio. Quali fiori vi si possono cogliere! Andando sempre diritto, non possiamo vedere molte cose: quando si guida, si guarda la strada.

Ma si cambia orizzonte: la chiesa della salita dell'asino per l'ingresso trionfale a Gerusalemme del Cristo. Ci si dirige là. L'uomo si è ripiegato su se stesso in pullman. Vuole uscire da un attacco di depressione dovuto al ricordo improvviso del ridicolo. Una tecnica buddista. Pensare solo a sé e svuotarsi. Che esca il male e resti il bene!

Il trionfo del Cristo. La folla che acclama Gesù. E' per questo che i ventidue pellegrini sono qui, perché verranno detti palmieri, da chi agitò le palme per osannare Gesù, il Messia. Il diritto di portare la palma. Essere venuti fin qui per farlo. Questo è il momento. La croce per chi va a Roma, la conchiglia per il cammino di Santiago; ma qui, la palma: si diventa palmieri. Anche se si tenderà a fregiarsi della croce cosmica.

Il momento del trionfo. Finalmente arrivò il messia. E' singolare che ogni estremismo sia messianico, senza essere pacifico. Lo è il messia, pacifico. Per questo è rimasto, come speranza per tanti? Mentre degli estremisti rimangono solo i loro incubi.

Il trionfo. Chi è odiato e si sente circondato da nemici, ma ci spera. Pure Gesù lo era. Ed ebbe il suo trionfo. Si potrebbe dire: se non lui, chi altri? Ebbe l'orrore della fine. Altri ce l'hanno in diversi punti della vita. Eppure, almeno una volta, ha brillato una scintilla di felicità. Il nostro trionfo? Forse solo un'anticipazione.

Il trionfo. E' bello poter gridare a qualcuno. "Evviva!" perché ci si fida di lui. Sentirlo nel proprio cuore, vibrare nel nostro essere, così che il suo trionfo diventi la nostra felicità. Ci si scambia i sorrisi, ci si esalta. Oggi lo si fa con i campioni sportivi. Ma c'è chi merita più di loro la gloria e il trionfo. Verrebbe da dire: qualche povero Cristo. Retorica? Non direi. L'anno liturgico cattolico si chiude proprio con le parole del Vangelo "Quanto avrete fatto a questi piccoli, l'avrete fatto a me". Dar da bere, da mangiare, da vestire, visitare se ammalato o in carcere, consolare se afflitto. Hanno avuto la loro croce, come il Cristo. Avranno anche loro il loro trionfo, come il Cristo?

Il trionfo. Di quante paure ci hanno caricato, di quante angosce? Così il Dio presentato ci appare un idolo. Un essere di pietra o di metallo al quale si sacrifica. Tutto ciò provoca dello straniamento. Poi si è sviati nel considerare il sacro, e il trionfo del bene appare "stranito". E' difficile allora essere equanimi, quando dei sacerdoti si sono presentati come depositari del Vero e ne hanno approfittato per opprimere gli animi. Terribile. Ma non è stato questo anche, tra le altre cose, un senso della Riforma? E non era così anche con Gesù, per la maggior parte dei sacerdoti? E questo non ritorna nella storia? Anche in quella personale? L'importante è incontrare un Giuseppe d'Arimatea, un Nicodemo. Un sacerdote giusto, e non pensare alla negatività di altri.

Il trionfo. Siamo soliti abbinarlo anche al sesso, così Bacco:

"Sai, quando ho visto Ilare mi sono ricordato di quando, da bambino, mio padre mi portò fuori città, in campagna, e mi mostrò la luna che usciva dalle nubi."

"Quindi?"

"Ecco, per me questo è il trionfo, il migliore"

Trionfo. Se esiste il trionfo così, di Gesù, Dio esiste davvero. E vale la pena di inseguirlo. Così la pensa il giovane prete.

Tante domande, poche risposte: pensava, prima del viaggio, Anima Cortese. Ora molte risposte le ha trovate: sì, ha fatto bene a fare questo viaggio.

Il trionfo. E anche l'uomo, per un attimo, per questo attimo, smette di soffrire.

Il trionfo. Quale il significato per i nostri, quali per gli altri che vennero qui, in duemila anni di storia. Il richiamo di un uomo buono, creduto Dio. Nato in un piccolo paese di una remota provincia di un piccolo regno alla periferia di un vasto impero. Faceva il falegname. Com'è stato possibile? Se lo sta chiedendo Atea: com'è stato possibile che tutto sia nato da un operaio paesano?

Il trionfo. Lepricaun non l'ha mai potuto concepire per sé. Si chiede se non sarà ricordato solo come uno gnomo irlandese con fattezze lombarde. Ora è qui e vorrebbe sentirsi. Solo questo: sentirsi. Per avvertire finalmente che c'è qualcuno, in lui.

Il trionfo. Eroe lo sogna. Poter camminare, normalmente, senza bastone. Il Cristo che fa camminare gli zoppi. Che nei Profeti sono detti eredi del regno di Dio. Cos'ha di speciale uno zoppo? Forse è l'invalido per eccellenza.

Intanto l'uomo torna a sognare. Il trionfo. Nella Bibbia chi delira è assieme ai ciechi. L'uomo ha sofferto di delirio in passato, al ritorno lo attende una visita psichiatrica di controllo. E il Cristo ha ridato la vista ai ciechi. Così può ridare la ragione. Sì, adesso sta bene, niente da dire. Però c'è sempre l'ansia di ricaderci, che sia ciclico, ecc.

"Penso alla visita che m'attende al ritorno"

"Ora sei qui, goditela"

Il sole è abbagliante. L'uomo respira.

Signore e Signora si cercano le mani. Il loro destino è così. Una fortuna l'essersi trovati, quindi un trionfo. Perché? Perché qui? E' tutto così intenso, che le domande svaniscono. Può un tocco di mano,. in una data situazione, nel posto adatto, dare l'estasi? Basta poco, nel molto.

Ilare sente la libertà. Al di là della vita che l'attende sa che c'è una liberazione. Esperienze taglienti. Ma c'è l' al di là. E' la liberazione. La ricetta migliore per una giovane.: l'amore: è questo lo specchio nascosto della liberazione. Qui Ilare si specchia: sente l'amore di Bacco, quello del suo ragazzo lontano, e, ora, quello verso Dio, e si sente libera.

Ma è ora di andare, come sempre. Si arriva a delle tombe individuali, e di famiglia, simili al sepolcro. E' toccante vedere come la sepoltura narrata corrisponda alla realtà. E' sempre toccante la verità avvertita. Specialmente quando rimanda a una speranza. Sembra strano parlare di speranza davanti a delle tombe, ma forse è l'unica strada. Altre sono la disperazione e i pianti, o un'arroganza, a volte anche calma, di chi si sente superiore e più forte. Il nulla. Il problema che ritorna. Atea pensa che questo è proprio il colmo; essere venuti fin qui per vedere delle tombe. Gli altri si lasciano accarezzare dalla speranza, sentono le parole della guida e qualcuno si commuove. E' difficile essere imperturbabili di fronte alla morte, forse è disumano. Può diventare un'abitudine, come nei criminali . O una rassegnata assuefazione. Una tomba è anche una prova di pazienza.

E' vero anche che la morte corre, e porta questa sensazione attorno. E forse una tomba è cercare. Una traccia della vita di qualcun altro. Seguire la sua scia.

Cosa è rimasto di lui dopo? Meglio: quale contatto abbiamo con lui? Solo questa tomba. Non c'è altro di tangente. La separazione sarebbe totale senza questa tomba. Qui sembra di avvertire qualcosa. C'è un che di assoluto. Persino gli atei, generalmente, sentono il Nulla, non un nulla.

E' ora di andare, come sempre, e le riflessioni dei nostri si perdono al vento.

Andare: il pellegrinaggio. Il destino colpisce chi sta fermo. Andare, in qualunque senso, letterale o metaforico, è il presentare l'alterità.

La cappella dell'ascensione del Cristo. Qualcosa è stato risparmiato, dall'incuria dal tempo dai nemici, soprattutto. Qualcosa di davvero grande sopravvive, nei nostri cuori. Qualcosa di fisso e immutabile. Come un ricordo d'amore. Questo qualcosa può essere di pietra. Come la basilica del Santo Sepolcro, o questa cappella. E' il momento del commiato. Gesù scompare alla vista. Non c'è altro da dire. Gli angeli ammoniscono di non guardare in alto, ma di muoversi. Così accadde. Così accade. Il cielo sembra vuoto, se non ci muoviamo. Dobbiamo andare al bersaglio. Inseguire la meta. Forse è questo il compito dell'uomo.

Intanto il risorto è andato in un mondo completamente altro. Un mondo invisibile ai nostri occhi. Al di là del velo. Squarciarlo non è possibile. . Il velo, parokhet, copre il mondo, il regno, malkut, dice la Cabala.

Nuovi cieli e nuova terra, in futuro. Ma per ora siamo qui, e non possiamo andare da nessun'altra parte. Possiamo consolarci con la bellezza, davvero notevole, del regno, di malkut. Ma non è il regno del diavolo, questo, come dicono; come fa ad essere così bello? E' che la bellezza è invincibile. Anche affiancata dal male, che deforma. Eppure sono tanti i segni di bellezza. Tanto che è impossibile enumerarli tutti. Ma il velo di parokhet copre anche il male. Il male accade. Ma non lo vediamo tutto assieme. Diceva un rabbino che se vedessimo tutti i diavoli l'esistenza sarebbe impossibile.

L'ascensione. Il salire. Quando capiterà a noi il salire? Raggiungere il massimo del verticale. Un salire continuo. Fino all'Altro.

Qualcuno ha pensato che l'ascensione al cielo sia stata fatta da un Gesù praticamente quasi astronauta. Ma ricordo che Agostino, nelle Confessioni, sosteneva che questo cielo è anch'esso "terra". Si può ascendere solo in un cielo "nuovo". Dal cielo squarciato scende lo Spirito e si ode la voce del Padre Sono modi dell'Altro.

Andare ad annunciare la buona notizia. Com'è facile, qui, come sarà difficilissimo, al ritorno.

Eppure è una terra di sangue. Forse perché tutto rimanda a qualcosa d'altro, rende bene le apparizioni di pensieri religiosi. Associazioni libere, che annullano segni e segni in collane di significati. Qui è davvero difficile restare indifferenti. Si è lontani dalle polemiche di casa, che presentano la religione solo come repressione. Qui, in questa terra, si è al nocciolo. Sono lontane le polemiche. Molti credenti sono infatti libertari, c'è da chiedersi se questi battezzati abbiano voce presso la gerarchia. L'uomo se lo chiede continuamente; stanco del magistero, però non vuole abbandonare la fede. Quanti saremo? Si dice. Forse la maggioranza dell'umanità è così. E cambiare? Ma com'è possibile praticarlo nel piccolo paese in cui si vive? Da solo? Come sempre, si dice a se stesso. O forse, il cui destino sarebbe stato di una perpetua ricerca? Una trasfigurazione della solitudine. Essere isole non esclude però l'arcipelago. C'è sempre con chi comunicare. Certo che occorre cautela. Occorrerebbe. L'uomo si sente pessimista, a riguardo. Ma è giusto così: la ricerca individuale non ha limiti teorici. Non per questo si deve abbandonare il dialogo, e anche la pratica. Perché la pratica è il sentiero comune. A meno che questo non sia assolutamente contro, e in maniera irreparabile.

L'uomo si sente sollevato. Sta ritrovando il sereno. Coltivando il proprio segreto e lasciando le tempeste attorno scivolare addosso.
Si può tornare all'ascensione. Ascendere è certo un indice di verticalità. E' questo che interessa.
Atea, intanto, si dice tra sé e sé che non ricordava quel particolare del Cristo astronauta. Ma il peggio sono quelle continue critiche agli atei. Si credono chissà chi, facendole, e non sono niente. Perché non c'è niente. E quello che tocchiamo è solo solido nulla. Almeno fino a quando arriva l'ansia. Quando le cose vanno bene, non importa. Per quanto si vanti di non essere mai stata malata di mente, ha dimenticato di essere stata curata da uno psicologo. Del resto, è un modo come un altro per rimandare l'incontro con il mostro.

Bisogna andare, muoversi, verso il luogo del Pater, dove fu insegnato i Padre Nostro, la preghiera dei cristiani. Andando, Atea si lamenta degli attacchi della guida agli atei.
"Che ne pensi?"
Chiede Alessandro all'uomo.
"E' arrivata ad un punto di saturazione"
"Che sia stufa d'accordo. Ma per gli attacchi agli atei?"
"Sono polemiche scontate. La guida è sanguigna, e il luogo si presta"
"Quindi?"
"Dobbiamo badare alla realtà"
"E...?"
"E non lo so. Mi sembra vero che quando gli atei hanno preso il potere hanno creato dei mostri"

"Al passato? E adesso?"

"Adesso sono diventati delle isole. Guarda i risultati"

"Più che la realtà, la verità, se non sono sinonimi"

"E' che loro vogliono che si ragioni come loro"

"Ma parlavi di realtà. E tu la leggi nei tuoi libri. Che libro in merito?"

"'Il maestro e Margherita" di Bulgakov"

"Spiega"

"Non posso raccontarti tutto il romanzo"

"Beh, la parte che interessa al nostro discorso"

"In una Mosca atea arriva il diavolo"

"Ah, ecco…"

"Il maestro è stato rinchiuso in manicomio per aver scritto un romanzo su Pilato; la sua ragazza, Margherita, diventa allora una strega"

"Interessante, e come finisce?"

"Preferirei che tu lo leggessi, se hai voglia, al tuo ritorno. E' bellissimo"

"Ed è una satira sull'ateismo"

"Riuscita"

"Che direbbe Atea?"

"Se ne può discutere"

Oh, quei due, si dice Atea, adesso hanno il pallino degli scrittori. Ma se il Partito li ha censurati! Parassiti, ecco cosa sono. E anche pornografi.

Bacco si ritira in se stesso, per ascoltare questa disputa. Sia come sia, perché prendersela? Così, poi…L'importante è godersela, e anche godersi questo magnifico viaggio, e la compagnia di Ilare, poi… Dio esiste? Mah, meglio avere un buon padre. E non lo crede così severo per chi vuole godersi la vita. L'importante è aiutare. E si può farlo gioendo. Certo, mi spiace per l'uomo, si dice: quello che ho saputo parla di repressione, familiare e sociale. Nessuna educazione sessuale, divisione tra maschi e femmine, violenze fisiche e psicologiche. E tutto perché? In nome di quel Dio che, tuttavia, insegue incredibilmente ancora. Per fortuna sono nato altrove, dove Dio e il sesso non fanno a pugni. Dar la colpa ai preti che ha incontrato? Per quanto ho capito, da lui, quaranta anni fa, era così per la maggioranza. C'è proprio chi nasce male.

Atea si stacca anche da Bacco, dicendosi:
"Chi me l'ha fatto fare di venire tra 'sti bigotti. Io volevo solo vedere la Palestina".
Per quello, l'ha vista.
Ad un tratto si accorge che altrove avrebbero litigato: avrebbero cominciato coll'alzare la voce, coll'agitarsi. Mentre il volto viene deformato dall'ira. Qui no. I problemi degli altri assorbono queste energie? O è anche l'atmosfera? Propizia per considerare l'insegnamento del Padre Nostro, quando si è arrivati sul posto del suo insegnamento.
"Insegnaci a pregare"
Chiesero i discepoli. Ogni credo ha questa esigenza, la liturgia, cioè, praticamente, la preghiera. Il rito è essenziale, per il mantenimento dell'abitudine. Ma cos'è una preghiera? Quante mirabili definizioni abbiamo letto, e tuttavia ci viene spontaneo chiederlo ancora.

Anche di fronte al dolore, anzi, soprattutto. E' quando o si bestemmia o si prega.

Quale nostalgia antica la prima parola "Padre". Un padre anche tipico, originario, un padre come l'avremmo voluto.

Un padre generante, quindi anche madre. "nostro". Non solo mio, non solo tuo, o suo, ma nostro. Forse è il solo che ci accomuna davvero. "che sei", il Suo nome, l'essenza stessa, l'io sono; "nei cieli; quante volte guardiamo il cielo, per sperarne il sereno, o la pioggia. Eppure è un cielo che è ancora "terra", come scriveva Agostino Quello che vediamo. Ma se si aprissero i cieli, come nel battesimo di Gesù, cosa vedremmo, se non il Padre? "Sia santificato il tuo nome". Il contrario della bestemmia. La prima invocazione è la benedizione del nome di Dio. Viene in mente il detto ebraico "Baruch Hashem". Benedetto sia il Nome. Il nome per eccellenza. "Venga il tuo regno" ben disse la Madonna, depose i potenti, esaltò gli umili. Che venga finalmente un regno di giustizia! Invocato per quante migliaia di anni. "Sia fatta la tua volontà". Subito dopo l'annunciazione del regno, far sì che arrivi il regno, che gli umili e i poveri abbiano il giusto risarcimento, già fin dal possibile. Questa è certo la Sua volontà. Far sentir loro un'anticipazione di quanto avverrà alla fine del mondo. Non è forse il Dio delle vedove e degli orfani? "Come in cielo così in terra". La volontà sulla terra, come s'è detto, la volontà nel cielo, tra i beati esseri. "Dacci oggi il nostro pane quotidiano". Lezione vulgata. Nell'originale greco per la parola "quotidiano" c'è "epiousion", e nel testo latino "supersubstantialem", che va al di là della sostanza. Eppure la fame imperversa. Dacci questo pane, e avutolo facci guardare al di là. Dacci tutto ciò che ci nutre. Anche questo è pane. Dacci tutto ciò che nutre ogni giorno. Daccelo subito, che gemiamo. "Rimetti a noi i nostri debiti, come noi li rimettiamo ai nostri debitori". Facci uscire dai rimorsi e dai rimpianti. Salutare il peggio del passato. C'è un affascinante rito ebraico. A Capodanno si va in riva a un fiume e si recita i propri peccati, e il fiume li porta via.

Ah, poter dimenticare gli incubi, che inseguono a volte anche a occhi aperti. "Non c' indurre in tentazione, ma liberaci dal male". Sì, allontana da noi il male, è l'ultima cosa che ti chiediamo, il soffio della supplica nel dolore.

Così passa anche l'omelia del Padre Nostro, dove fu istituito. Insegnaci a pregare, dicevano i discepoli. Dopo millenni non lo sapevano. Dopo millenni non lo sappiamo più. Ma dopo questa postilla è necessaria un'offerta. Il pregare si attua nel dare. Circolano alcune buste. Sorprendentemente, l'uomo e Alessandro sono i più generosi. La guida è stata infatti attenta alla consegna delle buste, e ha potuto riconoscere i donatori. Commenterà con tutti l'accaduto: "Sono due anime belle" Ma l'uomo è sempre allo sbando. A volte non riesce a seguire le spiegazioni. La depressione è così, e lo sa. Dono gli si avvicina e lui cerca di scuotersi.

Il Padre Nostro è qui tradotto in tutte le lingue conosciute. Innumerevoli. Alcune sono intuibili, altre illeggibili, alcune persino inidentificabili.

"Questo posto andrebbe bene in un racconto di Borges"
"Sì, gli sarebbe piaciuto stare qui"
"Un labirinto di lingue"
"Su un testo fondamentale"
"La molteplicità dell'unico"
"E' come vedersi in specchi diversi"

Le parole sollevano l'uomo. Non dimentica se stesso, ma il proprio dolore, in buona compagnia. Incontrare l'altro è anche vedere meglio se stessi.

"L'aria qui è così tersa, che mai l'ho vista così trasparente"
"Abitando nelle nebbie?"
"E la polvere estiva"
"E se fosse solo un'impressione?"
"Godiamocela"
"Sì, godiamocela comunque"
"Così vivi"
Le parole a volte sono delle carezze. Non risolvono i nostri problemi, se sono altrui. Ma posso non renderli così urgenti.

"Sì, qui è bello respirare"
"Il che è una gran cosa"
"La felicità nelle piccole cose"
"Respirare è importante"
"Che ne pensi di questa preghiera?"
"Che ne penso allora della preghiera?"
"Come vuoi"
"Un movimento in una direzione"
"Mi lasci un po' l'amaro in bocca"
"Perché vuoi sempre cercare? Occorre troppa pazienza"
"Ma la pazienza è il gradino precedente alla pace."

Anima Cortese è arrivato fin qui per cercare delle risposte. Qualcuna ne ha trovata. Come qui. Ha sentito. Ha avvertito il fondo sotteso delle cose, gli sembra di esserci. E' il momento in cui andare non costa. Il partire lievi. Andarsene galleggiando. Gli mancava qualcosa. Ora ha avvertito un padre. Un padre è anche una radice. Trattiene come un'ancora, nelle tempeste. Perché abbarbica alla terra, come fosse l'anima nel reale. Con una radice si è come un albero, fermi. E non si cerca più, si attende. Come è il trovare. E la radice è un trovare particolarmente bello, perché è una parte di sé, del sé. Il padre è la radice per eccellenza. Il senza patria è il *deraciné*. La patria metafora del padre. Perché la patria è stata abitata dal padre. E la Gerusalemme celeste è abitata da Dio. Il Padre. Ora Anima Cortese lo sente. E' bello non essere soli. E a volte basta solo sporgersi.

La pietra del Getsemani. Sembra più fredda. Spinge il pianto. Il centro del pianto. Il punto d'origine del pianto del mondo. Qualsiasi lacrima sia stata versata, qui sembra che sia stata versata prima. Cosa c'è dietro il pianto? La risposta sembra: la paura del dolore. Ma piangere è anche rigenerarsi. Alla fine, certamente, "tutto è compiuto". Ma l'angoscia. Il dolore che conduce alla pazzia. Quando tutto si sgretola. Quando la speranza non sa cosa fare.

Il buio attorno alla roccia. Una chiesa su dei sassi. Il fresco delle mura, al riparo della calura esterna. Tutto è raccolto, umile e grandioso allo stesso tempo.

Improvvisamente, fuori, il sole. Colpisce. Ci si dirige verso gli ulivi, alcuni antichi, garantisce la guida. Questo è l'orto degli ulivi.

Abbagliato, l'uomo ripensa alla morte dell'umanità. Di come il futurismo sia stato "profetico", in questo: l'umanità che non sa più neanche parlare, ma solo dire "Zang tumb tumb" La parola scomparsa. Da quando iniziò il processo? Forse con l'inizio della repressione sessuale, con Freud come testimone? Forse coi totalitarismi?

L'uomo vorrebbe parlarne con Alessandro, ma si ferma.

"Meglio sposarsi che bruciare"

Gli viene da dire. E Alessandro:

"Cosa?"

"Mi è venuta in mente una frase di san Paolo"

"E allora?"

"Mi sento tutto bruciacchiato"

"Problemi col clero?"

"E oltre"

"Dai, pensa al futuro"

La potenza del sole sembra invincibile, qui. Scalda e tutto asciuga. L'uomo se ne lascia beare, e alla fine sorride. La valle ha dischiuso il suo mistero. Ora non resta che andare avanti.

"Pensi sempre alla filosofia?"

"Cioè?"

"A quelle teorie sulla morte dell'uomo"

"Ho studiato quelle che una volta erano gli studia humaniora. Ma se l'uomo è morto, questi studi, gli studi letterari, diventano aborriti. Infatti è quasi così"

"Non ti sembra di esagerare?"

"Mi sembra che le materie umanistiche, ormai…"

"Tu come la vedi?"

"La cultura? Un tutt'uno, senza rivalità tra scienza e umanesimo"

"E ora?"

"Ora godiamoci il sole, e questo ambiente, e i ricordi che suscita"

"Ricordi tristi"

"Anche la tristezza è da vivere"

Come sono contorti i tronchi degli ulivi. All'uomo, ridendo, pare di vedere i suoi ragionamenti.

Ma gli ulivi antichi sono uno spettacolo: masse vive che attorcono i secoli depositati. Legno ancora vivo che vuole esprimere tutto il contorcimento della fiamma, immobile senza bruciare. Riassunto del tormento dell'età, sembrano ancora ricordare l'intenso dolore del Cristo, tanto sono contorti. Certo sono il riassunto del dolore dell'umanità. Eppure, il simbolo della pace. L'oliva e l'olio. Quanto è sacro l'olio: dalla cresima all'estrema unzione. Fa rilucere. Da cui tante speranze dell'umanità. L'olio è salute, e abbellisce il corpo; quale abbondanza suggerisce l'olio. Rimanda a carovane ricolme d'ogni bene. A quali pensieri rimanda l'olivo, monumento naturale.

L'uomo li guarda e si distrae: Pensa all'albero sacro ad Athena/Minerva. Si ricorda il vecchio 100 lire, che osservava da bambino, con Minerva che accarezzava l'ulivo. Poi, più tardi, la conoscenza del mito, la lotta tra Athena e Poseidon , e la vittoria totale della dea perché regali ad Atene l'ulivo, simbolo di pace, e la città l'elesse a patrona.

Perché Gesù venne a piangere qui, tra gli ulivi?
E' ora di andare. Attende Ein Karem, dove protagonista è Giovanni il battista.
Ah questa luce, questa luce! Alla tua luce vediamo la luce, recita un salmo, ed è proprio così: la luce soprannaturale dà questa meraviglia che chiamiamo luce, che definisce e colora il tutto. Un'entità così bella non è possibile che esista senza l'affermazione di una luce altra, metafisica. Questa distinzione tra le due luci è sublime. Possiamo vedere solo grazie a una spinta metafisica, perché è alla luce che vediamo le cose, e questo è divino. Gesù che cura i ciechi. Perché è Dio che fa vedere le cose. Alla sua luce vediamo la luce. E il pullman corre in questa luce abbagliante. Cosa c'è al di là della luce? Cos'è il buio se non assenza di luce? In sé non esiste.
Ma la luce è uno dei nomi di Dio. Per questo fu tanto invocata? Tanto da immaginare l'inferno come tenebre?
Alla tua luce vediamo la luce. Ma qual' è la tua luce? Come riconoscerla, o addirittura vederla?

L'emblema del' al di là: si vede grazie alla luce, ma questa esiste per una causa, un'illuminazione, non solo ulteriore, ma finale.

Alla tua luce vediamo la luce: quale luce sarà? L'uomo prova a concentrarsi e a immaginare, e gli viene in mente il big bang. Eppure, questa è ancora la nostra luce.

C'è un punto al di là del quale non si può andare. Si deve definire per negativo. Ci si deve arrendere, con la logica. Eppure si sente. La si sente quella luce alla cui luce si vede la luce. La si avverte.

Ein Karem. I luoghi di Giovanni Battista. Cosa sentì? Cosa lo fece muovere? La voce di chi chiama nel deserto. E' la sua voce. Il richiamo a una vita diversa.

La nascita del Battista. L'incontro tra Maria ed Elisabetta. I due momenti ricordati a Ein Karem. Il precursore. Colui che prepara la via. Anche noi, abbiamo bisogno di qualcuno che prepari? Il senso dell'altro. Indispensabile, forse. O forse proprio noi dobbiamo preparare una via a qualcuno. C'è comunque qualcosa per cui siamo importanti. Svilirsi è pericoloso. E la depressione una brutta malattia.

Morire per un capriccio. La fine del Battista. Può capitare, ma è mostruoso. La morte è di per sé spaventosa, ma così è avvilente. Toglie tutta la maestosità della morte. Il capriccio ha in sé il ridicolo, cioè il contrario della morte.

Giovanni il Battista Gridare alla gente di lavarsi. Lavarsi vuol anche dire digiuni, cioè dieta. Lavarsi è anche agire bene. Il battesimo è lavarsi. Quindi Giovanni fu giustamente definito il Battista.

Ein Karem. Il caldo è soffocante. L'uomo rimane in maglietta. La messa scorre. Sul braccio destro dell'uomo appare, tra le altre cicatrici, una croce. Ilare. Al vederla, ha un brivido é si morde il labbro inferiore. Bacco ha un sorriso di compiacimento invece, e chiede all'uomo: "Crociato?"

Il diverso modo di vedere le cose. Ilare italiana, Bacco rumeno: quand'erano piccoli appartenevano a due mondi contrapposti, durante la guerra fredda. Ma generalizzare può essere pericoloso.

L'uomo aveva paura a mostrare le proprie cicatrici. Una vergogna dovuta all'evocazione del dolore. Ma questa accettazione degli altri lo solleva, lo fa galleggiare. Il corpo accettato dagli altri lo è anche per il sé.

Perché? Non esiste la domanda, non c'è bisogno di risposta, e questo dà calma.

L'uomo era partito cercando un viaggio in Israele e si è trovato in un pellegrinaggio. E i compagni di viaggio l'hanno riconsegnato a se stesso, alla propria calma interiore, tanto cercata. La potenza della verità accettata.

L'accettarsi. Mostrare le proprie cicatrici è rivelare il proprio passato. Ma ora, che importa il dolore passato, se le sue conseguenze, e i suoi ricordi vengono socialmente accettati? E' il sollievo.

Veramente il sentirsi librati in aria. C'è tempo per tornare coi piedi per terra. Ora è meglio assaporare questa gioia intensa, tanto desiderata quanto insperata.

La solitudine non esiste più, nemmeno come ricordo. Forse il paradiso è anche così.

E' stato il sole. Con questa temperatura l'uomo è rimasto in maglietta e si è mostrato. Meglio, è stata l'adesione al sole. Aderire alla natura è il modo più adatto per avere un destino migliore, perché così non ci si ribella agli interventi divini.

E' bello lasciarsi cullare dall'affetto: lontano il ricordo dell'odio. Perché l'odio ha questo di particolare, che più una persona è piccola più s'ingrandisce. I vizi capitali richiedono delle varianti dell'inabissamento del deprezzarsi; ma la superbia, che per voler andare in alto fa cadere in basso, o come l'avarizia, che esige grettezza. Ma l'odio, inteso come l'opposto dell'amore, più è grande più rimpicciolisce. Eppure ha dei limiti. Entro i quali la provvidenza riesce ad intrufolarsi, e così mi sono salvato, pensa l'uomo. E per sopravvivere fin qui. Non a caso. Perché il precursore è l'uomo che ti rivela a te stesso. E qui i compagni di viaggio presentano all'uomo uno specchio in cui dire: che bello! Preparare la strada è compito dello specchio, o del precursore.

Riconoscersi nell'altro: com'è bello quando si è apprezzati. San Paolo, nella Bibbia, scrisse: "Gareggiate nello stimarvi a vicenda". In genere accade il contrario. Ora qui, con lui uomo, accade il giusto, e proprio nel profondo del suo disagio passato.

E' il momento di rientrare. Il paese di Ein Karem è piccolo, e dopo essere scesi dalla chiesa, e aver attraversata la strada, si è davanti ad un negozio. La merce si trova ovunque, e ha un che di prolisso: roba, roba, cumuli di cose. Si accumula, anche per garantire la scelta. Ma è anche un modo di ostentare prosperità, quindi di venire accettati dal cliente, che s'aspetta quel che è prospero, cioè il bello e il pulito.

Cose in genere inutili, che però fa piacere ricevere. "Ha pensato a me" Questa è la prova Non sono banalità, perché chi non ha nessuno lo rimpiange.

La scelta. Cosa gli piacerà di più? Quanto tempo si impiega per questo. Eppure è un viaggio in posti lontani: se ne dovrebbe sfruttare ogni attimo. E lo si perde così, nella catena degli affetti. Son questi a tenerci per mano, in questi momenti. A volte lo si degrada per convinzione: non posso non portargli niente. E' quasi un abdicare. Si può gioire meglio degli acquisti per regali.
Il piacere di dare. La gioia di ricevere. Lo scambio dei doni è alla base del rapporto umano. Occorre essere cinici per non approvarlo.
Tanta scelta per comprare, a volte, qualcosa di scontato, qualcosa che sarà accolto con un sorriso e magari subito dimenticato.
E' bello dire.
"E' per te"
Scambio di sorrisi, un'unica felicità. Dura solo un attimo, ma è comunque magico.

Ma è ora di andare. E' il fato del pellegrino. Il continuo, incessante andare. Cosa dà la stabilità? O il lavoro o una promessa. Per il resto si vaga, inevitabilmente. Per chi è fermo, come durante il lavoro, generalmente, il mondo corre sotto i piedi. Per chi è pellegrino è il contrario. E' lui a dirigersi verso punti fermi. Che però, raggiunti, devono essere lasciati.

Si rientra, per l'ultima volta, a Gerico. E' l'ora dei bagagli. Di preparare, assieme alla valigia, i futuri ricordi.
Poi, la cena. Gli ultimi dialoghi collettivi. Mah, forse, anche domani, in aereo, dipenderà dalla fortuna. Sempre che esista, la fortuna.
Gli ultimi discorsi. Ci vorrebbe un riassunto, o una festa. Ma si è nella cattedrale nel deserto.

Le discussioni iniziano a cena. Il tasto comincia a battere su uno dei punti dolenti dell'uomo: la repressione sessuale.

"Ma alcuni, per usare l'espressione felice di un giornalista arguto, avevano il permesso di fornicazione"

"E in base a cosa veniva concesso?"

"Ricchezza, secondo la mia esperienza in un collegio, retto da un ordine religioso"

"Triste. Cinico e triste"

"Oh, ho visto di peggio"

"Ma dove sei capitato?"

"Non usciamo dal tema"

"Cosa pensi di fare? Di darti ad un'altra religione?"

Tra l'uomo e Alessandro interviene Dono.

"Credo che sia meglio rimanere nella propria, come insegna il Dalai Lama"

Dono apre così uno scrigno. Incomincia a narrare delle sue esperienze in India. Lì ha trovato. Che cosa rimane nel segreto, ma pulsa, e dà un'atmosfera di tranquillità attorno.

La fede in cui siamo cresciuti. Quella a cui ci si attacca nei momenti di acuto dolore. C'è chi l'ha abbandonata, e chi è tornato. Chi non l'ha mai conosciuta, per una fede nel nulla.

Qualcosa che ci accompagna, e che, soprattutto, conosciamo bene. Perché possiamo fidarci di ciò che conosciamo bene.

Ed è comunque una specie di eternità, perché è sedimentata in noi, ed emerge il bisogno. Ma è lì, statica, ancorata alla base, e ferma. In modo che possiamo sempre attingere. In genere non ci si fa caso, e tende a riemergere con movimenti inconsci. Ma poi, c'è tutta questa differenza tra le religioni? Non dicono gli atei che tutti i profeti dicono le stesse identiche cose?

C'è anche la ribellione. Il voler uscire. Anche con forza o addirittura con violenza.

"Ma, Dono, qual è la tua religione, se ce l'hai?"

Un sorriso ineffabile di risposta. Sì, non c'è altro che quel sentire la felicità, senza espressione di parole. Si può andare oltre la parola nella comunicazione umana? Quell'attimo c'è riuscito.

Il sorriso del Buddha. Beata questa sua caratteristica per affascinare. Per un attimo l'uomo l'aveva riconosciuto in Dono. Ne aveva visto molti, in foto, e dal vivo al Victoria and Albert Museum, a Londra.

Quel sorriso è una risposta. L'uomo non crede che sia la risposta, quella finale. Ma Dono sì, e l'uomo lo sa.

Quando ci si innamora di un luogo, della sua cultura, della sua religione, queste entrano in noi e ci formano. Succede a chiunque, non solo a Dono. L'uomo si è lamentato pesantemente della repressione sessuale, ma s'è accorto che è un problema specialmente italiano. Si ricorda di quando, da ragazzo, si confessò in Svizzera francese: venuto al momento dei peccati sessuali, si sentì rispondere che questo non è importante, ma l'importante è aiutare gli altri: "Lei fa qualcosa per il terzo mondo?" Si sentì chiedere. Quale differenza col frate della sua città natia, che dava in escandescenze al solo sentir nominare la masturbazione.

Anche il cattolicesimo, che sembra così monolitico, dunque, può variare col luogo, non solo con la persona. Come nel caso della missione. Perché là capiscano i vari bisogni della gente. Al di là dei capricci.

Povere sacre scritture! Tirate da tutte le parti per confermare le proprie idee, pensa l'uomo, sentendo ormai inevitabile un cammino indipendente. Uscire dalla chiesa cattolica? O essere semplicemente uno dello "scisma silenzioso"? Per usare un'espressione fortunata, anche se non molto felice. Ah, se potessimo eleggere la gerarchia! Il sacerdote si accorge dello scoramento dell'uomo. Era rimasto deluso da Dono, per l'espressione del Dalai Lama citata. Ma così si esclude dal dialogo con l'uomo. Interviene Alessandro:

"A che pensi?"

"Ils n'ont des mains que pour nous persécuter"

"Come?"

"Hanno, i capi, delle mani solo per perseguitarci. E' un verso di Agrippa d'Aubigné".

"Ah già, i tuoi libri…"

"Sì, ma vedi, anche qui! Anche qui in Terra Santa son dovuto passare da stupido!"

"Già, non è bello"

Giunta è la notte nelle parole dei nostri. Le tenebre serpeggiano come per seminare il dubbio. Perché la fine del giorno è un momento di tristezza.

Il momento della massima solitudine, quello del sonno. Forse no, perché a volte i sogni sono belli. L'uomo si scuote e torna al discorso.

"La religione in cui si è cresciuti"

Ma si astrae ancora, nei ricordi. Si rivede bambino all'asilo, con le suore, con una suora che gli voleva bene, e un'altra, tremenda, del catechismo. Si rivede alle elementari, con una maestra che picchiava, e che per la domenica caricava di compiti, perché studiare di domenica, al contrario del lavoro, "non è peccato". E in fondo, diceva la maestra, "Se queste attrici smettessero di spogliarsi". Già. L'unica cosa che importa. Sempre lo stesso tasto. E giù botte. Più di quaranta anni fa. Oggi sarebbe uno scandalo. Poi il liceo dai preti. Però si vide osteggiato perché povero, e represso, mentre qualcuno aveva il "permesso di fornicare". Ricorda le compagne di classe col grembiule nero dal collo a sotto le ginocchia, trucco proibito, persino i jeans e le minigonne, anche se sotto il camicione nero come il buio. Poi l'università. Poi... Ma questa è un'altra storia, e l'uomo si sente sempre più estraniato. Gli altri si sono alzati per prendere la loro razione al buffet. E' solo. Si alza anche lui e raggiunge uno del gruppo, e gliene parla.

"Sei triste per il tuo problema? Non prendertela troppo per la repressione. A volte si ingigantisce il piacere. Io che ho esperienza te lo posso dire: chi non l'ha esagera"

"Anche l'acqua può sembrare poca cosa, ma è tanto per l'assetato. Ho due maledizioni, secondo gli ebrei. La prima: non sono sposato. La seconda: non ho figli".

"Come mai? Scusa, non voglio farmi gli affari tuoi, ma sei un bell'uomo, colto ed elegante, dovresti attirare. Proprio non capisco le donne"

"Sei sazio delle donne, le generalizzi, perché le insegui tanto?"

"Sono come l'aria, e io voglio respirare bene"

"Respirare è dato a tutti"

"C'è chi ha l'asma"

"Lo so. Alludi?"

"Non voglio essere cattivo, era solo una battuta."

"L'ultima notte a Gerico"

"Sì, ma, non per voler battere il chiodo, ma hai avuto alternative al clericalismo?"

"Ho lavorato nell'ex Unione Sovietica"

"Com'è andata?"

"Dalla padella alla brace. Peggio che il clericalismo"

"Cos'è successo?"

"Di tutto"

"Sei vago"

"E come descriverti tutto?"

"Beh, non sei finito in un Gulag"

"No. Ma mi hanno torturato"

"Basta! Ho capito"

"Ok"

."L'ultima notte a Gerico"

"Domani ci divideremo"

"Rimpianti?"

"Bei ricordi e, sì, qualche rimpianto"

"Ci vediamo"

"Ciao"

L'uomo si allontana, torna al posto col cibo, e incontra Dono.

"Ancora angosciato?"

"Un po'"

"Dovresti provare qualche tecnica buddhista, contro il dolore e l'angoscia"

Arriva anche il sacerdote.

"Sono perplesso. Vorrei vedere tutte le genti incontrare il Cristo. Non come dite voi"

"Forse il Cristo ha diverse maniere per parlare alle genti. In fondo, in passato, l'hanno sostenuto anche dei Gesuiti"

"Sono perplesso. Quei Gesuiti si sono spinti forse troppo oltre"

"Ma perché non ammettere che il Verbo, cioè la parola, possa risuonare diversamente?"

"Non possiamo accettare che il Cristianesimo, e specialmente il Cattolicesimo, sia una religione come le altre"

"E accetto la divinità di Gesù, Però capisco anche il Gesù islamico, e quello induista"

"Hai così tanta cultura?"

"Non ti basta l'apertura?"

"Temo il sincretismo"

"Ah"

"Vorrei parlare del tuo risentimento per i preti. Non ne hai incontrati anche di buoni?"

"Sì"

"E non è a questi che devi guardare?

"Ciò non toglie il mio stato. Anche se si risolvesse ora, chi mi ridarà la mia giovinezza?"

"La Chiesa esalta il matrimonio, per quanto riguarda la tua repressione"

"Ricordo che mi dicevano che lo stato di "non esercizio della paternità" (sì, dicevano proprio così), è una condizione superiore"

"Secondo te, perché?"

"Perché la castità dà l'illusione di essere santi, e di poter affrontare qualsiasi esperienza"

"Cioè?"

"Posso fare il male, tanto sono puro"

"D'altronde la castità è uno dei consigli evangelici"

"Stiamo attenti. La fonte è Paolo, ma è lo stesso che scrive: meglio sposarsi che bruciare. E io sono stato bruciacchiato"

"Che possiamo fare?"

"Ascoltarci"

Restare nel ricordo della propria educazione religiosa. Cullarsene, o rompere e cambiare. Comunque sia è la nostra Tradizione personale. Che l'uomo mette in dubbio. E' scosso, e cerca quindi qualcosa di diverso. Ma si muove a tentoni.

La notte chiede il riposo: Lo richiama con eco. Ma quali sogni si faranno? Non importa: L'importante è riposare. Viene in mente la Genesi, dove Dio crea il mondo in sei giorni Il giorno è lo spazio della creazione. Da tenebra a tenebra. Da sonno a sonno. Lo spazio della luce è però divino. I suoi multipli o sottodivisioni sono artificiali. A noi

il giorno. Se vissuto bene, per quanto breve, pare immenso: E' importante gioire della sua forza.
Domani a casa. Il mattino visita ancora a Gerusalemme, il pomeriggio il viaggio, la sera a casa. La giornata che si dilata è l'opposto del tran tran quotidiano. Il dilatarsi del tempo ha un che dell'infinito. Sono giornate che danno sazietà. Quando ci si può coricare felici. Non è facile. Ma è successo per questi giorni. Se un eventuale eterno ritorno ricadesse su queste giornate... Ma forse la gioia è così: ritornare a dei momenti vissuti con, in più, delle variazioni.

L'uomo si accorge che Dono è sparita. Perché? Si ritorna a casa. Per questo? Con anticipo? Un brivido: è il ritorno alla solitudine? Per questa settimana c'è stato molto di magico, ma col ritorno al quotidiano...
La sala da pranzo si svuota. L'uomo vede Ilare.
"L'ultimo giorno il comandante offre lo champagne"
"Oh sì, che bello!"
La guida si sottrae.
"No, no, io..."
E se ne va.
Non resta che ritirarsi, dunque.
Ci si dirige verso gli ascensori, le macchine che cambiano lo spazio orizzontale pur salendo in verticale.
Una ragazza, con una sigaretta in bocca, si avvicina all'uomo. Fumando, non può entrare in ascensore. Così si può rovinare l'inizio di una relazione, sì, per una cosa così stupida.
La solitudine degli specchi. Solitudine perché gli specchi sono illusori. Rivestono completamente la cabina dell'ascensore. Si rimandano l'un l'altro le immagini. Prospettive che fuggono, e tutto diventa grande come una piazza. Anche i corpi rimbalzano da una linea all'altra, sembra

il sogno di un erotomane. Poi anche questa magia cessa:
l'ascensore arriva.

La semioscurità dei corridoi colpisce l'uomo. Essendo una
mancanza dovrebbe essere il contrario: A colpirlo è stato
lo sparire dell'abbagliamento delle luci dell'ascensore.
Corridoi, luci fioche. Labirinti tridimensionali. Quale Minotauro attende? Toglierlo di mezzo è eliminare un sacri-
ficio umano. E' così in tutti i labirinti? Anche in questo il
mostro attende? Ma tutto finisce arrivando nella stanza.
Come se il mostro, il Minotauro, fosse stato ucciso, l'uomo accende la luce. L'esplosione della luce lo sorprende
un poco. Vorrebbe vedere la TV, sentire le notizie della
CNN; ma è molto stanco. La stanchezza è il richiamo al
chiudersi in sé. L'uomo lo sente e si corica. Quali sogni
verranno dalla grande finestra della solitudine? Il piacere
di sentirsi le lenzuola attaccate al corpo. Il soffice cuscino
che regge la guancia, e quell'oscurità negli occhi da cui
sorge ogni sorta di forme e colore, tipico del dormiveglia.
Poi... Otto ore, intense, di sonno, ma al risveglio agirà la
censura, e non si ricorderà niente. Tre anni dopo, come in
un anniversario, si sarebbe ricordato dell'ultima notte a
Gerico: così, prima di coricarsi, in un'aria europea un po'
fresca, così diversa dal torpore della depressione di Gerico: Ci si è inabissati, e tutto è conseguente. Sotto il livello
del mare, Sodoma e Gomorra potevano essere solo al di
sotto del livello del mare.
Un tepore pieno di torpore. Qualche volta si svegliava,
nella altre notti e vedeva la semioscurità esterna, come un
richiamo per i sogni. Nel dormiveglia può diventare fosfo-
rescente, o diafana. Ma l'uomo, nonostante la stanchezza,
e forse proprio per questo, stenta a prender sonno. Ha dei
flash improvvisi. Di luci irreali, ma poi apre gli occhi. E

c'è solo penombra. E la semioscurità da altri mondi, lontani. Ma finalmente il sonno arriva.

Il mattino è una coppa di energia. Al risveglio è piacevole da bere. La luce sa come insinuarsi tra le aperture. E' così, che se ci apriamo un poco, abbiamo qualche illuminazione. Anche noi.

Sale il gran carico del sole. Carico di luce e d'amore. E noi troppo al di sotto a patire il caldo.
Il deserto fa esagerare il sole. Da amico diventa oppressore. Forse perché così non cresce niente.
Ma è l'addio al deserto. Se ne deve uscire per 'ultima volta. Addio a Gerico. I posti di blocco palestinesi per l'ultima volta. Si possono ancora ammirare per la fierezza. Ma tra poco tutto apparterrà al passato. Il passato tende naturalmente ad inghiottire. A volte, però, qualcosa resta sullo stomaco.
Preparare la valigia è un atto di rassegnazione. Viene insegnata l'umiltà: fare la valigia è umiltà. Le nostre cose ci seguono. Sarebbe meglio dire: ci inseguono. Perché sono parte di noi.
Addio a Gerico. Si sale a Gerusalemme. L'ultima memorabile salita. Non c'è stanchezza negli occhi dei nostri. Ma come un anticipo della nostalgia futura.
Oramai Gerico è scomparsa. Siamo nel deserto, con qualche sterpaglia qua e là. Si ripensa ai bagagli, se si è preso tutto. Qualcuno sorride, pensando che all'ultima partenza si parte nudi. E queste sono solo tappe.
Ma c'è voglia di tornare a casa? L'uomo non ne ha molta. Questa settimana è stata una parentesi, che però l'uomo vorrebbe non passasse mai. Non è un capriccio, è voglia d'eterno. Ma sarà così. La voglia che accompagnerà. In

questa settimana è iniziato un percorso, che non si concluderà mai. L'uomo ancora non se ne rende conto, ma verrà il momento della coscienza.

Luce diafana, la luce di Gerusalemme. Ha il ricordo del candore, subito dopo l'alba. E quel rosa dei suoi edifici, come si accorda. Si direbbe che l'aria qui riposi. Né potrebbe essere altrimenti, se da qui inizia l'eternità. Il tempo affanna, l'eternità è riposo.

Non si vuole arrivare presto. Si vuole gustare l'ultima ascensione. La sensazione di assaporare sveglia i viaggiatori: ecco, inizia adesso la giornata.

Si sente perfino il sapore dell'aria. Di solito non ci si bada. Ma in momenti speciali è così. E' bello che non ci sia che il sapore.

Nessuno parla, e la voce della guida sembra lontana. E' il regno dell'assorto. E c'è un che di astratto nel sole attraverso il finestrino, all'interno del pullman. C'è un qualcosa di artificiale, che connota sempre il tecnologico. Perché dobbiamo sempre cercare di estraniarci dalla natura? C'è bisogno di un ambiente diverso: la luce filtrata, l'aria condizionata, ecc. Ma così, certamente, ci si allontana anche dalla fisicità del proprio corpo. Eppure sentiamo questa artificialità come un'oasi. Dov'è la realtà? E dov'è la vita? Certo non in questo ambiente tanto artefatto quanto morto. Forse fuori, in questi pastori poveri, nei palestinesi disperati, nei soldati israeliani costretti a tre anni di militare duro. In fondo, noi viviamo in vacanza, e di lusso. Domani torneremo al lavoro, d'accordo, ma ora siamo qui, liberi. E se fosse questa, la vita che dovrebbe essere veramente vissuta? La nostra di viaggiatori di pellegrini esploratori? Sì, ma l'esistenza non è così. E l'abbiamo provato. Basta guardare Eroe, con la sua gamba dolente. Abbiamo avuto un momento da privilegiati. Una vacanza è questo:

un mondo di privilegio . Questa parentesi del lavoro può essere potente, se ben vissuta, perché può rinfrancare per molto tempo. Non si ara meglio il proprio campo di quando si è con se stessi: di quando ci si specchia.

Gerusalemme si avvicina; per l'ultima volta. Le case in pietra rosa cantano la voglia di una pace che non c'è.

Il pullman si insinua tra strade strette, sfiorando gli altri mezzi. Si è già detto che in Israele quasi tutti gli autisti sono palestinesi. Jamal, il nostro, è un uomo calmo, alto e ben curato. Scuro. Arrotonda vendendo acqua, in bottigliette, e libri sulla Terrasanta. Ogni palestinese si ingegna per vendere il più possibile. Chissà quanti ne dipendono. E anche questa volta è così. Non appena i nostri scendono, spuntano venditori da ogni parte. Acqua, cartoline, cianfrusaglie, perfino improvvisati cambiavalute. Insistono, pregano. La miseria umilia gli uomini, e fa far loro un'esagerata umiltà di fronte al cliente. Che, a sua volta, è sopraffatto, anche se benevolo, dal numero degli assedianti. Per salvarsi è costretto a negarsi.

I palestinesi, però, nonostante siano spinti dalla fame, sanno quando è meglio non insistere, e del resto, è il miglior modo per tenersi buono il cliente. Se non è per se stessi, per qualcun altro del gruppo, o della Palestina. Qui vendere è un gioco di squadra.

Ci si inoltra a piedi, attraverso le strade strette. Qui sarebbe il labirinto perfetto.

Si arriva in un edificio di architettura tedesca: è il cenacolo. Architettura tedesca, così la descrive la guida. Sono delle mura spesse, che danno un'idea di pesantezza. L'edificio è in cura a dei tedeschi. Non c'è posto in Gerusalemme in cui non si sia cercato un accampamento, di qui la necessità di ripartirsi i luoghi sacri. L'onore di custodire. Ah, l'onore che deve ricadere su una nazione, secondo i dettami del nazionalismo, che dette tanti guai e disastri. Ma tant'è. Qui, più che mai, è questione di bandiere. Piantare la propria bandiera. E' un sogno, o un incubo che si vuole ovunque. Dal colonialismo allo sport. E anche, purtroppo, nel sacro. Così qui ci si può dividere per nazionalità. Il Cenacolo. L'ultima cena e la Pentecoste. Come sono legati i due eventi! E dove gli apostoli poterono trovare rifugio, se non nel luogo dell'ultima cena con il loro amico? C'è da ringraziare i loro volti spauriti, le loro menti che tornano continuamente ai fatti successi. Degli uomini sperduti in un mondo più grande di loro, umili pescatori che conoscevano solo il pesce. Eppure, dopo la Pentecoste, questi uomini convinsero moltitudini . Come ha fatto a diffondersi il Cristianesimo? A questa domanda è impossibile rispondere. Il messia un falegname, sperduto in un paesino di provincia di una nazione, Israele, marginale nell'immenso impero romano. Suoi amici: i dodici, e qualche donna, tra cui una prostituta. E conquistarono il mondo. Com'è stato possibile?

Il Cenacolo. Erano qui, gli apostoli, dopo la morte del messia, tremanti di paura. Eppure, usciti da qui avrebbero trovato tutto ciò che desideravano. Certo, ebbero anche persecuzioni. Il più grande persecutore fu Paolo; poi, convertitosi, diventato l'apostolo delle genti. Tertulliano scrisse: "sanguis martyrum, semen chritianorum" il sangue dei martiri è il seme dei cristiani. Fu così per Paolo. "Perché mi perseguiti?" La domanda fatta a Paolo continua con la sua eco.

Il Cenacolo. Rifugiarsi dopo aver festeggiato la Pasqua col loro amico. L'offerta del pane e del vino, divenuti corpo e sangue. Di lì a poco sangue sparso per tortura e morte, su un corpo martoriato. E aver detto loro che no c'è gesto più bello che dare la vita per i propri amici. Per questo cercarono rifugio lì.

Non si vede nessuno. I ventidue stanno portando a termine l'anno liturgico. In una settimana un ciclo annuale completo di messe. "Fate questo in memoria di me". L'ha detto qui, in fondo.

Il Cenacolo, le cena. Quanto è importante il mangiare, soprattutto il farlo assieme. Assieme si sta solo meglio Anche l'Apocalisse:: "Entrerò e cenerò con lui". La vicinanza con Dio è il mangiare assieme.

L'ultimo atto è mangiare; poi, la bufera. Far entrare cose esterne nel nostro profondo.

Il Cenacolo: forse tutto è partito da qui: l'eterno ultimo discorso. L'ultimo atto tende a divenire eterno: Il momento più ricordato, la sua nostalgia; è come un'ombra, che segue sempre la persona: Gli apostoli dovettero attaccarcisi con tutto le loro forze. Avevano paura: E il ricordo della passata gioia riempiva le viscere fino a resistere alla Venuta del Paracleto. Ma tremendo è il demone della paura. Di tanti orrori esistenti la paura ne crea di nuovi. Rende incapaci di pensare e fa sprofondare. Sembra che il cuore si fermi e, metaforicamente almeno, è proprio così: sono forme di emozioni, si annullano gli istinti. Tutto è gelido. E' la paura. E gli apostoli l'hanno provata. Dopo la morte del loro amico. Là dentro, rifugiatisi. Poi, con la discesa dello Spirito, uscirono. Che sia questo il suggerimento principe per non farsi vincere dalla paura? Accogliere cioè le forze e i doni spirituali?

Tutto filtra lontano, ma accade coi muri spessi. L'interno è quindi ancor più metafisico. Le voci sembrano rimbalzare indietro, anch'esse più flebili. Tutto è più raccolto, e intimo. La voce della guida sussurra; tutto è vasto, ed è inutile guardarsi attorno, perché la prospettiva fugge. I suoni non rimbalzano, non si perdono come bordoni. La presenza del divino si lascia percepire. E si perde il senso del tempo. Non si sa dire quanto sia durata la messa. Come l'aria, le cose diventano evanescenti. Ma uno sguardo alla robusta architettura carica di potenza, fa precipitare nella realtà. E' quello che ci vuole per proteggere un luogo etereo. Un luogo di amicizia; anche se uno tradì. Il peggio è legato al sublime. Ma il punto è maggiore: è la possibilità che Dio ti scelga e tu ne approfitti. Il Cenacolo e le sue vicende. E' già ora di andare. Sempre troppo presto. Come ruba il tempo. Si sente il richiamo, e non ci si vorrebbe muovere. La luce astratta può essere ipnotica. Quella fuori, di luce, aggredisce. Le gradazioni di luce sono una prova: gli occhi devono abituarsi, e la mente aspetta.

Non ha più senso chiedere dove si va: è l'ultimo giorno; si segue, in silenzio, la guida. Sono gli ultimi momenti a Gerusalemme, e già prende la nostalgia. Una settimana non basta a mettere radici, ma è come se si fosse sempre presentata questa città, tanto la si è sentita nominare, nella vita. E' sempre stata un luogo dell'anima, ora lo è anche fisicamente.

In quante città abitiamo? Sembra una domanda retorica, perché abitare in più di una non è possibile. Eppure la domanda dipende da quante ne sentiamo nostre.

Il Cenacolo.

Ma è ora di andare alla tomba di Davide. Davide: Davide e Golia; ma anche il titolo: "figlio di Davide". Bello, biondo e gentile. Spesso, quindi, visto come il prototipo della bellezza perfetta. Pensieri si scatenano alle parole della guida nei nostri. Bellezza femminea, direbbe un maschilista. In Italia, poi, con l'eredità del fascismo…Di qui la domanda:

Ermes è più bello di Ercole? Pensieri vaganti. Davide. Il grande re. Colui che fece Gerusalemme capitale. Questa città gli deve molto, e, di conseguenza, noi tutti. Forse è l'ebreo che è più entrato nel nostro immaginario. Il personaggio della Bibbia più prossimo. D'altronde è così bello che lo sia un musicista- poeta. Davide sembra davvero universale. Non può non piacere. E' un'icona pop in tempi non sospetti. Viene in mente il David di Michelangelo, uno dei punti d'arrivo dell'arte: lontano dalla ebraicità, quasi, tanto che non è circonciso. La nudità eroica, poi, può essere scandalosa, oggi. Eppure sentiamo il David di Michelangelo come assolutamente nostro, e irripetibile. Davide è diventato quindi anche una figura dell'assoluto. Anche del piccolo che vince; chi non conosce la storia dei Davide e Golia? Il filisteo Golia. La potenza bruta, e l'odio di Dio fino al disprezzo per l'arte. Viene in mente un'opera di Schumann per pianoforte: David contro i filistei. I filistei antichi, e quelli osteggiati dalla cultura tedesca da Goethe ai Romantici. Gli orridi riti dei filistei antichi ricordano molto, in metafora, i filistei moderni. Sì, aveva ragione Schumann.

Eppure, c'è un'ombra pesante: Uria. Il marito di Betsabea, mandato a morire da Davide per avere sua moglie. Sembra proprio che solo il messia sia senza peccato. Tutti gli altri uomini, prima o poi, ci cascano. Sette volte al giorno, per il giusto, dice un proverbio. Eppure, è come se Dio preferisse il bene che un uomo può dare.
E Uria? Non gli sfuggirà un adeguato risarcimento?

Ma è l'ora, inevitabile, di andare. Si saluta il drappo sotto cui ci sono le spoglie mortali di Davide.
Ci si deve recare in aeroporto.

C'è la visita di un presidente degli USA: ci si aspetta dei controlli minuziosi. Prima di entrare al Ben- Gurion, l'unico aeroporto internazionale, si ricevono delle raccomandazioni dalla guida: parlare solo nella propria lingua, per non impantanarsi con l'inglese, pantani da cui è difficile uscire. Inoltre, dire che gli acquisti sono stati fatti o in albergo, o dai francescani. Il tremendo embargo costringe a mentire, e l'uomo lo farà molto a malincuore. Fuori dall'aeroporto, l'autobus viene bloccato. L'uomo ha un flashback: si rivede nel deserto, solo col sole. Ed è così: solo con Dio. Poi si scuote, si accorge che tutti hanno alzato in aria i passaporti, e fa altrettanto.

Le mani coi passaporti vengono abbassate. Sale un ometto con un mitra gigantesco, e gli occhiali scuri. Percorre tutto il pullman col dito sul grilletto, fino in fondo, fino all'uomo. Poi retrocede senza voltarsi. Per l'uomo è il riassunto dell'angoscia.

Finalmente il pullman entra all'interno dell'aeroporto. Si deve scendere e mettere i bagagli su dei carrelli. Una segreta inquietudine serpeggia tra i ventidue: Come se avessero respirato ansia. Le soldatesse che li accolgono sono però calme. E' proprio vero che ci si abitua a tutto. E del resto, altrimenti non si potrebbe fare quel mestiere, peraltro utile contro il terrorismo.

Scelgono una del gruppo, Energia, e le rivolgono delle domande. La voce tradisce un incrocio tra volontà di star salda e tensione. Le risposte sono ferme, quasi metalliche, eppure la voce trema un poco.

Qualche minuto, e l'esame pare superato. Tocca ai passaporti. All'uomo la soldatessa dice il nome, e lui risponde con il cognome. Viene incollata una scritta in ebraico sull'esterno del passaporto.

Vengono mostrati dei cartoni con delle scritte in italiano. L'uomo e Bacco si trovano assieme. Dopo le scuse scritte dei doganieri per gli stretti controlli, si chiede se si sono ricevuti in dono dei pacchetti, e la richiesta di consegnare pacchi a destinazione. L'uomo e Bacco scuotono la testa e dicono un perentorio "no". Così gli altri ventidue. Fermezza e timore, i due sentimenti ormai generali, come per Energia. E forse l'uno genera l'altro, altrimenti si avrebbe la controproducente alterigia.

L'uomo aveva rotto la borsa a tracolla, e l'aveva riposta nella valigia. Addosso ha una borsa che dà sospetto di fattezza palestinesi, perché a lui e a Energia, che ha la stessa borsa, non viene messa una striscia con una scritta. Energia la richiede:
"It's ok"
E' la risposta. Durezza dell'embargo! Poi parlano in disparte con la guida, e l'interrogano. Quindi scelgono un altro dei ventidue: è Alessandro. Dirà la stesse cose? Riferirà che le soldatesse erano state gentili. E comunque anche questo stadio è superato.
Ora l'esame delle valigie. Energia è rimandata al primo controllo, da un soldato con una macchina a raggi, dalla soldatessa. Una frontiera comporta sempre e comunque umiliazioni,
Tocca all'uomo. Il soldato controlla il lasciapassare. Lo ferma la soldatessa al controllo seguente. Qualcosa non va. L'imponderabile che diventa troppo pesante.
L'uomo obbedisce alla guida. Parla solo in italiano. La soldatessa invece in inglese. Dapprima con grinta, poi si raddolcisce vedendo l'uomo collaborare. Al di là delle barriere, l'umanità può vincere.

Ci può essere un sorriso tra il potere e l'individuo? Verrebbe da rispondere sì, se si tratta di due persone umane. Il soldato e la soldatessa discutono in ebraico, pacatamente. Poi la soldatessa chiede all'uomo:
"Plate?"
L'uomo allora apre sopra e compare la borsa a tracolla rotta. Ride la soldatessa, mette una striscia con una scritta in ebraico e l'uomo si avvia così per l'imbarco. Incontra la coppia Signore e Signora, che non vogliono saperne di passare per primi, e così va avanti l'uomo. Pochi attimi, e raggiunge la guida.
"Benedetti gli ultimi, perché saranno i primi!"
Dice, come per scusarsi del ritardo.
"Dov'è l'altro ultimo?"
Chiede la guida alludendo a Alessandro.

Ma ormai ci siamo tutti. Ci si muove lentamente verso i controlli dei bagagli a mano. All'uomo viene chiesto il passaporto, probabilmente per la tracolla palestinese. Un rapido controllo e viene lasciato andare. Controlla l'orologio: da quando sono arrivati in aeroporto sono trascorse tre ore.
Si è all'interno della grande sala tonda del Ben Gurion. L'uomo vorrebbe aspettare Dono, e Bacco Ilare. Ma si deve andare. Si convincono, ma l'uomo guarda indietro e vede Dono sperduta. Le fa un cenno, alzando il braccio in aria, lei lo vede e si rinfranca.
Pericoloso perdersi. Lo è sempre, ma specialmente qui la tensione, i lunghi controlli, le perquisizioni: lunghe ore. La salvezza è sempre l'amico. L'amico è un modo per Dio per manifestarsi. Non ce ne accorgiamo, ma nella relazione c'è un terzo, che, silenzioso, vive nell'intesa.

Il grippo dei ventidue si divide. C'è chi va a mangiare, e invece, chi, come l'uomo, si siede in attesa. Sa che mangerà sull'aereo, e tanto gli basta. Ma è una solitudine pesante. La solitudine è sempre di pietra, ma quando è anche ricercata, sfonda ogni orizzonte. Ma perché cercata? Si comincia a sentire la divisione? La futura repressione?

Ci si imbarca. All'uomo tocca vicino all'amico di Bacco, che spera, dopo il decollo, di cambiare posto vicino a Ilare Così è. L'uomo si volta e vede che tra Energia e Dono c'è un posto libero. Chiede se può sedersi.
"Prego"
E' la risposta. L'uomo si sistema tra le due donne. Energia tende a voler dormire. Dono deve essere rassicurata. Teme il volo. L'uomo a poco a poco si accorge di dover servire. E' un ruolo che tra poco non servirà più. Infatti Dono, da un lato, si lascia rassicurare, dall'altra prende come delle distanze. Energia ogni tanto si sveglia, ed è polemica.
Almeno io sono stata sposata. Non è solo disprezzo di classe, che prende comunque sempre più spazio, ma anche la sottolineatura del fallimento psicologico. Con un'inquietante ombra di sadismo. Dono rimane immobile, lontana.
L'uomo sente crollare il suo sistema. La sua pretesa di basare la realtà sulla carta scritta crolla come un castello di carta soffiato dal vento. Ma cosa resta? Nulla. Non si può nemmeno dire "il" nulla, perché qualcosa esiste, e cioè il dolore. L'uomo potrebbe parlarne con Dono. Dopotutto il dolore è la prima della quattro nobili verità del buddhismo, così caro a Dono. Ma sono ormai dissertazioni accademiche, che non toccano l'essenza: si disperdono in rivoli di parole, senza veramente senso, perché quasi senza funzione. Dono si allontana dall'uomo, e l'uomo affonda. Energia ha già cambiato sponda, è passata all'odio e al

disprezzo. Dono alla sua destra, Energia alla sua sinistra. Ormai l'uomo non interessa più. Gli vengono in mente i discorsi tra i ventidue, che gli echeggiavano in testa come in terza persona, come uditi da un narratore che li abbia regalati. Un attimo sembra scuoterlo dal dolore. Dono appoggia la mano sul suo ginocchio, per rivolgersi a Energia. Una metafora di quella che sarebbe potuto succedere, in una settimana circa. Il sesso, l'amore che non c'è stato. La mano di Dono sembra stanca, probabilmente per la tensione del volo. Alla fine si ritrae. Per sempre.

Molti altri dei ventidue passano vicino all'uomo e ammiccano ridendo. La Signora della coppia:

"Vi vedo bene tutt'e tre"

"Bontà loro"

Risponde l'uomo, e indica le due donne. Dono sorride, ma è sempre tesa per il volo. L'uomo si è accorto che quando finirà la tensione tutto sarà finito, e ogni contatto cesserà. Dono tornerà da sua marito, l'uomo alla sua solitudine, cioè al dolore.

Il sistema di carte crolla. Perché non può funzionare senza dialogo. Paradossalmente, perché chi scrive è sempre solo. Lo si può fare solo da soli.

Ora ci sono due ricche e un povero: un muro che ristabilisce le distanze. Per loro un viaggio non molto piacevole che presto dimenticheranno, per l'uomo il viaggio di una vita.

E' la favola di Cenerentola, ma al contrario.

Dono è attesa dal marito e dalla figlia, Energia non si sa, l'uomo solo dalla madre. Durante il viaggio, Energia aveva sottolineato questa singolarità in un crescendo, che arriva ora al disprezzo.

Ma chi se ne frega di tutte queste menate di preti e di ricchi! Dovrò diventare pazzo per questo? Finisca il viaggio, e amen.

Rivive così la realtà di carta. L'uomo pensa a Didone e Enea, quando Didone rimase impressionata favorevolmente dai racconti tragici di Enea. Qui è il contrario. Donne che non solo non si innamorano, ma nemmeno si commuovono, anzi disprezzano. Ma valgono qualcosa? L'uomo si sta rassegnando al distacco, e sta reagendo. Però l'abisso di classe gli pesa. Dono non era stata così durante il viaggio; ma il ritorno ha cambiato le regole. Si torna alla realtà. Quale realtà? Se lo chiede beffardamente l'uomo. Dove vivono queste? Hanno avuto tutto, e per questo devono dettare legge? Ma prendiamole per buone finché è durata, anche se l'epilogo è pessimo. L'una con ira, l'altra con distacco. E poi, 'sta storia di vivere con la madre. Come se uno, con certe entrate, possa fare altrimenti. Dividersi le bollette, le spese di riscaldamento... Certo, sarebbe stato ,meglio con la propria partner, ma... Ma sì, che si arrivi, e che si chiuda tutto!

I dialoghi sono ora distaccati, come condotti su parallele, che non si incontrano mai. Tutto è finito. L'uomo si aggrappa ancora, in certi momenti, a una flebile illusione. Ma ci soffre perché si rende conto di star chiedendo una questua: quando si è poveri lo si è in tutto.
Il viaggio sembra non finire mai. E' inchiodato lì, tra l'invidia degli altri, e il distacco delle due dame. Dopo questa settimana, come sarà il ritorno al quotidiano? Da brivido, che scaccia. Sarà quel che sarà, anche se stavolta non è così. Sarà pesante. Ma meglio non pensarci adesso.
Abbandonarsi al piacere del volo. Dono è rassicurata, come voleva. Ora potrebbe smettere di fare il cavalier

servente ma, purtroppo, una piccola scintilla rimane, ed è piccola; ma brucia. Braci nascoste. Celate sempre per ordine dell'ambiente attorno. La braci sono un lusso, un capriccio, per lui. Forse, per Dono, solo un lontano ricordo, se mai le provò. Sono un lusso sul lavoro, uno snobismo fuori.

E' pericoloso voler uscire dalla propria classe. Non si viene facilmente accettati dalla nuova, e quella lasciata non permette di tornare indietro, perché qualcosa è cambiato, e sembra troppo.

Desiderare le ricchezze, e quanto rappresentano. Ma questo è riservato a pochi. Onesti? Viene poi il dubbio.

L'uomo si rende conto di arrampicarsi sui vetri. Cerca una ragione, che forse non c'è. Gli viene il dubbio che il suo sia un tentativo di razionalizzazione. Eppure, si è abbandonato alle emozioni: le ha lasciate fluire, e hanno partorito. Forse vivere è così: oscillare tra ragione e sentimento, mentre si è prigionieri su una sedia.

Quattro ore. Quattro ore di distacco. Il conversare è ancora amabile. Il minimo, dunque, per un buon ricordo?

I ricordi. A Dono svaniranno presto. Per l'uomo, invece, saranno indelebili. I risparmi, necessari per il viaggio, e poi... Sì, è stato un bene andarci. Al di là della feroce lotta, che ritroverà in "patria", tra filistei e farisei, quanto sono entrambi dannosi! L'uomo si è deciso ad accettarsi , cioè ad accettare la propria solitudine. Il suo cammino sarà così. Da solo. E' l'ipotesi di sopravvivenza. La solitudine voluta ha questo di buono: lascia respirare.

E' trascorsa solo una settimana.

Dono andrà nella sua villa al mare, con la cameriera. Energia tornerà al lavoro, invece. Ma cosa attende l'uomo ormai non interessa più. Il castello di carte è crollato, non si gioca più a carte. La carta è inutile. E l'uomo è fatto di carta. Ritorna il quotidiano. Se tale può dirsi per Dono. Lei sembra appartenere a tutto ciò che è l'opposto del quotidiano. Anche Energia; pur lavorando, lo fa in un posto prestigioso. Ma gli altri? Per Alessandro è il ritorno in ufficio. Per Bacco e il suo amico il ritorno in fabbrica. E così via. Gigante troverà la ragazza entro l'anno, richiesta per cui aveva messo un foglietto in un fessura nel muro del pianto? Chi lo sa. Ormai i destini divergono, e le vite tornano parallele. Si sono incrociati solo per una settimana. Ora, come erano disgiunte prima, lo sono adesso. E' stato davvero un miracolo che gente tanto diversa si sia trovata bene. Il posto, e la sua potenziale pericolosità, ha giocato un ruolo essenziale .

Ma sì, si dice l'uomo, che mi giudichino pure matto, io resto nella mia realtà di carta. Perché mi piace. E dicano pure che don Chisciotte è impazzito leggendo troppi libri; anche a san Paolo fu mossa questa accusa.
E l'aereo va, che sembra immobile. Potenza della relatività: relativamente all'interno dell'aereo la gente è ferma. Ma ormai le osservazioni dell'uomo non attirano più. E se lo dice a voce alta è forse per ascoltarsi.
Non è che solo l'aereo pare fermo; tutto è fermo. Non si aspetta che l'atterraggio, il lasciarsi. L'uomo ha la sensazione di essere stato usato. Ma forse è anche questa una razionalizzazione. O forse le gran dame del mondo sono così abituate ad avere tutto, che una pedina in più o in meno…
L'uomo si ferma: sa che l'ira è pericolosa. Il suo umore sta scendendo. Le due dame disprezzano il cibo dell'aereo: all'uomo, seppur si renda conto che non è certo sopraffino, fa ricordare. Quando si era appena trasferito in campagna. Il vicino regalò delle erbe, delle coste: per lui, sua madre e suo fratello durarono una settimana. Pensandoci si sazia.

Le due dame non avranno mai avuto queste esperienze. Meglio così? O peggio? Ricordo scolastico: per qualcuno la vita è una festa continua. Con in più, aggiunge l'uomo, un po' di noia, ogni tanto, come intervallo nella soavità.

L'aereo atterra. E' il momento di uscire. Due pullman attendono. L'uomo sale in uno e Dono e Energia nell'altro. Tra i ventidue c'è aria di bilancio. Com'è andata? Sei soddisfatto? All'uomo si chiede se la situazione della Chiesa consenta un bilancio. Certamente ha sofferto per il ridicolo, nell'episodio delle benedizione ebraica al Muro del Pianto. La Chiesa: La mente va ai suoi studi, e al Medioevo, considerata l'età in cui il cristianesimo è stato più forte. Nel Medioevo i preti si sposavano, problema che oggi fa solo discutere. E il problema femminile? Nel Medioevo si credeva a un papa donna: la papessa Giovanna. E i rapporti così tribolati con le altre religioni? Nel Medioevo la vita del Buddha arrivò nell'Occidente cristiano, nella leggenda di Barlaam e Josafat.: Pensieri.

E' il momento dei saluti. L'uomo si avvicina alla guida, dicendogli:
"So che organizza altri pellegrinaggi. Mi piacerebbe partecipare"
"Se ci sei tu non ci sono io. Per tutto il viaggio ho dovuto sopportare i tuoi tentativi di adulterio. Ti è sembrato un bene quello che hai fatto?"
L'uomo resta immobile, sorpreso. Vorrebbe dire qualcosa su quanto sia stato oggetto di ridicolo al Muro del Pianto, quando la guida ricomincia a parlare:
"No, vieni! Iscriviti e vieni! Ti aspetto!"

L'uomo si allontana con la sua sorpresa. Sì, certo, sapeva, ma... ma non c'è tempo per fermarsi. Il giro dei saluti si è concluso. Rimane Alessandro da salutare.

"Adesso mi vuoi dire perché tieni tanto ai libri? Poi ci lasceremo, e sono curioso. Vorrei saperlo: siete così in pochi..."

"Ho vissuto in un ambiente degradato, e l'unica alternativa di un mondo diverso era scritta nei libri. Da quando ho imparato a leggere, mi rendevo conto che la mia famiglia e la mia scuola non erano le migliori possibili, che c'era di meglio, e lo avevo trovato nei libri. Solitudine, abbandono, violenza, malattie, il quartiere di periferia in cui abitavo, la mia classe sociale bassa... E intanto leggevo e sognavo. O era l'ambiente che mi circondava l'incubo, da cui svegliarsi? Così decisi di credere alla realtà scritta, come sai. Era l'unica occasione per avere dignità. Fu un tentativo di riscatto. Al liceo ero l'ultimo della classe, né poteva essere altrimenti. Però non fui mai bocciato e riuscii persino a laurearmi, anche se a fatica. Iniziò il mio lavoro, e il resto lo sai."

"Così dunque"

"Non restano che i saluti"

www.ingramcontent.com/pod-product-compliance
Lightning Source LLC
Chambersburg PA
CBHW021502090426
42739CB00007B/427